LA CUCINA ALESSI

LA CINTURA DI ORIONE:
Töpfe, Pfannen, Kasserollen und die Kunst des Kochens

Deutsche Fassung von Ursula Fabian

Alberto Alessi
Alberto Gozzi

Unter Mitarbeit von
Guido Ippolito Ferrero
Giorgio Ragazzini und Paolo Zani
Richard Sapper

Rezepte von
Alain Chapel
Gualtiero Marchesi
Raymond Thuilier
und Jean-André Charial
Angelo Paracucchi
Pierre und Michel Troisgros
Roger Vergé

ECON-Verlag

Titel der italienischen Originalausgabe:
La Cintura di Orione: Storia , tecnica e uso dei recipienti
da cottura in metallo per la Grande Cucina

CIP-Titelaufnahme der Deutschen Bibliothek
La Cucina Alessi: La Cintura di Orione: Töpfe, Pfannen,
Kasserollen u. d. Kunst d. Kochens/Alberto Alessi; Alberto Gozzi.
(Fotoserien: Matthew Klein. Übers. von Ursula Fabian u.
Markus Frye). – Düsseldorf; Wien; New York; ECON Verl., 1988
Einheitssacht.: La Cintura di Orione ‹dt.›
ISBN 3-430-11026-2
NE: Alessi, Alberto (Hrsg.); Klein, Matthew (Ill.); EST

Graphische Gestaltung: Milton Glaser
Übersetzt von Ursula Fabian und Markus Frye
Fotoserien: Matthew Klein
Still-Life-Fotos: Aldo Ballo
Gesetzt aus der Goudy Old Style und Rockwell der Linotype AG
Satz: Typoteam GmbH, Düsseldorf
Druck und Bindearbeiten: Kühlen Druck, Mönchengladbach
Printed in Germany
ISBN 3-430-11026-2

LA CUCINA ALESSI

Inhalt

I
Alberto Alessi
EINFÜHRUNG
9

II
Guido Ippolito Ferrero
VOM GAREN DER SPEISEN UND DEN RÄUMLICHKEITEN DER KÜCHE
13

III
Alberto Gozzi
DIE KOCHTECHNIKEN
43

❶ *BRATEN*
48

Gratinieren
49

Backen im Backofen
49

Garen im Mikrowellenherd
49

❷ *SIEDEN*
50

Pochieren
50

Garen im Wasserbad
51

Garen über Dampf
51

Garen im Dampfkochtopf
51

Blanchieren
51

❸ *SCHMOREN*
52

Dünsten
52

Garen in geschlossener Kasserolle
52

Garen in der Schweinsblase, in der Folie, in der Kruste
53

Glasieren
53

❹ *FRITIEREN*
54

Sautieren
54

Kurzbraten
55

Flambieren
55

IV
Giorgio Ragazzini, Paolo Zani
DIE EIGENSCHAFTEN DER METALLE
57

V
Richard Sapper
DIE FORMEN DER UTENSILIEN
63

VI
Alberto Alessi, Alberto Gozzi
LA CUCINA ALESSI
67

❶ **GUALTIERO MARCHESI**
69

Topf, Abtropfschüssel, Spitzsieb
70

Henkelkasserolle
82

Flache Henkelkasserolle
92

❷ **PIERRE UND MICHEL TROISGROS**
103

Lyoner Pfanne, Eier- und Crêpespfanne
104

Stielkasserolle
124

Cassolette
134

❸ **RAYMOND THUILIER JEAN-ANDRÉ CHARIAL**
Ovale Kasserolle
143

❹ **ALAIN CHAPEL**
Konische Kasserolle oder Sauteuse
161

❺ **ROGER VERGÉ**
Fischkessel mit perforiertem Einsatz
183

❻ **ANGELO PARACUCCHI**
Flambierpfanne
Flambierrechaud
203

VERZEICHNIS DER REZEPTE
226

REGISTER DER NAMEN UND BEGRIFFE
228

BIBLIOGRAPHIE
230

BIOGRAPHIEN DER AUTOREN
232

I

A. Alessi

Einführung

Dieses Buch faßt die Ergebnisse einer Untersuchung mit dem Titel »Der Gürtel des Orion« zusammen, die von der Officina Alessi zwischen 1979 und 1986 durchgeführt wurde und die einen bis heute wenig beachteten Aspekt der Alltagskultur zum Gegenstand hat: die Geschichte und Verwendung der Kochutensilien aus Metall.

Wie niemals zuvor hat sich in den letzten Jahren sowohl unter kulinarischen wie auch diätetischen Gesichtspunkten ein breites und zugleich spezielles Interesse an allen Aspekten der Ernährung herausgebildet. Trotz der riesigen Zahl von Kochbüchern und der vielen wissenschaftlichen Abhandlungen zur Ernährung, die fortlaufend veröffentlicht werden, hat bislang noch niemand die Beziehungen zwischen den Zubereitungsarten und den dabei verwendeten Kochgeschirren untersucht. Ebensowenig hat sich jemand mit der Entwicklungsgeschichte der Formen und Materialien von Kochutensilien befaßt.

Die hier vorgelegte Studie wurde 1979 von der Officina Alessi mit dem Ziel in die Wege geleitet, eine perfekt durchdachte und perfekt gestaltete »batterie de cuisine« zu entwickeln – Kochutensilien für höchste Ansprüche, wie sie noch nie zuvor industriell gefertigt worden sind.
Die erste Entwicklungsphase wurde 1986 mit der Produktion einer Serie von Kochgeschirren abgeschlossen, deren Funktion und Anwendung in diesem Buche dargestellt werden. Alle Objekte wurden von Richard Sapper entworfen.
Die Prototypen wurden von den Modelleuren Giovanni Sacchi, Carlo Daverio und Ivano Tarrano in der Officina Alessi gefertigt. Das Layout und die acht Farbtafeln des Buches wurden von Milton Glaser gestaltet. Die Fotos in den Küchen der beratenden Köche wurde von Matthew Klein aufgenommen. Fotografiert hat die Kochutensilien Aldo Ballo.
Die Zeichnungen stammen von Peter Wishart und vom technischen Planungsbüro Alessi. Maria Paleari Henssler hat die Bibliographie zusammengestellt. In der Entwicklungsphase haben außer den beratenden Köchen noch folgende Köche die Officina Alessi unterstützt: François Bise in Tailloires, Paul Bocuse in Collonges, Michel Guérard in Eugénie-Les-Bains, Guy Thivard und seine außergewöhnliche Patronne Mado Point in Vienne. Ihnen allen möchten wir an dieser Stelle danken.
Im weiteren Verlauf der Studie haben freigebig Ratschläge erteilt: der Chefkoch Marco Guarnori in Armeno und der »gebildete Kesselschmied« Eugenio Medagliani, der bei der genauen Beschreibung und Benennung der einzelnen Kochgeschirrtypen behilflich war. Albano Mainardi, Direktor des Zentrums für Touristik und Gaststättenwesen »Hospes« in Stresa, und Professor Antonino Anello, Direktor der Hotelfachschule »E. Maggia« in Stresa, sind uns wertvolle Gesprächspartner für den gesamten berufskundlichen Teil gewesen. Für die unentbehrliche Hilfe, die uns bei der Ausführung der Fotoarbeiten in den Küchen der beratenden Köche zuteil wurde, danken wir: bei Alain Chapel den Chefköchen Maurice Lacharme und Philippe Jousse, dem Direktor Hervé Duronzier und dem Maître d'hotel Paul Barral; bei Gualtiero Marchesi den Chefköchen Karsten Heidsieck und Massimo Bianchi, den Maîtres d'hotel Antonio dal Farra,

Von der Konzeption her gliedert sich das Buch in zwei Teile. Der erste Teil ist historisch. Er enthält eine Abhandlung zur Entwicklung der Kocharten und der räumlichen Gegebenheiten der Küche von G. I. Ferrero (Kapitel II), einen Essay über die Kochtechniken von A. Gozzi (Kapitel III) und eine Darstellung der Eigenschaften der Metalle von G. Ragazzini und P. Zani (Kapitel IV). Der zweite Teil dokumentiert den Planungsweg, der zur Entstehung der Küchenbatterie geführt hat, die 1986 unter dem Markenzeichen »Officina Alessi« in die Produktion ging. Er enthält neben einer kurzen Abhandlung des Designers Richard Sapper über die Formen der Küchenutensilien (Kapitel V) die ausführlichen Beiträge der beratenden Köche, die an dem Projekt mitgearbeitet haben (Kapitel VI, 1 – 6).

Gleich zu Beginn der folgenden Untersuchung möchten wir hervorheben, daß die einzelnen Metalle in ihrer küchentechnischen Anwendung historische Abfolgen aufweisen, analog zum Fortschritt der wissenschaftlichen Erkenntnis und der daraus folgenden allgemeinen Verbreitung. Die einzelnen Metalle kamen nacheinander in Mode und in Gebrauch. Unter Verdrängung der anderen wurde dann jedes Metall für die Fertigung der gesamten Utensilien der Küchenbatterie verwendet. Dabei wurden weder die Besonderheiten der verschiedenen Garmethoden berücksichtigt, von denen jede auf ein anderes Kochergebnis abzielt, noch der unterschiedliche Gebrauch der Wärme, die zur Erreichung dieser Ziele nötig ist. In besonderem Maße trifft dies auf unser Industriezeitalter zu, in dem das verzinnte Kupfer, das in der Renaissance aufkam, zuerst durch emailliertes Eisen, danach durch Aluminium und nach dem Zweiten Weltkrieg schließlich durch Edelstahl ersetzt wurde.
Jedesmal hat das neue Metall oder die neue Legierung die vorhergehenden verdrängt und sich beim breiten Publikum, das stets alles Neue begierig aufgreift, aufgrund einer bestimmten neuartigen Eigenschaft durchgesetzt. Diese Eigenschaft war sicher immer aufsehenerregend, aber doch nie so überragend, als daß eine ausschließliche Verwendung des neuen Materials gerechtfertigt gewesen wäre. Das alles entspricht zwar einer klaren kaufmännischen Logik, aber es ist doch merkwürdig, daß trotz einer lebendigen Tradition von der zweiten Hälfte des neunzehnten Jahrhunderts an eine Reihe von Grundgegebenheiten, die sich in den vorhergehenden Epochen als sichere und bleibende Erfahrungen herausgestellt zu haben schienen, keine Beachtung mehr fanden.
Die Küche und ihre Geräte haben in der Tat, vielleicht noch mehr als andere Bereiche des »häuslichen Umfeldes«, eine so überaus reiche Geschichte, so vielfältige Verflechtungen mit Technik und Wissenschaft und einen so starken Bezug zu unser aller täglichem Leben, daß sie nicht ignoriert werden können, auch nicht vom industriellen Fortschritt.
Die augenblickliche historische Phase, die des rostfreien Stahls, weist eine ganz besondere Ausprägung auf. Der internationale Markt wird mit seiner Produktion von Großserien noch immer von diesem Metall beherrscht. So hat sich zum Beispiel seit den fünfziger Jahren ein Kochgeschirrtyp aus Edelstahl mit einem wärmeleitenden Boden aus Aluminium rapide verbreitet. Obwohl Edelstahl nur ein mittelmäßiger Wärmeleiter ist, erklärt sich diese schnelle Verbreitung durch die vorteilhaften hygienischen Eigenschaften des Edelstahls: Er ist leicht zu reinigen und zudem sehr widerstandsfähig gegen mechanische Beanspruchung. Die ersten Firmen, die Edelstahl für die Herstellung von Kochgeschirr verwendet haben, taten dies in der Annahme, daß er universell verwendbar sei. Sie haben Topfserien hergestellt, die den Geschmack der breiten Masse treffen sollten, ohne daß sie vorher die wirklichen Ansprüche und die wirklichen Bedürfnisse der Konsumenten genau analysiert haben. Die meisten heutigen Produzenten folgen diesem Beispiel der ersten Formen und stellen die gleichen Kochgeschirrtypen mit nur geringen Modifikationen her.
Das Angebot umfaßt heute gewiß nicht nur Töpfe aus Edelstahl. Daneben existiert auch ein großer Markt für teflonbeschichtetes Aluminium, und es gibt Randmärkte, meist regionalen Zuschnitts, für Kochutensilien aus Gußeisen, aus emailliertem Eisen, aus Keramik, aus verzinntem oder versilbertem Kupfer. Aber die Vorstellungskraft der meisten Hersteller reicht höchstens so weit, daß sie einen guten Designer beauftragen, ihrer Küchenbatterie von der Form her eine Einheitlichkeit zu geben, die sich auf das Aussehen, die Fassade, beschränkt. So erhalten alle

Gegenstände einer Küchenbatterie eine einheitliche Linie und eine gleichartige Form; aber sie bestehen durchweg aus einem einzigen Material, das von Hersteller zu Hersteller verschieden sein mag, aber oft genug nicht auf den späteren, ganz unterschiedlichen Verwendungszweck des einzelnen Utensils abgestellt ist.

Die zentrale Idee des Projekts »La Cucina Alessi« – das Ensemble von Kochutensilien, von denen im zweiten Teil dieses Buches die Rede ist – entspringt der Überzeugung, daß die Beteiligung eines oder mehrerer Designer, so ausgezeichnet sie auch in jeder Hinsicht sein mögen, nicht dem neuesten Erkenntnisstand entspricht – weder im Hinblick auf die kulturgeschichtliche Entwicklung noch im Hinblick auf die Erfordernisse des Marktes. Deshalb haben wir vom Beginn der Planungsphase an neben einem ausgezeichneten Designer, Richard Sapper, einige der bedeutendsten Vertreter der europäischen »Haute Cuisine« hinzugezogen: die Franzosen Alain Chapel, Raymond Thuilier und Jean-André Charial, Pierre und Michel Troisgros und Roger Vergé – zu Ehren des Landes, das mehr als jedes andere der Kochkunst gehuldigt hat – und überdies die Italiener Gualtiero Marchesi und Angelo Paracucchi.
Diese Persönlichkeiten haben uns darauf aufmerksam gemacht, wie wichtig eine grundlegende Kenntnis der Kochtechniken und der Art und Weise des Übergangs von Speisen aus dem rohen in den gekochten Zustand für eine kulinarisch wie auch diätetisch korrekte Küche ist. Die Kochtechniken benötigen zwar alle primär Wärme, aber sie benutzen diese auf verschiedene Weise, um die gewünschten physikalischen und chemischen Veränderungen in Konsistenz, Geschmack und Aroma bei den Speisen herbeizuführen. Deswegen sind für die einzelnen Kochgefäße unterschiedliche Formen aus unterschiedlichen Metallen mit ganz speziellen Eigenschaften erforderlich. Jedes Metall hat in der Tat spezifische Eigenschaften, besonders in bezug auf seine Wärmeleitfähigkeit. Diese Eigenschaften können das Metall in bestimmten Fällen sehr nützlich machen und in anderen unbrauchbar. Die ausschließliche Verwendung eines einzigen Metalls für alle Utensilien der Küchenbatterie, wie sie in den weniger hochentwickelten Zeitabschnitten der industriellen Epoche üblich war, kann heute mit der Feststellung abgetan werden, daß die früheren Epochen uns die notwendige Erfahrung zur Verfügung stellen, um sowohl das ideale Material als auch die idale Form für jedes Kochgefäß herauszufinden.
Deshalb präsentiert sich »La Cucina Alessi« als eine gemischte und eklektische Küchenbatterie. Auf der einen Seite setzt sich diese Batterie aus Utensilien zusammen, die aus verschiedenen Metallen hergestellt sind (jedes Gefäß ist aus dem für eine bestimmte Kochtechnik am besten geeigneten Metall); auf der anderen ist die Form der Gefäße nicht allein von Erwägungen rein ästhetischer Natur bestimmt. Die Form verknüpft sich jeweils eng mit der Funktion, die damit ausgeführt werden soll. Daraus ergeben sich von Gefäß zu Gefäß durchaus unterschiedliche Formen: Kegel, stumpfe Kegel, Zylinder, gerade und auch gewölbte Ränder.
Die Köche haben uns nicht nur allgemein bei der Gesamtplanung beraten, sondern jeder von ihnen hat, auch entsprechend seinen Neigungen und Interessen als Koch, ein oder mehrere Utensilien ausgewählt, die er zusammen mit Richard Sapper bis ins kleinste Detail ausgefeilt hat. So hat sich Alain Chapel, der ein vorzüglicher Saucier ist, auf die konische Kasserolle oder Sauteuse konzentriert. Pierre und Michel Troisgros, die maßgebenden Vertreter der Nouvelle Cuisine, haben bei den Pfannen, der Stielkasserolle und der Cassolette mit Richard Sapper gearbeitet. Raymond Thuilier, der Doyen der französischen Küche und Hüter der Tradition Escoffiers, hat aus seiner reichen Erfahrung wertvolle Hinweise für die ovale Kasserolle gegeben. Roger Vergé, bei dem sich Nouvelle Cuisine und mediterrane Küche treffen, hat die Besonderheiten des Fischkessels herausgearbeitet. Gualtiero Marchesi, der Künder einer neuen italienischen Küche, hat mit nur wenigen präzisen Hinweisen aus dem Topf und der Henkelkasserolle zwei wahrscheinlich perfekte Gefäße gemacht. Angelo Paracucchi, der große Meister der mediterranen Küche, hat eine erstmals wirklich zeitgemäße Interpretation des Flambierrechauds und der Flambierpfanne geliefert. Alle haben anschließend ihr Werk durch eine Reihe von unveröffentlichten Rezepten ergänzt, die in ihren Küchen fotografiert worden sind und die die korrekte Anwendung der verschiedenen Utensilien veranschaulichen.

Charles Eric Merchie und Andrea Torti; bei Paracucchi dem Chefkoch Giuseppe Nappini, dem Maître d'hotel Ivano Buscinatella Ricci und Francesca Zapelli; bei Raymond Thuilier und Jean-André Charial den Chefköchen Alain Burnel und Bernard Chatton; bei Pierre und Michel Troisgros den Chefköchen Christian Ravinel und André Delorme sowie Olympe und Marie-Pierre Troisgros; bei Roger Vergé dem Chefkoch Serge Chollet, dem Sommelier Patrice Lopez sowie Francine Goudot.
Ferner danken wir: Daniela Alessi, Stefano Alessi, Danilo Alliata, Elisabetha Carozzi, Luigi Casalino, Mauro Corinaldi, Romano Felisi, Carlo Scipione Ferrero, Francesco Filippini, Ausilia Fortis, Irene Lopez, Guido Mayer, Enrico Prina, Giovanni Rottoli, David Sanders, Luigi Sangalli, Renato Sartori, Vittorio Senigaglia.
Die Prototypen der Kochutensilien des Projekts »La Cucina Alessi« sind der Öffentlichkeit erstmals in der Ausstellung »Caravelle, quadriennale internationale de Design« im Musée Lyonnais des Arts Decoratifs vom 22. Juni bis 15. September 1986 vorgestellt worden.

Werbedruck der Haushaltswarenfirma Gaudenzio Casazza, 1903

II

G. I. Ferrero

Vom Garen der Speisen und den Räumlichkeiten der Küche

Die Küche und ihre Geräte haben, vielleicht noch mehr als andere Aspekte des häuslichen Umfelds, eine reiche Geschichte, sie weisen Verflechtungen technischer und wissenschaftlicher Natur auf, und sie stehen in Wechselbeziehung zu unser aller Leben.
Dieses Kapitel umreißt die Geschichte des Garens der Speisen und der räumlichen Gegebenheiten der Küche von den Ursprüngen bis zum Anfang des neunzehnten Jahrhunderts, dem Beginn unserer industriellen Epoche.
Die geschichtlichen Epochen in der Anwendung der verschiedenen Metalle zu kulinarischen Zwecken beginnen sich abzuzeichnen: Töpferware, Bronze, Silber, Eisen, Kupfer…

Vom Garen der Speisen

Wenn man die Geschichte der Menschheit betrachtet, erweist es sich als schwierig, Informationen über das Verhalten des Urmenschen gegenüber den Grundproblemen seiner Ernährung zu erhalten. Die archäologischen Funde vermitteln nur ein äußerst oberflächliches Bild von den Gerätschaften, über die er verfügte. Wahrscheinlich handelte es sich zunächst

Eingeborene von der König-Georgs-Bucht beim Rösten ihrer Nahrung über Feuer. (Aus »Il giro del mondo«, Mailand, Treves, 1873)

um einen einfachen Stock, denn mit einem Stock war der Mensch in der Lage, Kräuter und Zweige zum Einsammeln aufzufinden und, wenn er Glück hatte, auch Beeren, Pilze und genießbare Insekten.
Wenn man über den Ursprung der gekochten Nahrung spekuliert, muß man das Eingreifen des Zufalls in Betracht ziehen. Man kann sich leicht vorstellen, wie von Vögeln in den Sand gelegte Eier, durch die Hitze der Sonne gegart, zur ersten gekochten Nahrung des Menschen wurden. Es könnte aber ebensogut ein vom Blitz getroffenes und geröstetes Tier gewesen sein, das den Menschen auf den Gedanken

Bratpfanne oder Lyoner Pfanne

Beschreibung auf Seite 104

brachte, dieses vom Zufall bewirkte gastronomisch-metereologische Geschehen nachzuvollziehen und sich dabei einer weniger drastischen Wärmeform zu bedienen.
Einer anderen überaus schlüssigen Hypothese zufolge könnte der Mensch zum Kochen von tierischer und pflanzlicher Nahrung zuerst die Hitze der Lava genutzt haben, die vielerorts von den Vulkanen ausgestoßen wurde – die mit ihren rauchenden Schloten sicherlich am Anfang der Umweltverschmutzung standen. Die Entdeckung von Eiern, Pilzen, großen und kleinen Tieren, die durch die häufig auftretenden Waldbrände geröstet wurden, ließ den Menschen erkennen, wie wesentlich das Garen der Nahrung für ein angenehmes Überleben war – und dies, bevor er noch wußte, wie man Feuer anzündet.
Man kann also vermuten, daß der Mensch auf diese Art und Weise auf den Gedanken gekommen ist zu kochen und daß er zugleich auch ganz intuitiv die Form der Behälter erfaßte, die zum Kochen geeignet waren. Der erste Kochtopf glich wohl einer Eierschale, die erste Kasserolle dem Panzer einer Schildkröte. Und folglich war das erste Gericht des Menschen vermutlich »œufs à la coque et soupe de tortue« ...
Der Vorschlag, den Charles Lamb in seinem amüsanten Essay »A Dissertation upon Roast Pig« um die Mitte des neunzehnten Jahrhunderts machte, stellt eine ebenso vergnügliche wie poetische Hypothese über die prähistorische Kochweise dar. Sie läßt sich so zusammenfassen: Dem Sohn eines chinesischen Schweinehirten wird von seinem Vater befohlen, die armselige Hütte und deren wertvollen Inhalt zu bewachen: eine Sau und ihre gerade zur Welt gekommenen Ferkel. Als er mit dem Feuer spielt (das damals nur zum Heizen der Behausung diente), entzündet sich zunächst ein Strohballen, dann die ganze Hütte. Während er schreckerfüllt auf die Rückkehr des Vaters wartet, wärmt er sich die Hände über den rauchenden Überresten eines von den Flammen gerösteten Ferkels. Ein unbekannter Duft steigt ihm in die Nase und läßt ihm das Wasser im Munde zusammenlaufen. Der einfältige Junge bückt sich, um das Schweinchen zu betasten, und verbrennt sich die Finger an der gerösteten Schwarte. Instinktiv führt er die Hand zum Mund und leckt an den Fingern, um sie zu kühlen...
Anschließend beschreibt Lamb, wie sich dieselbe Situation nach der Ankunft des Vaters

wiederholt – der Schmerz über die verbrannten Finger wird gelindert durch die Freude darüber, etwas gegessen zu haben, was durch Rösten so schmackhaft geworden war. Und damit war das Spanferkel geboren. Auch wenn das Rösten oder Braten die ursprüngliche Garmethode war, sollte man nicht vergessen, daß Fleisch (sei es Mammut-, Pferde-, Schweine- oder Fischfleisch) im Gegensatz zu der meisten pflanzlichen Nahrung nicht unbedingt gekocht zu werden braucht. Selbst das zäheste Fleisch kann roh gekaut und verdaut werden, während viele pflanzliche Nahrungsmittel schlecht verdaulich sind, bevor nicht durch Einwirkung von Hitze die Hüllen, die bei Reis und Getreide die Körner umgeben, zersprengt, bei Wurzeln die Fasern zersetzt oder bei Maniok, Pilzen und Flechten giftige Substanzen wie Zyanwasserstoff oder anderes neutralisiert werden. Weil die Ausbeute aus Jagd und Fischfang nur unregelmäßig und meist auch in geringer Menge anfiel und weil die Konservierungsmethoden noch unentwickelt und daher Obst und Gemüse nur jahreszeitlich bedingt vorhanden waren, kann man annehmen, daß die Grundnahrung des prähistorischen Menschen über Jahrtausende hinweg aus einem Brei von in Wasser gekochten Körnern bestand. Polenta, Couscous und Porridge sind die modernen Entsprechungen dazu.

Um verdaulich zu sein, muß das Getreide gekocht werden. Dazu bedarf es eines Behälters, der drei Grundvoraussetzungen erfüllt: Er muß undurchlässig sein, er muß feuerfest sein, und er muß aus einem Material bestehen, das die Hitze der Feuerstelle auf den Inhalt des Behälters überträgt, ohne daß eine chemische Reaktion abläuft. Nehmen wir einmal an, der Mensch hätte sich von Urzeiten her bemüht, einen so beschaffenen Behälter zu formen, obwohl ihm bereits andere Garmethoden für Fleisch (auf dem Rost und am Spieß) und für eine Art Fladenbrot (das auf heißen Steinen in der Glut gebacken wurde) bekannt waren. Vielleicht war es der bei verschiedenen Völkern übliche Brauch, Fleischstücke vor dem Garen in der heißen Glut mit Lehm zu umhüllen, der ihnen eine Reihe von nützlichen Erkenntnissen zur Erweiterung ihres kulinarischen Wissens vermittelte. Zuerst hat man wohl beobachtet, daß der Umstand, daß sich die Lehmschicht in der Glut in eine harte Kruste verwandelte, es zugleich

KOCHTOPF
Beschreibung auf Seite 70

Miniatur aus einem Kodex des fünfzehnten Jahrhunderts. (»Tacuinum Sanitatis«, Biblioteca Casanatense, Rom)

möglich machte, die nicht sofort verzehrten Teile eine Zeitlang zu konservieren.
Mit der Zeit verfiel man auf den Gedanken, aus diesem Material Mehrzweckbehälter herzustellen. Und damit kam der Topf aus Ton auf. Die Tonerde war feuerfest, hygienisch und veränderte den Geschmack der Speisen nicht. Leider war sie nicht undurchlässig, und aufgrund ihrer Porosität ging während des Kochens einiges vom Inhalt des Topfes verloren. Man kann sich vorstellen, daß in der Steinzeit ganze Generationen von Köchen darüber enttäuscht waren. Weitere Jahrhunderte mußten vergehen, ehe der Mensch ent-

Archaisches Kochgerät, Farblithographie. (Erdal-Sammelbildchen vom Anfang des zwanzigsten Jahrhunderts)

Tongefäße des Steinzeitalters. (Völkerkundemuseum Berlin)

deckte, daß Ton gebrannt werden kann, so daß Töpfe aus Ton undurchlässig werden. Man begann nun damit, die Tontöpfe mit pflanzlichen Harzen zu überziehen, in Anlehnung an die zähen Krusten, die Brei und Mus beim Kochen darin bilden konnten. Weitere Jahrhunderte vergingen, bis schließlich die Tonglasur aufkam. Nachdem nun endlich das Problem der Abdichtung gelöst – und zugleich die erste Phase der Vergiftung des Menschen durch die Technik eingeleitet war, weil sich nämlich das in der Glasur enthaltene Blei auf das Kochgut übertrug – ging man an die Lösung der anderen Probleme. Das nächste bestand darin, daß der Ton nur wenig Wärme übertrug. Die direkt auf das Feuer gesetzten Töpfe mußten beständig beobachtet werden, damit die Speisen darin nicht anbrannten, aber trotzdem am Kochen gehalten wurden. Deshalb kam man auf die Idee, die Töpfe nicht direkt über dem Feuer, sondern in einer gewissen Entfernung vom Feuer aufzustellen. Das wirkte sich indessen auf die Dauer der Kochzeit aus, die sich dadurch entschieden verlängerte. Um die Erwärmung zu beschleunigen oder um anschließend ein gleichmäßiges Fortkochen zu erreichen, tauchte man auch Steine, die zuvor in der Glut erhitzt worden waren, in die Kochgefäße. Diese Methode kam besonders bei Krügen aus Tierhäuten zur Anwendung. Sie wurde bereits in der Antike von Herodot bei den Skythen beobachtet und noch Anfang des sechzehnten Jahrhunderts auf Skye und den anderen Inseln der Hebriden angewendet (so Buchanan, Rerum Scoticarum historia, 1582).
In dem sehr seltenen Buch von Pagliarini, »Il fuoco ristretto« (Rom 1694), wird darauf aufmerksam gemacht, daß diese Methode im siebzehnten Jahrhundert noch immer gebräuchlich war, und zwar in einem besonders konstruierten kleinen Ofen, der mit Recht als Vorläufer der einige Jahrhunderte später aufkommenden Sparherde angesehen werden kann. Überdies wurde dieses Verfahren noch im neunzehnten Jahrhundert in Österreich und noch zu Beginn dieses Jahrhunderts bei einigen Indianerstämmen in Kalifornien angewendet.
Die Indianer benutzten kleine Körbe aus Weidenruten als Kochgefäße. Diese waren besonders eng geflochten und wurden mit Torf ummantelt, damit sie undurchlässig wurden (so »The Cooks' Catalogue«, ed. James Beard et al. New York 1975).

STIELKASSEROLLE
Beschreibung auf Seite 124

CASSOLETTE
Beschreibung auf Seite 134

Außer nach geeigneten Materialien und Formen für Kochgeschirre suchte der Mensch auch nach Möglichkeiten, diese Kochgefäße auf die beste Weise mit der Wärmequelle in Berührung zu bringen. Wer mit einfachsten Mitteln einen Grill bauen muß, verfällt noch heute darauf, einen Kreis von Steinen um das Feuer zu legen. Eine fortschrittlichere Methode ist die, um die Feuerstelle herum drei Pfähle schräg in die Erde zu rammen und dort, wo sie sich kreuzen, das Kochgefäß aufzuhängen. Später taucht dann der Dreifuß aus Ton mit dem dazugehörigen Topf auf. Die Gewinnung und Verarbeitung von Metallen, die ungefähr zweitausend Jahre vor Christus begann, war eine der größten Errungenschaften der Menschheit. Wir dürfen jedoch nicht auf den Gedanken verfallen, daß die damals gerade entdeckten Metalle sofort in der Küche Verwendung fanden. Die Schwierigkeit ihrer Gewinnung und ihre Seltenheit machten sie so wertvoll, daß man sich ihrer anfänglich nur zu kriegerischen und kultischen Zwecken sowie zur Herstellung von Schmuck bediente. Die Verbindung zur Küche läßt sich erstmals bei Kultgefäßen herstellen, die aus dem seltenen und kostbaren Metall gefertigt waren. Im zwölften Jahrhundert vor Christus erschienen in der Schang-Dynastie in China bronzene Gefäße für Opfergaben, deren Form sich offensichtlich von den viel profaneren Tontöpfen der Küche herleitete. Auch für das antike Griechenland ist anzunehmen, daß die zum Kochen verwendeten Gefäße größtenteils aus Ton

Antike römische Feuerstellen, Kochtöpfe und Gerätschaften für die Feuerstelle, die bei Ausgrabungen im römischen Castell der Saalburg bei Bad Homburg gefunden wurden. (»L'uomo e il fuoco«, Band I, Mailand 1939)

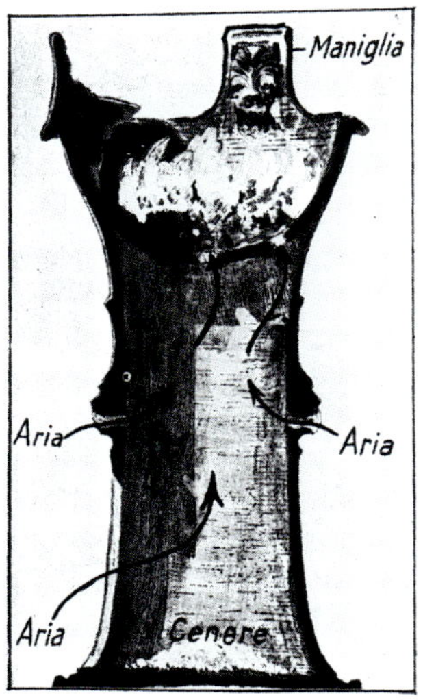

Querschnitt eines tragbaren Ofens aus der griechischen Antike. (Rekonstruktion, Deutsches Museum, München)

bestanden. Abgesehen vom Lebes, einer großen, fast kugelförmigen Schale, und vom Caccabus, die offensichtlich beide eine kulinarische und kultische Doppelfunktion hatten, bestanden die Gefäße zum Kochen aus unverziertem rotem Ton.
Wenn man sich ein Bild von den damaligen Metallpreisen machen möchte, muß man sich vergegenwärtigen, daß zu Zeiten Homers ein Bronzekessel den Wert eines Ochsen und ein reichverzierter Dreifuß aus Eisen den Wert von zwölf Ochsen hatte, wie in der Ilias nachzulesen ist. Welche Bedeutung damals die Verzierung von Küchenutensilien hatte, wird in zahlreichen Texten gastronomischen Inhalts hervorgehoben, unter denen die »Deipnosophisti« des Athenaios und die posthumen Schriften des Archestratos von Gela an erster Stelle stehen. Es ist vielleicht auch interessant, daß es in Griechenland hauptsächlich die Frauen und zumeist die Sklavinnen waren, die die Kochgerätschaften handhabten, während bei den Völkern des Orients (wie später bei den Römern) die Kochkunst in der Hand der Männer lag.
Die Kunst – sei es Malerei, Bildhauerei, Architektur, Musik, Tanz, Theater oder eben die Kochkunst – blüht nur an Orten und nur zu Zeiten, da die Bürger und die Regierenden verhältnismäßig großzügig sind. Erst wenn das Lebensnotwendige vorhanden ist, beginnt der Mensch damit, das Überflüssige zu produzieren. Die Kunstgeschichte ist die Geschichte des Konsums von im Grunde überflüssigen Dingen, die jedoch die Zeiten überdauern. Und die Geschichte der Kochkunst ist die Geschichte des momentanen Konsums des

FLAMBIERRECHAUD
Beschreibung auf Seite 204

Küche im antiken Griechenland. (Sammelbildchen der Firma Liebig, 1903)

nicht Lebensnotwendigen im wahrsten Sinne des Wortes. Zur Zeit Christi gab es in Rom Kochschulen und Kochmeister, unter denen die Familie der Apicii die berühmteste war. Sie stellte zahlreiche Rezeptsammlungen zusammen und erfand auch eine Reihe neuer Gerichte. Zur selben Zeit wurden große Fortschritte in der Küchenausstattung gemacht.
Auf einem römischen Herde brannten gleichzeitig mehrere Feuer in unterschiedlicher Stärke, damit für die verschiedenen Kochvorgänge eine ganze Skala von Kochtemperaturen zur Verfügung stand. Die Flammen wurden durch den Gebrauch von Federfächern reguliert, das heißt: stärker oder weniger stark entfacht. Um den Kochvorgang bei verschiedenen Speisen noch besser regulieren zu können, benutzte man überdies Dreifüße von unterschiedlicher Höhe. Die reichen Römer waren die ersten, die über eine Küchenausstattung ganz aus Metall verfügten. Bei den Ausgrabungen von Herculaneum und Pompeji sind Bratroste, Stielpfannen, Fettauffang-

Die römische »Küchenbatterie« aus den Ausgrabungen von Herculaneum und Pompeji. (C. Ceci, op. cit., Neapel 1858)

schalen, Kuchenformen sowie Förmchen für Süßspeisen, kleine und große Kessel, Schaumkellen und Vorlegegabeln gefunden worden – alles aus Bronze (Ceci, »Piccoli bronzi de Real Museo Borbonico«, Neapel 1858). Daran wird deutlich, wie grundlegend die römische Zeit für die Entwicklung der Kochgerätschaften war. Man kann sagen, daß die römischen Küchenutensilien den Ausgangspunkt für die moderne »batterie de cuisine« darstellen, die sich in den darauffolgenden Jahrhunderten entwickelt hat, ohne daß sich dabei die Formen entscheidend verändert oder wesentlich vermehrt hätten. So mannigfach und vielgestaltig die Neuentwicklungen in der römischen Zeit auch gewesen sind, die Küchengerätschaften des unbekannt gebliebenen Kochs von Julius Caesar unterscheiden sich im Grunde nur wenig von denen des bekannten Giuseppe Sorbiati, der im vorigen Jahrhundert Küchenchef im Hause Fenaroli in Mailand war.

Im Verlauf der späteren Jahrhunderte ging diese Entwicklung natürlich weiter, vor allem dadurch, daß sich neue Eßgewohnheiten ausbildeten. Als Beispiele seien das Nudelsieb mit dem Aufkommen der Spaghetti, die Couscoussiere mit dem des Couscous und die Paella-Pfanne mit dem der spanischen Paella genannt. Veränderungen und Weiterentwicklungen brachte zudem die Einführung neuer Metalle mit sich. Nach Bronze und Silber kam Eisen, dann Kupfer und Aluminium und schließlich rostfreier Stahl auf. Die Wärmequellen veränderten sich ebenso wie die Produktionstechniken. Kehren wir aber zu den Speisen zurück.

Es ist sicherlich müßig, das erste Mailänder Schnitzel – von dem das Wiener Schnitzel abstammt – oder die ersten Kartoffelklöße datieren zu wollen. Von besonderem Interesse scheint jedoch die Nahrungszubereitung zu sein, wie sie sich bei den zum Kauf feilgebotenen Speisen im Spiegel der Chroniken zeigt. Der Koch eines Herrschers mußte sein Augenmerk stets darauf richten, daß die Tafel besonders prunkvoll war; er mußte auf den »look« achten. Der Koch einer Postwirtschaft mußte seit eh und je den Gaumen der Reisenden befriedigen, die aus aller Herren Länder kamen, besondere Vorlieben und Abneigungen, wenn nicht sogar spezielle Speisevorschriften hatten. Gleichzeitig mußte er auf die schnellste und preiswerteste Art kochen. Wie könnte man dieser Kategorie von fähigen Handwerkern, ja Künstlern nicht einen großen Anteil an

SPITZSIEB ODER CHINOIS

Beschreibung auf Seite 72

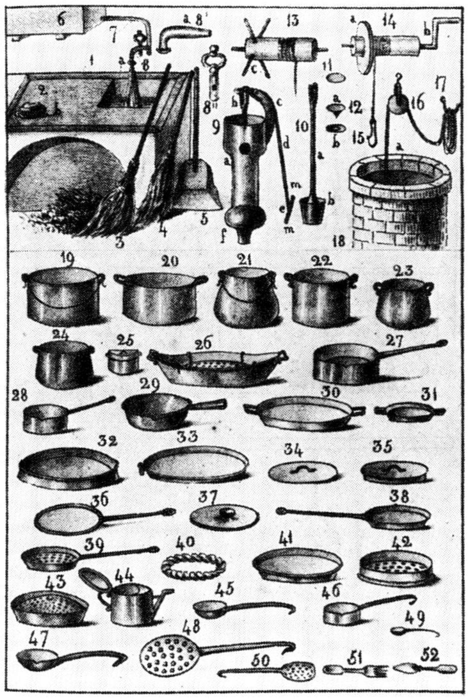

Eine italienische Küchenbatterie aus der Mitte des neunzehnten Jahrhunderts.
(Paganini, »Vocabolario domestico genovese-italiano«, Genua 1857)

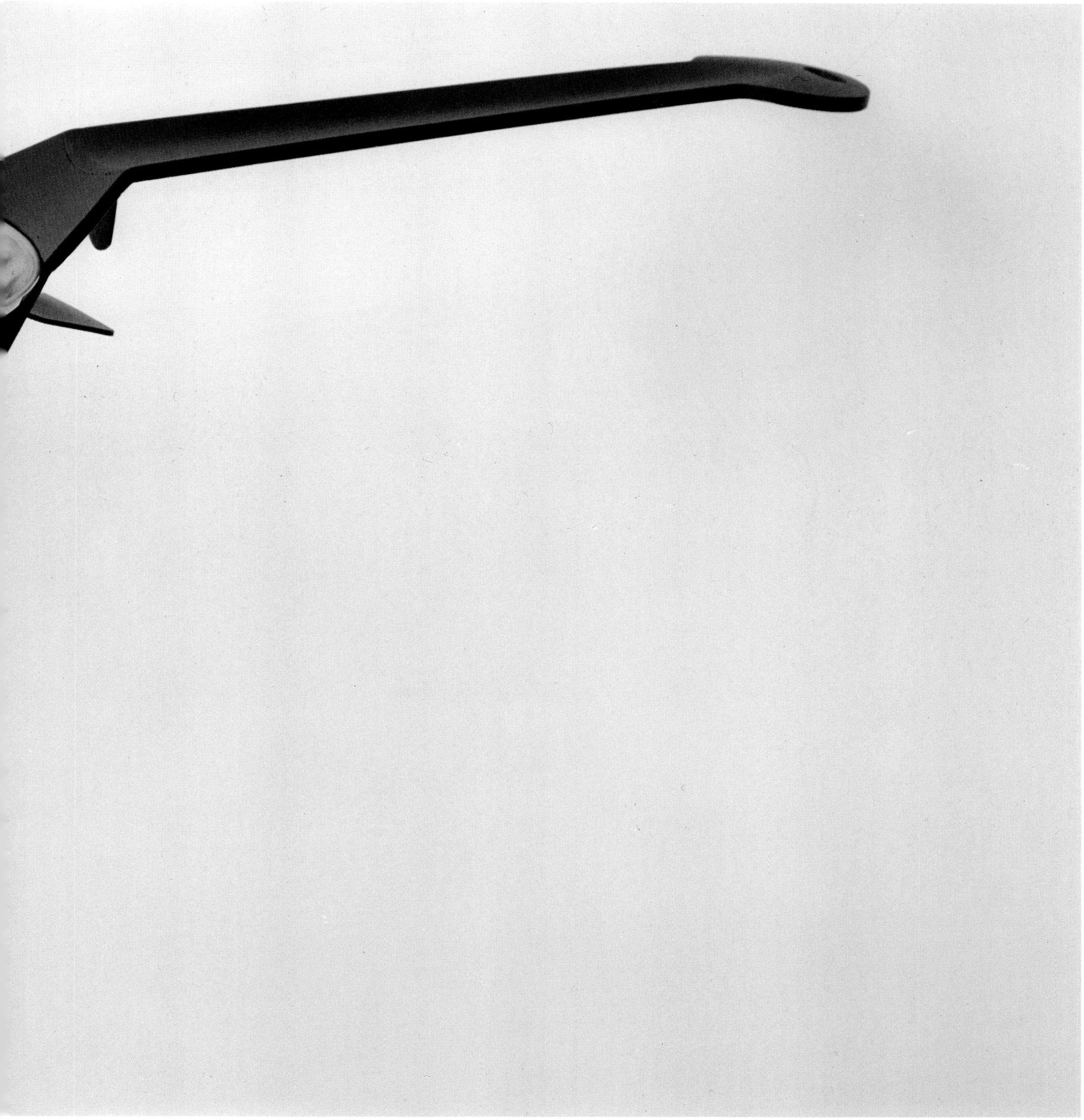

den Verbesserungen der Küchenausrüstung beimessen?
Die Nachrichten, die wir von den Eßgewohnheiten der Spätzeit Roms als Hauptstadt des Imperiums haben, betreffen vor allem die Ausschweifungen der Tafel. Unserer Meinung nach beziehen sich diese überlieferten Extravaganzen, etwa die in Essig aufgelösten Perlen, die Edelsteine, die pulverisiert unter die Speisen gemischt wurden, die Ragouts aus Lerchen- oder Papageienzungen und all die anderen Überspanntheiten nur auf die üblen Auswüchse der kulinarischen Kreativität in der damaligen Zeit. Das Raffinement der Köche Caligulas beruhte wahrscheinlich auf ganz anderen Dingen. Da es den Moralisten jener Zeit nicht in den Sinn kam, die virtuosen Gerichte eines apicianischen Kochs anzuführen, werden es leider die Moralisten von heute nicht erlauben, daß man in zweitausend Jahren etwas anderes über die heutigen Eßgewohnheiten erwähnen kann als die vier Ravioli von Gualtiero Marchesi zu 25 000 Lire.
Es ist sicher, daß die Kochkunst ihren größten Glanz entfaltete, als der persönliche Reichtum der römischen Bürger seinen Höhepunkt erreichte: Nahrungsmittel aus aller Welt und Gewürze aus China, Südostasien, Indien, Persien, Arabien und Ostafrika wurden auf die Märkte Roms gebracht. Alles stand dem römischen Koch jener Zeit zur Verfügung, dem es damit ein leichtes war, nicht nur den Gaumen, sondern auch alle anderen Sinne der Tischgäste zu befriedigen. Über die kulinarische Verirrung eines Salats aus Papageienzungen kann man nur mit jemandem streiten, der schon davon gekostet hat. Es ist uns überliefert, daß noch Papst Leo X. bei einem Festessen, das ihm Agostino Chigi im Jahre 1518 gegeben hat, eine zweite Portion davon verlangte.
Bei den schon damals vorhandenen gastronomischen Betrieben unterschied man bereits zwischen den Wirtshäusern, die entlang der Hauptstraßen nach Rom entstanden und Namen trugen, die den heutigen verblüffend gleichen – wie Zum Adler, Zur schwarzen Katze – und der raffinierten Küche der Mietköche, die sich tageweise verdingten, um in Privathäusern Festessen herzurichten.
Die ersten Einfälle der barbarischen Völker des Nordens, die die Verlegung der Hauptstadt des Imperiums von Rom nach Ravenna nach sich zog, kennzeichnen den Beginn eines Verfalls der Sitten und Künste,

nicht zuletzt auch den Verfall der Kochkunst. Diese Rückentwicklung hielt das gesamte frühe Mittelalter hindurch an. Im Jahre 530 mußte der Italiener Venanzio Fortunato in seiner Eigenschaft als Kaplan der Königin Radegunde den Gelagen des Culperius, Clotherius und Siegbert beiwohnen.
Er kann bei der Beschreibung eines dieser königlichen Gelage nichts Raffinierteres nennen als Fleischspeisen mit Honigsauce und Zugemüse mit Fleischtunke. An die Äbtissin von Poitiers, die ihn zu einem Mahl geladen hatte, schreibt er als Dank: »Schlemmerhaft wie ich bin, hat es mich nach allen gebotenen Fleischsorten, nach jedem einzelnen Ragout verlangt, und ich habe alle begierig verschlungen.«
Mit Ausnahme der Spieße, die zum Rösten der gigantischen Braten dienten, die den barbarischen Königen und Kaisern so lieb und teuer waren (glaubt man den Chronisten, dann hat sich Karl der Große anscheinend von nichts anderem ernährt), finden wir in den geschichtlichen Texten keine Beschreibung von anderen Küchengeräten, außer einigen spärlichen Hinweisen auf Stielpfannen, die eher zum Schmelzen von Fetten als zum Braten benutzt wurden, und auf ganz gewöhnliche Kochtöpfe. Diese wenigen Utensilien wurden indessen immer voluminöser, und die einzige Neuerung besteht in ebendieser Vergrößung, die die Illustratoren von Codices so sehr beeindruckte.
Mit der Wanderung der »Seele« der römischen Kultur von Rom nach Byzanz vergißt der Westen einen großen Teil dieser Kultur. Da in der Küche, wie auch in jedem beliebigen anderen Bereich, die Mode von den Gewohnheiten der herrschenden Klasse bestimmt wird, kehren sogar die Italiener, seit Jahrhunderten an eine sehr große Vielfalt von Speisen und Zubereitungsarten gewöhnt, zu jener kulinarischen Primitivität zurück, die in der Altsteinzeit herrschte. Um das Jahr tausend herum zeichnet sich bei unveränderten Gewohnheiten, unverändertem kulinarischem Geschmack und einem unveränderten Typus der Kücheneinrichtung jedoch eine

FISCHKESSEL MIT PERFORIERTEM EINSATZ
Beschreibung auf Seite 184

Byzantinische Haushaltsgeräte zwischen dem achten und dreizehnten Jahrhundert. (Sammelbildchen der Firma Liebig, 1909)

neue Tendenz in den höfischen Gebräuchen ab und gibt der Kreativität der Köche neuen Auftrieb. An den Festessen nimmt eine immer größere Zahl von Gästen teil. Es mag sein, daß sich darin das Aufkommen einer mittleren Schicht, einer bereits im Ansatz vorhandenen »middle class« andeutet, nachdem sich nach den Wirren der vorausgegangenen Jahrhunderte die Struktur der Gesellschaft neu formiert und gefestigt hatte. Die Zubereitung einer Unmenge von Speisen, die zur gleichen Zeit bewältigt werden mußte – wir haben Berichte über Festessen mit Tausenden von Tischgästen –, bewirkte nicht nur, daß sich allmählich eine immer umfangreichere Küchenbatterie herausbildete. Die Köche, die sich inmitten ihrer vielen Töpfe abmühten, wurden gleichzeitig auch angeregt, die verschiedenen Speisen miteinander zu mischen, neue Geschmacksrichtungen zu erproben und längst vergessene wiederzuentdecken. Die relative Seltenheit der Gewürze (mit denen sich die Speisen am besten variieren ließen, die aber selbst für die Geldbeutel der Wohlhabenden oft unerschwinglich waren) regte zur Erfindung von immer umfangreicheren Zutatenkombinationen an, mit denen man dem eintönigen süß-salzigen Geschmack der herkömmlichen Gerichte zu entfliehen suchte. Die italienische Küche zwischen 1200 und 1400 hatte schon eine wohlausgeprägte Identität, aber auch gewisse Eigenheiten, die sie bei vielen Ausländern unbeliebt machte, ganz besonders bei denen von jenseits der Alpen. Von den zahlreichen Klagen in Vers und Prosa möchten wir die Verse des Minnesängers Oswald von Wolkenstein aus dem späten vierzehnten Jahrhundert anführen:

»Wer...well...
Sein leben enden
mit guten zenden
ligen in dem strô
der fueg sich in die lombardie
dâ vil magen wirt unfrô...«

Was die Reisenden aus dem Norden nicht verdauen konnten, weder physisch noch psychisch, waren einmal die mit Olivenöl zubereiteten Speisen und zum anderen die häufigen Fastentage ohne Fleisch. Unter den vielen Herbergen (in der heutigen Bedeutung des Wortes), von denen wir in Venedig seit dem zwölften Jahrhundert Kenntnis haben, waren viele im Besitz von Deutschen. In diesen Herbergen war alles deutsch, von den Bediensteten bis zu den

Gästen, von der Küche bis zur Art des Bettes. Das war so, um zu verhindern, wie der Minorit K. Pellikan um die Mitte des fünfzehnten Jahrhunderts anläßlich seiner Reise nach Italien schreibt, daß man »vor Hunger« sterben könne, wenn man sich nicht ausreichend Vorrat aus Deutschland mitbrächte. Die Klagen über die Verwendung von Öl, die Knappheit von Fleisch und das Fehlen von Butter (ganz zu schweigen von den – für alle nordischen Mägen – allzu kleinen Portionen), kurz: die Klagen über das, was man heute die mediterrane Küche nennt, waren wenigstens bis zur Mitte des siebzehnten Jahrhunderts weit verbreitet, obwohl so manch illustrer Reisender nicht mit Statuen oder Bildern, sondern mit einem italienischen Koch in sein Heimatland zurückkehrte.
Was die Küchenbatterie betrifft, so ist der Kessel (der durchschnittlich zwischen 15 und 50 Litern faßte) so universell verbreitet, daß man an ihm beispielhaft darstellen kann, wie einheitlich die kulinarischen Bräuche im gesamten Abendland sind. Er ist teuer, weil er immer aus wertvollen Materialien wie Kupfer oder Bronze besteht. In den Haushaltsinventaren der Zeit kommt er im Wert fast immer der Geldtruhe des Hauses gleich. Der kleinere Kochtopf in seinen verschiedenen Ausführungen ist um die Mitte des fünfzehnten Jahrhunderts auch aus Metall. So geht es jedenfalls aus den Inventaren hervor, in denen die ebenfalls gebräuchlichen Töpfe aus Ton vielleicht aufgrund ihres geringen Wertes nicht aufgeführt werden. Unter den anderen Behältern für langsame Kochvorgänge tauchen in jener Zeit der provenzalische »toupin« und die sizilianische »cangile« auf. Die letztere wurde zum Kochen der »cubayata« (Sesamnougat) benutzt.
Auch wenn der gebührend eingefettete Topf (der etwa der modernen Kasserolle entspricht) die gleiche Verwendung finden kann, so ist es überall die flache Pfanne, die zum Braten benutzt wird. In der Mehrzahl der Fälle bestand die Pfanne aus Kupfer (vgl. »Actes du colloque de Nice: Manger et boire au moyen âge«, Nice 1984). Man findet Hinweise auf seltenere Pfannen aus Eisen, die, wie die Wissenschaft in den folgenden Jahrhunderten zeigen sollte, dieser Kochart wesentlich besser entsprechen. Die eisernen Pfannen wurden fast immer zum Rösten benutzt. In Sizilien heißt diese Art von Pfanne, die einen gerillten oder kannelierten Boden hatte, »padella de aroustu facta ad canali«.

HENKELKASSEROLLE

Beschreibung auf Seite 82

Feldküche unter einem Zeltdach. (Kupferstich aus »Opera di Bartolomeo Scappi«, Venedig 1570)

Für die Schmorbraten benutzt man eine große, mit einem Deckel versehene Pfanne aus Kupfer oder Bronze oder, in selteneren Fällen, aus Gußeisen oder Ton.
Die im wesentlichen einheitliche Küchenbatterie beginnt sich zunehmend zu differenzieren, und die Formen ihrer verschiedenen Komponenten werden mannigfaltiger. So empfehlen die Kochbücher jener Zeit den Gebrauch einer immer größeren Zahl von Geräten und immer mehr Zubehörs. Nicht zuletzt gehörte dazu der Backofen. Unter den am besten ausgestatteten Küchen sollte man die von Ludovico Sforza, Herzog von Mailand, nennen.
Das Privateinkommen von Il Moro, wie man ihn nannte, betrug 700 000 Dukaten und war damit höher als der gesamte Staatshaushalt Englands und höher als die Hälfte des Haushalts von Frankreich in jener Zeit.
Gleichwohl zwangen ihn 1486 die enormen Aufwendungen für seinen Haushalt zu der Anordnung, daß an gewöhnlichen Tagen in seinen Küchen nicht mehr als vier Gänge frisch gekocht werden durften und vier aus wieder aufgewärmten Speisen bestehen mußten; außerdem durften nicht mehr als zwei Bratengänge bereitet werden. Noch ein kulinarischer Brauch jener Zeit sei erwähnt: Zu besonderen Gelegenheiten wurden in adligen Häusern die Speisen mit Blattgold vergoldet, in bürgerlichen wurden sie mit Eiern oder Safran gelb gefärbt.
Auch waren Feuerwerke bei Tisch beim Auftragen der Hauptgerichte sehr in Mode, und es ist überaus wahrscheinlich, daß die leuchtenden Flammenkaskaden, die aus den monumentalen Braten und Pasteten des Lodovico, Il Moro, strömten, von Leonardo da Vinci entworfen wurden.
Die damaligen Kochtechniken unterscheiden sich nicht wesentlich von den heutigen. Verschieden ist jedoch die Anwendung mehrerer Verfahren bei der Zubereitung von ein und demselben Gericht. Mit einer Selbstverständlichkeit, die wir heute nicht mehr haben, wurden die zum Rösten vorgesehenen Fleischstücke erst einmal vorgekocht, bevor sie am Spieße endeten. Auch wurden Suppen und Zuspeisen doppelt zubereitet: erst gekocht, dann in Fett gebraten, aber auch umgekehrt erst gebraten, dann gekocht. Nur für den Fisch galt diese Regel nicht.
Mit der Entdeckung Amerikas, mit dem Versuch, die Gewürzländer zu erreichen, um das venezianisch-portugiesische Monopol zu umgehen, kamen Cayenne-

Kücheninterieur.
(Kupferstich aus »Opera di Bartolomeo Scappi«, Venedig 1570)

pfeffer (der nach und nach den Pfeffer aus Guinea verdrängte), Vanille, Kakao, Kartoffeln, Tomaten, Mais und Bohnen, um nur von den für kulinarische Zwecke wichtigsten Pflanzen zu sprechen, nach Spanien und von dort in das restliche Europa. Nachdem die Phase des Miteinander-vermischens der verschiedenartigsten Speisen überwunden war, begann nun in der Küche die Phase des Würzens. Es ging nicht mehr um ein wahlloses Gemisch von Zutaten, sondern um eine wohlüberlegte Auswahl von Spezereien und Gewürzen, die am besten geeignet waren, eine bestimmte Speise zu verfeinern. Während Frankreich vollständig von der italienischen Mode eingenommen war, die Caterina de' Medici eingeführt hatte, und zusammen mit den »Maccheroni« die Gabel als das Instrument, mit dem man sie ißt, entdeckte, erprobte man in Spanien die Verwendungsmöglichkeiten der Viktualien, die soeben aus der Neuen Welt eingeführt wurden. Die Kartoffel (oder wahrscheinlicher die Süßkartoffel) wird von 1570 an in Galicien angebaut. Der Mais ersetzt die anderen Getreidearten in der Grundnahrung des Volkes. Vom nahen Frankreich aus (noch immer dank derselben Caterina) kommt auch die Bohne nach Spanien (nicht zu verwechseln mit der »phaseolus« der Römer) nachdem auf italienischem Boden der Anbau nicht recht zum Zuge kam. Kandierte Früchte kamen ganz groß in Mode, vor allem Ananas und Bananen noch während der Zeit des portugiesischen Monopols. Das Kandieren von Früchten erfordert seinerseits eine Ausstattung der Küche mit besonderen Gerätschaften, die

Ein Bankett der Caterina de' Medici. (Französischer Kupferstich des sechzehnten Jahrhunderts)

EIER- UND CRÊPESPFANNE

Beschreibung auf Seite 104

nun überall gefragt sind. Der dazu benötigte Zucker stammte, zumindest was den spanischen Verbrauch betrifft, aus den Zuckerrohrpflanzungen auf den Kanarischen Inseln, die bereits seit der Zeit der Kreuzzüge betrieben wurden.
In der italienischen, englischen, französischen und katalanischen Küche wurden zwischen dem fünfzehnten und sechzehnten Jahrhundert so große Mengen und so vielerlei Arten von Gewürzen verwendet wie nie zuvor in der Geschichte. Aus wenigen noch erhaltenen Rezepten, die die Menge der Zutaten genau angeben, wird ein ungeheurer Verbrauch von Kardamom, Zimt, Pfeffer, Kümmel, Gewürznelken, Vanille, Ingwer, Muskatnuß und Safran ersichtlich. Die zweite gemeinsame Eigenheit in der Küche dieser Länder ist die Vorliebe für sauere Würzen: Mit Essig und Wein, mit dem Saft von Zitronen und Bitterorangen werden in jener Zeit fast alle Suppen und Saucen gewürzt. Bis zum fünfzehnten Jahrhundert und vom siebzehnten Jahrhundert an scheiden sich die Küchen in die, die hauptsächlich mit Olivenöl kochen, und die, die im wesentlichen Butter oder Schmalz zum Kochen verwenden. Die zwei Jahrhunderte, in denen man beides verwendete, das Öl an den Fasttagen und den Speck an den Tagen, an denen Fleisch erlaubt war, müssen als eine glückliche Zeit gelten. Denn die Abwechslung ist das Salz des Lebens, aber die Reformation hat dafür gesorgt, daß auch das beseitigt wurde. Das letzte hervorstechende Merkmal dieser Zeit ist die fehlende Unterscheidung zwischen süßen und salzigen Speisen. Gleichgültig ob

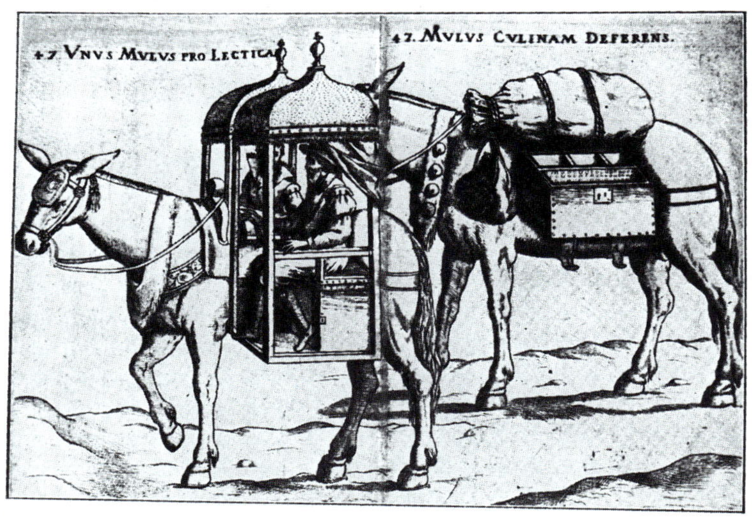

Reisende, die eine Truhe zum Warmhalten von Speisen auf einem Lasttier mitführen. (Kupferstich aus »Machinae novae« von Veranzio, 1617)

Fleisch, Fisch oder Gemüse – alles wird mal mit Salz, mal mit Zucker gewürzt.
Die außergewöhnliche Vielfalt der Zubereitungsarten, der Speisen, Gewürze und Fette bringt natürlicherweise eine immer umfangreichere und immer spezialisiertere Küchenbatterie mit sich. Dieser Neubedarf des Kochs, der sicherlich froh war, der traditionellen Zwänge des Mittelalters ledig zu sein, die seine Phantasie auf die einfachen Verfahren des Röstens und Siedens beschränkt hatten, veranlaßte den Kesselschmied, die Kochbehälter zu verändern und zu verbessern sowie neue Formen und Verarbeitungsweisen zu finden.
Bereits im siebzehnten Jahrhundert sind die Rostbratereien in allen großen Städten weit verbreitet. Ihre Besitzer nutzten die Vorteile des Großeinkaufs und konnten deshalb ihrer Kundschaft einen schon gebratenen Hasen und ein fertig gekochtes Huhn zu einem Preis überlassen, der niedriger als der für Rohware auf den Märkten war. Sehr zahlreich waren überdies auch Wirtshäuser, die Räumlichkeiten für private Festessen boten. Wer nicht zu Hause bewirten wollte, hatte nur die Qual der Wahl. Zahllose kleine Garküchen, praktisch an jeder Straßenecke, erlauben es den weniger Begüterten, die zu Hause keine Küche haben, zu einem wohlfeilen Preis ihren Hunger mit einer Suppe aus Knoblauch, Ackerbohnen und Zwiebeln zu stillen. Diese Suppen wurden im Freien in großen, auf Dreifüße gestellten Kupferkesseln gekocht. In den Patrizierküchen sind die großen Töpfe häufig mit einem Vorhängeschloß verschlossen, um unerlaubtes Kosten durch naschhafte Bedienstete zu verhindern.

FLACHE HENKELKASSEROLLE

Beschreibung auf Seite 92

Niederländische Küche des siebzehnten Jahrhunderts. (Stich von G. Battista Vrints nach einer Zeichnung von Petrus van der Borcht)

Kommen wir zu den Wirtshäusern zurück, so ist zu bemerken, daß sie häufig außer dem Bett nur einen Tischservice und ein Gedeck bieten. Es obliegt dem Gast, sich die Speisen zu beschaffen, die er essen möchte. Gegen eine geringe Summe veranlaßt der Wirt, daß sie anschließend in seiner Küche für den Gast zubereitet werden.
In den großen Städten sind die Viktualienmärkte Tag und Nacht geöffnet. Pastetenbäcker und Grillköche sind auf Abruf in der Lage, Mittag- und Abendessen für eine beliebig große Anzahl von Personen herzurichten. Pünktlich zum gewünschten Zeitpunkt werden dem Kunden zusammen mit den üblichen gekochten Speisen auch Sülzgerichte, Saucen und Ragouts in eigens dafür vorgesehenen Behältern geliefert.
Die Einteilung der Küchen in den großen Häusern ist fast schon mit der heutigen identisch. Die Küchen mußten ziemlich geräumig sein, damit die verschiedenen, bereits hochspezialisierten Köche und Bäcker samt ihren Helfern gleichzeitig an der Zubereitung des gesottenen oder gebratenen Rind- oder Kalbfleisches, der Saucen, der Pasteten und der Süßspeisen arbeiten konnten. Nach »L'art de bien traiter« (Paris 1674) müssen in einer herrschaftlichen Küche zwei gemauerte

Vorläufer der flachen Kasserolle mit langem Stiel. (Kupferstich von R. Wretelet, 1753)

und gekachelte Kamine mit gußeisernen Kaminplatten und mindestens drei verstellbaren Aufhängevorrichtungen für die Töpfe vorhanden sein. Von diesen sollte ein Kamin genügend breit sein, so daß man sich davor auch bei der Zubereitung des großen Festtagsbratens mühelos bewegen konnte. Über den zahlreichen kleinen Feuerstellen, die in der Regel in der Nähe eines Fensters aufgemauert waren, bereitete der Koch die feineren Ragouts und Saucen. Ein Backofen aus Ziegelsteinen, meist im Innern des Kamins, ersparte die Mühe, Torten, Pasteten und Timbalen zum Bäcker tragen zu müssen. Die Küchenbatterie zu dieser Zeit besteht aus verzinntem Kupfer.
Als es an Königs- und Fürstenhöfen üblich wurde, prunkvolle Bankette (wie etwa die Divertissements in Versailles) zu geben, wird die Verzinnung des Tafelgeschirrs durch eine Versilberung ersetzt. Die Töpfe (wiederum nach »L'art de bien traiter«) müssen je nach Verwendungszweck aus Eisen, Ton oder verzinntem Kupfer sein.
Das Wort »restaurant« bezeichnet schon seit Anfang des siebzehnten Jahrhunderts eine stärkende Fleischsuppe.
Die Bezeichnung für die Räumlichkeiten, in denen diese Suppe (neben anderen Suppen) seit dem achtzehnten Jahrhundert feilgeboten und auf kleinen Marmortischen ohne Tischtuch serviert wurde, wird in den folgenden Jahrhunderten mit der des Produkts gleichgesetzt. Auch hier gibt uns

Kücheninterieur des neunzehnten Jahrhunderts. (Englischer Stich, Sammlung Bertarelli, Mailand)

ABTROPFSCHÜSSEL
Beschreibung auf Seite 72

der »Cuisinier royal et bourgeois« eine genaue Beschreibung für die Zubereitung dieser Fleischsuppe: Ochsenfleisch, Kalbfleisch, Kapaune, Tauben, Zwiebeln, Rebhühner, Graupen und Würzkräuter werden nach Art der Schmorbraten ohne Zugabe von Flüssigkeit in einem Topf, dessen Deckel versiegelt sein muß, zum Kochen gebracht. Der Topf wird im Wasserbad fünf oder sechs Stunden lang zum Kochen gebracht, danach seiht man das Fleisch ab und entfettet die Brühe. Ist dieser Vorgang abgeschlossen, füllt man einen ausgehöhlten Brotlaib mit dem zurückgebliebenen und feingehackten Fleisch und läßt ihn lange in der Brühe kochen. Vor dem Servieren wird er mit Hahnenkämmen und in Räucherspeck gebratenen Innereien garniert. Dies war also das einzige, aber gewiß sehr nahrhafte Gericht in diesen ersten Restaurants.
Im Jahre 1794, mitten in der Revolutionszeit, während die Hungersnot unzählige Opfer forderte, umfaßte die Speisekarte bei Very (gewiß nicht die berühmteste Gaststätte des damaligen Paris) 7 Suppen, 16 Vorspeisen, 18 Rindfleischgerichte, 14 Hammelfleischgerichte, 35 Geflügelgerichte, 15 Kalbfleischgerichte, 30 verschiedene Fische, 15 große Braten, 24 salzige und 12 süße Zwischengerichte, 32 Desserts und 10 Gebäcksorten. Das läßt darauf schließen, daß die großen Köche – Roze, Meot, Robert, Very – die gesamte von ihnen benutzte Küchenbatterie mitgenommen hatten, als sie gezwungen waren, die Küchen ihrer adligen Herren, auf die die Guillotine wartete, zu verlassen und sich ein neues Auskommen zu suchen. Die Notwendigkeit, die Unzahl von Deputierten, Föderierten und Soldaten, die aus der Provinz kamen und zum größten Teil in gemieteten Zimmern wohnten, zu ernähren, und die gleichzeitige Verfügbarkeit von Köchen, die an das Abspeisen von vielen Gästen gewöhnt waren, führten somit zur Entstehung des »Restaurants« in der heutigen Bedeutung des Wortes. Der Tatsache, daß die »science de la gueulle«, wie Montaigne sie nennt, in jener Zeit von Hunger und Schrecken eine der wirklichen Tröstungen

Kücheninterieur des achtzehnten Jahrhunderts. (Kupferstich von Giovanni Battista Cecchi nach einer Zeichnung von Luigi Mutinelli)

war, gibt sich in der raschen Vermehrung der Restaurants zu erkennen.
Schon zwei oder drei Jahre nach ihrem ersten Erscheinen gab es in Paris mehr als fünfzig davon. Als Kuriosität sei am Rande vermerkt, daß das teuerste Gericht (zumindest auf der Speisekarte von Very) das Rebhuhn zu drei Franc war, während eine Portion Hammelfleisch mit Champagner nur 18 Heller kostete.
Um die gleiche Zeit erfand eine gewisse Madame Hardy in ihrem Lokal am Boulevard des Italiens das Gabelfrühstück. Sie bot zwischen zehn und zwölf Uhr mittags eine neue Mahlzeit an, die zwischen dem Frühstück und dem Mittagessen eingenommen werden sollte, das damals wegen der Hektik des revolutionären Alltags auf den Spätnachmittag verschoben wurde. Fische, Wildbret, Fleisch und Nierchen waren unter einer großen Glasglocke ausgestellt und konnten von den Gästen ausgesucht werden. Anschließend wurden sie auf eine große Gabel aufgespießt und auf einem Silberrost gegrillt. Salz und Pfeffer, die bis dahin in einen verschlossenen Gewürzkasten in die Küche verbannt waren, tauchen auf dem Tisch zusammen mit Essig- und Ölfläschchen auf. Teekannen und Kaffeekannen hatten bereits die heutige Form. Sehr verbreitet waren die Speisenwärmer oder Rechauds, die immer häufiger mit Spiritusbrennern versehen wurden.
Kehren wir nach Frankreich zurück. Chevet, der zuerst eine Gärtnerei in Bagnolet betrieb (er belieferte Marie Antoinette mit ihren Lieblingsrosen), besaß nach den wechselvollen Perioden von Glück und Unglück und nachdem er wiederholt im Gefängnis war, 1794 in Paris das wahrscheinlich beste Lebensmittelgeschäft der damaligen Zeit. Neben dem vorzüglichsten Feingebäck, dem besten Obst, dem frischesten Fisch, dem fremdländischsten Frühobst und Frühgemüse finden sich in den Regalen seines Ladens die raffiniertesten und gesuchtesten Produkte aus Frankreich und aus dem Ausland. Doch der Erfolg seines Ladens genügt Chevet nicht. Er gründete die berühmteste Kochschule, die es je gegeben hat.
Aus ihr gingen Carême, Gouffé, Bernard und jener Dunat hervor, der später Chefkoch von Napoleon Bonaparte wurde.

FLAMBIERPFANNE

Beschreibung auf Seite 204

Von den Räumlichkeiten der Küche

Die Menschen der Jungsteinzeit kochten im Eingang zu den Höhlen, in denen sie lebten. Sie vermieden dadurch, sich am Rauch zu vergiften, und hielten mit dem lodernden Feuer auch gleichzeitig Feinde und wilde Tiere fern. Diejenigen jedoch, die dank eines milderen Klimas in Hütten oder auf Pfahlbauten lebten, kochten mit Gewißheit im Freien, um Brände zu vermeiden. Obwohl es dafür keinerlei überlieferte Hinweise gibt, kann man sich leicht vorstellen, daß die Küche erst zu dem Zeitpunkt ins

Kücheninterieur.
(Ölgemälde von G. Gherardi, 1864)

Innere der Behausung verlegt wurde, als der Mensch begann, einigermaßen feuerfeste Häuser zu bewohnen.
Alle Autoren, die über die Aufteilung des Küchenbereiches in der Antike schreiben, scheinen zu vergessen, daß nur eine sehr kleine Elite in so ausreichend großen und feuersicheren Gebäuden lebte, daß eine bewohnbare Fläche ausschließlich zum Kochen abgetrennt werden werden konnte.
Bei der Geschichte des Küchenraumes muß man also unbedingt die grundlegende Unterscheidung zwischen der Küche der Reichen und der des einfachen Volkes treffen. Im letzteren Fall kann man sich ohne weiteres vorstellen, daß die Tätigkeit des Kochens erst dann in das Innere der Behausung verlegt wurde, als diese geräumiger wurde und ausreichend hohe Decken hatte oder mit irgendeiner Art von Rauchabzug versehen war. Man darf auch nicht annehmen, daß zum Heizen der Behausung von vornherein ein offenes Feuer verwendet wurde, auf dem man gleichzeitig bequem kochen konnte. Abgesehen von den Völkern, die in besonders kalten Gebieten lebten und deswegen trotz aller Risiken ein offenes Feuer im Innern des Hauses unterhalten mußten, verwendeten alle anderen das Feuer zum Kochen ausschließlich im Freien und benutzten zum Heizen nur Holzkohle in Wärmepfannen und Kohlebecken.
Zahlreiche geschichtliche Dokumente liefern ausführliche Informationen über das, was wir die Küche der Wohlhabenden oder der begüterten Schichten genannt haben. Die Gründe für die Verlegung der Kochtätigkeit in einen geschlossenen und überdachten Raum müssen zahlreich gewesen sein. Wenn man De re rustica von Columella (60 nach Christus) liest, ergeben sich zumindest zwei: einmal die Notwendigkeit, über einen Raum zu verfügen, in dem die Sklaven ihre nicht mit Arbeit ausgefüllte Zeit verbringen konnten; zum anderen die Notwendigkeit, die Speisen während des Kochens vor der Unbill der Witterung zu schützen. »Im Wirtschaftsteil des Landhauses soll man eine Küche bauen, die so großräumig und hoch ist, daß das Gebälk nicht Gefahr läuft zu brennen und daß sich das Gesinde dort zu jeder Jahreszeit bequem aufhalten kann...«
Der besondere Hinweis auf die erforderliche Höhe des Raumes muß mit der Tatsache erklärt werden, daß die römischen Häuser keinen Rauchfang hatten und daß der Rauch durch ein Loch aus dem Dach entwich.

Stielkasserolle

Beschreibung auf Seite 124

Miniatur aus einem Kodex des fünfzehnten Jahrhunderts. (»Tacuinum Sanitatis«, Biblioteca Casanatense, Rom)

Der Herd der römischen Häuser wurde in dem Raum untergebracht, der in den nordischen Ländern noch heute als Vorhalle dient, das heißt: im Atrium. Die Bezeichnung leitet sich von »ater« ab, was »schwarz« bedeutet; denn der Rauch schwärzte Wände und Decke. Im Laufe der Jahrhunderte wurde dieser Raum zum Repräsentationsraum, und daraus ergab sich die Notwendigkeit, die Kochstelle anderswohin zu verlegen.
Während des ganzen Mittelalters blieb die Küche ein abgesonderter Gebäudeteil, der in der Regel auf der Rückseite des Haupthauses errichtet wurde und der Sicht der Gäste und Besucher entzogen war. Der Grundriß der Küche war bis zum dreizehnten Jahrhundert kreisförmig und wurde erst vom vierzehnten Jahrhundert an quadratisch. Die beträchtliche Entfernung zwischen der Küche und den Wohngemächern bedingte den Brauch, die Speisen unter schützenden Glocken – noch heute sind es die Cloches in den Restaurants – zur Tafel zu tragen. Diese Glocken waren sogar durch kleine Vorhängeschlösser verschließbar. Sie schützten die Speisen nicht nur vor Staub und vor Wärmeverlust, sondern verhinderten auch, daß auf dem Weg von der Küche zur Tafel Gift von irgendwelchen Übeltätern in die Speisen gemischt wurde. In den römischen Küchen war der Gebrauch von Holzkohle verbreitet, weil sie so gut wie keinen Rauch entwickelt. Sie war schon bei den Griechen beliebt, wie man aus einer Stelle in der Ilias (9. Gesang, Vers 212) folgern kann. Dort liest man von Fleisch, das auf der Glut von Holzkohlen geröstet wird. Im späten Mittelalter wurde die Holzkohle durch Steinkohle und Torf ersetzt. Das führte dazu, daß der Ofenrost erfunden wurde.
Der Ofenrost sorgte für eine vermehrte

Bürgerliche Küche des sechzehnten Jahrhunderts.
(Holzschnitt aus dem »Calendarium Romanum«, Tübingen 1518)

Sauerstoffzufuhr und erleichterte die Verbrennung. Diese Neuerung verbreitete sich bis zum elften Jahrhundert in ganz England und im zwölften Jahrhundert in Deutschland sowie in den nordischen Ländern. Als Rauchabzug für diese Feuerstellen dienten einfache Löcher, die sich etwa mannshoch in den Mauern befanden, an die die Feuerstellen gebaut waren.
Wie aus zahlreichen alten Stichen hervorgeht, benutzte man im dreizehnten Jahrhundert häufig große trichterförmige Abzugshauben aus Holz. Sie waren lange gebräuchlich und wurden schließlich am Ende des achtzehnten Jahrhunderts wegen ihrer großen Feuergefährlichkeit gesetzlich verboten. Vom vierzehnten Jahrhundert an bevorzugte man allerdings Rauchfänge aus Mauerwerk, die überall in Europa die gleiche Form aufwiesen. Solche Rauchfänge sind auch uns noch vertraut, aber es lohnt sich vielleicht, ihre charakteristischen Merkmale nochmals hervorzuheben. Der große Rauchfang, dessen Ränder beträchtlich breiter sind als die darunterliegende Feuerstelle und dessen Esse aus Sicherheitsgründen ein gutes Maß über den First des Daches hinausreicht, kühlt den Rauch so weit ab, daß Vögel über dem Schornstein ihre Nester bauen können.

Kücheninterieur. (Kupferstich des achtzehnten Jahrhunderts)

Ovale Kasserolle

Beschreibung auf Seite 144

Es müssen wohl die giftigen Ausströmungen der heißen Asche gewesen sein, die den Erfindungsgeist des Menschen veranlaßten, neben dem offenen Kaminfeuer noch ein geschlossenes Feuerungssystem zu entwickeln für Brenn- und Schmelzöfen, aber auch für kleinere Kochherde – was zudem wirtschaftlicher ist, da weniger Brennmaterial benötigt wird. Diese geschlossenen Kochherde hatten ausgesparte Öffnungen in der Herdplatte, auf die die Töpfe – die jetzt keine Füße oder Dreifüße mehr brauchten – gesetzt wurden. Auch die komplizierten, schwer zu handhabenden und sicherlich kostspieligen Aufhängevorrichtungen für die Kessel und Töpfe wurden weitgehend überflüssig. Im Jahre 1557 erhielten Ulrich Frömer, Bürger von Straßburg, Ulrich Kundigmann aus Konstanz und Konrad Zwicken aus Rohr ein Privileg vom Reichstag zu Augsburg für die von ihnen erfundenen geschlossenen Öfen mit einer »wirtschaftlichen« Holzfeuerung, die wesentlich weniger Holz verbrauchte als die herkömmlichen Kamine. Diese wurden jedoch auch weiterhin – vor allem für das Braten am Spieß – benutzt.
Kommen wir zu den Kaminen zurück.
Eine wohlausgestattete Küche hatte damals mehr als einen Kamin, meist von riesigen Ausmaßen. In den Kaminen standen Feuerböcke. Diese Feuerböcke hatten an ihren Enden hohe, mit Haken versehene Stangen, an denen die ständig gebrauchten Gerätschaften aufgehängt werden konnten. Zusätzlich befanden sich daran kleine Behälter zum Warmhalten von Speisen. Über dem Feuer wurden die Kessel und Töpfe an Ketten oder Zahnstangen aufgehängt,

Kücheninterieur. (Kolorierter Stich des neunzehnten Jahrhunderts)

die vom Innern des Rauchfangs herabhingen und in der Höhe verstellbar waren. Die verschiedenen Kannen, Kohlebecken, Grillroste, Töpfe und Pfannen wurden auf eigens dafür bestimmte Dreifüße in die Glut der Feuerstelle gesetzt. Die Räume der Brotbäckerei, der Saucen- und Ragoutküche, der Bratküche und der Vorratskammer grenzten aneinander. Dies ist die typische Struktur der Küche, die während des gesamten fünfzehnten und sechzehnten Jahrhunderts weder Varianten noch Entwicklungen kennt. Eine der wenigen Neuerungen dieser Zeit war die Verwendung von Hunden zum Drehen der Bratspieße. Später benutzte man Zahnradmechanismen, die – wie Uhrwerke – mit Gewichten aufgezogen wurden. In der eigentlichen Küchenbatterie erscheinen erstmals Töpfe ohne Füße, Fischkessel aus Kupfer und die ersten kleinen Kochherde. Erst im siebzehnten Jahrhundert wird die Küche, zumindest in den Häusern der oberen Schichten, um eine Vielzahl von spezifischen Einrichtungen reicher. Neue Materialien werden für Küchen- und Tafelgerät verwendet – einfaches Eisen und Gußeisen, aber auch wertvolles Silber, wie die Inventarien königlicher Haushaltungen bezeugen. Die Vervollkommnung der Gerätschaften und die Spezialisierung der Einrichtung geht im achtzehnten Jahrhundert weiter. Gemauerte und von innen beheizbare Öfen mit mehreren Öffnungen in der Herdplatte erleichtern fortan die Arbeit der Köche. Gerätschaften aus verzinntem Blech –

Konische Kasserolle oder Sauteuse mit Rührbesen

Beschreibung auf Seite 162

Modell des Herdes einer Anstaltsküche für hundert Personen. (Abbildung aus: »Guida per l'impianto domestico, Articoli del negozio casalingo di Carlo Sigismund«, Mailand 1881-1882)

leichter und billiger als die aus Kupfer und Eisen – bereichern nunmehr die Küchenausstattung auch in weniger wohlhabenden Häusern. In bescheidenen Bürgerhäusern wird weiterhin der dunkelste Winkel als Küche genutzt, während die Wohlhabenden mit ihren Küchen prunken. Die reiche und differenzierte Ausstattung der Küche wird endgültig zum Statussymbol. Wenn man jedoch von den Küchen des Großbürgertums und denen von erstrangigen Gasthäusern absieht, haften fast allen Küchen in der ersten Hälfte des neunzehnten Jahrhunderts noch die üblen Eigenschaften der Küchen der vorausgegangenen Jahrhunderte an. Vor allem sind sie ungesund. Klein, schlecht beleuchtet und noch schlechter belüftet, vergiften sie buchstäblich mit dem Kohlenmonoxyd aus den Öfen die Unglücklichen, die dort arbeiten müssen. Erst mit der Einführung der Sparherde aus Gußeisen, die anfangs mit Kohle und dann mit Gas befeuert wurden, erreichte die Küche in wenigen Jahrzehnten jene Voraussetzungen für bessere Gesundheit und für zweckmäßige Arbeit, die uns heute ebenso unerläßlich wie normal erscheinen.

»Köchin am Gasherd« (Werbedruck der S. T. I. G. E., Turin, Anfang des zwanzigsten Jahrhunderts)

III

A. Gozzi

Die Kochtechniken

In diesem Kapitel wird der Versuch unternommen, die überaus umfangreiche Literatur zu den Kochtechniken zusammenzufassen. Es geht um die Frage, auf welche Weise die Nahrung aus dem rohen in den gekochten Zustand übergeht und welcher Art die physikalischen und chemischen Veränderungen in ihrer Form und Konsistenz sind.

Damit alle Aspekte der modernen Kochtechniken beleuchtet werden können, werden alle Faktoren gesichtet, mit denen diese Techniken auf die rohen Speisen einwirken und deren äußere Beschaffenheit, Aroma und kulinarische und diätetische Qualität verändern. Dabei wird sich herausstellen, daß die Anwendung der verschiedenen Kochtechniken von der Form der Kochgefäße und den Eigenschaften der zur Herstellung dieser Gefäße verwendeten Metalle abhängt.

Reklamepostkarte von 1930/35.
(Nach einer Skizze von M. A.)

Die Entwicklung der Kochtechniken ist bislang nicht zum Abschluß gekommen. Sie verläuft nicht nur parallel zur Entwicklung der Mittel zur Wärmeerzeugung, sondern auch parallel zur Entwicklung der Küchenutensilien. Die enge wechselseitige Beeinflussung von Wärmequellen und Küchengeräten hat häufig hier wie dort wichtige Veränderungen herbeigeführt und zum Neuaufkommen, zur Veränderung oder auch zum Verschwinden einzelner Kochtechniken geführt. Neben dem allbekannten Einfluß, den die technische Evolution der Wärmeerzeugung – vom offenen Feuer zum Kamin, danach zum Ofen, zum Herd und schließlich zur Kochplatte – ausgeübt hat, müssen auch die Auswirkungen veranschlagt werden, die neue oder vervollkommnete Kochtechniken haben. Die Einführung neuer Kochgefäße erfolgte stets durch eine Verbesserung von Produktionstechniken, vor allem durch die Einführung neuer Metallegierungen und durch neue Erkenntnisse über ihre spezifischen Eigenschaften besonders in der Wärmeleitung, die dann zu zu ihrer zweckmäßigsten Anwendung führen.

Die Anwendung der jeweils richtigen Techniken in den verschiedenen Kochsituationen erlaubt heute sowohl eine kulinarische wie auch diätetische Verbesserung des Gargutes, wie es sie zuvor noch nie gab. Ebenso wichtig ist es jedoch, für die einzelnen Kochtechniken auch das richtige, das heißt, in Form und Material am besten geeignete Kochutensil zu verwenden. In diesem und den folgenden Kapiteln wird genau dieses bis heute wenig durchdachte Thema behandelt. So wird etwa klargestellt, warum das Braten mit einem Kochutensil aus schwarzem Eisen weniger gut gelingt oder wie eine Verbesserung in der Technik des Sautierens durch die Einführung eines speziellen Verbundmaterials aus dickem Kupfer und sehr dünnem Edelstahl erreicht werden konnte.

Doch kehren wir zum Phänomen des Kochens zurück. Man muß sich zunächst vergegenwärtigen, daß das Garen von Speisen aus verschiedenen Gründen nötig ist. Es macht die Nahrung erst genießbar, denn in rohem Zustand erschweren Zellulosehüllen und zähes Bindegewebe in den meisten Fällen das Kauen und die Verdauung.

Die Speisen werden durch Kochen gesundheitlich sicherer, länger haltbar und bekommen ein appetitlicheres Aussehen. Neben diesen positiven Aspekten dürfen jedoch einige zumindest teilweise negative Auswirkungen, die mit dem Kochen verbunden sind, nicht vergessen werden. Durch die Hitzeeinwirkung werden einige Nährstoffe der rohen Nahrung reduziert oder gar zerstört. Und es läuft eine Reihe von chemischen Reaktionen ab.

Proteine gerinnen bei sechzig Grad und werden anschließend von den Magensäften aufgelöst. Dadurch werden die Proteine zwar besser verdaulich, aber die höhere Temperatur bewirkt eine Denaturierung der Proteinmoleküle. Deshalb entwickelte man Kochtechniken, die bei niedriger Temperatur angewendet werden können, wie das Kochen über Dampf und im Wasserbad in eigens dafür vorgesehenen Gefäßen.
Die Lipide, die schon bei geringer Temperatur schmelzen, werden bei höherer Temperatur aufgespalten und setzen Glyzerin und Fettsäuren frei. Während die Fettsäuren im Fett zurückbleiben, verwandelt sich das Glyzerin zum Teil in Acrolein, eine schädliche Substanz. Deshalb verwendet man zum Braten und Fritieren Öle mit hohem Rauchpunkt und Pfannen aus Eisen, das unter allen Metallen der beste »Wärmenormalisator« ist, besonders wenn es in hoher Stärke wie bei der Lyoner Pfanne und der Eier- oder Crêpespfanne verwendet wird.
Die Glyzine verändern bei hohen Temperaturen ihre Struktur und karamelisieren. Die hitzeunbeständigen Vitamine gehen bei hohen Temperaturen zum Teil verloren. Dies läßt sich durch schnelle Kochtechniken wie Sautieren und Kurzbraten einschränken. Daher ist es wichtig, daß man für diese Techniken Utensilien aus einem Metall mit hoher Wärmeleitfähigkeit verwendet wie etwa Kupfer. Bei lang andauernden Kochvorgängen stellt man Hydrolysephänomene und somit den Zerfall der Polypeptidkette fest; das Proteinmolekül zerbricht, das Eiweiß flockt aus und gerinnt um so schneller, je höher die Temperatur ist. Die ungesättigten Fettsäuren, die in Fettsubstanzen enthalten sind, verwandeln sich in ihre an biologischem Wert armen Isomeren. Daher ist es wichtig, daß die »langsamen« Kochvorgänge wie das Dünsten und Schmoren bei gemäßigten Temperaturen und ohne plötzliche Temperaturschwankungen ausgeführt werden. Das gewährleistet das Gußeisen in sehr starker Dicke, dessen Eigenschaft, die Wärme zu regulieren, der des Eisens ähnlich ist.

Dies sind nur einige der chemischen Reaktionen, die durch Einwirkung von Hitze auf Nahrungsmittel ausgelöst werden. Beim heutigen Stand der Ernährungswissenschaft können wir uns viele Phänomene erklären, die bis vor kurzer Zeit noch unverständlich waren. Für die Absichten, die man mit dem Garen der Speisen verfolgt, muß man diese chemischen Reaktionen kennen. Denn erst wenn man sie kennt, kann man sie durch die Benutzung geeigneter Kochgefäße und die Anwendung der entsprechenden Kochtechniken kontrollieren und in einigen Fällen sogar weitgehend ausschalten.

Die meisten Kochbücher handeln dieses komplexe und faszinierende Thema der Kochtechniken nur kurz und summarisch ab. Besonders hinzuweisen ist jedoch auf die Theorie der Kochtechniken von Ali-Bab, die er in seiner »Gastronomie pratique« (Paris 1928) darlegt. Er stellt in diesem Buch ein System der sogenannten »klassischen Schule« auf und unterteilt die Kochmethoden, wie er sie nennt, nach der Umgebung, in der sie erfolgen, in zwei große Klassen: die Kochvorgänge durch feuchte Wärme (Wasser und andere Flüssigkeiten) und die Kochvorgänge durch trockene Wärme (Luft).

Spielkarten.
(Nach Originalstichen aus »Costumes des Métiers« von Nicolas de Larmessin, siebzehntes Jahrhundert)

I. GAREN DURCH TROCKENE WÄRME		
a) BRATEN	b) GRILLIEREN	c) GAREN IN DER KRUSTE

II. GAREN DURCH FEUCHTE WÄRME									
a) SIEDEN	b) POCHIEREN	c) SCHMOREN UND DÜNSTEN UMFASST:						d) FRITIEREN	
Umfaßt die Zubereitung von Suppen und Gemüsesuppen, von Siedfleisch und Gemüse, von Brühen (Blanchieren: ein unvollständiges Kochen in einer Flüssigkeit)	Geeignet für eiweißhaltige Nahrungsmittel: pochierte Eier, Keulen, Filetstücke...	Die eigentlichen Ragouts: Lamm- und Kaninchenragouts, Hasenpfeffer, Matelotes...	Das Glasieren von hellem Fleisch und Gemüse	Wildsalmis, Ragouts von Krustentieren	Die Schmorbraten: Schmorfleisch, geschmortes Gemüse	Frikassees von hellem Fleisch: Blanquette de veau, Matelotes...	Füllungen und Farcen, Ragouts aus zartem Fleisch, zarte Gemüse	In Butter bei niedriger Temperatur: Sautieren, Fische auf Müllerinart	In tierischen oder pflanzlichen Fetten bei hohen Temperaturen (die eigentlichen Frituren): Fische, Gemüse, Gebäck...

Tabelle der Kochmethoden der klassischen Schule nach Ali-Bab »Gastronomie pratique« Paris, 1928

Ebenso beachtenswert und in der modernen gastronomischen Literatur häufig diskutiert ist die Systematisierung, die Michel Guérard in seinem Buch »La grande cuisine minceur« (Paris 1976) vornimmt. Guérard unterscheidet die Kochtechniken nach den physikalischen Wirkungen, die sie auf die Nahrungsmittel haben, und teilt sie in zwei Kategorien ein: Das Garen durch Eiweißabschluß, das heißt: Gerinnnung der Eiweißstoffe (mit oder ohne Farbgebung), und das Garen durch Wärmeaustausch (auch hier mit oder ohne Farbgebung). Das Garen durch Eiweißabschluß besteht darin, daß die Nahrungsmittel angebraten werden und ihre Oberfläche versiegelt wird, so daß im Innern die Säfte und Nährsubstanzen eingeschlossen sind. Das Garen durch Wärmeaustausch ist dadurch gekennzeichnet, daß die Nahrungsmittel unter der Einwirkung von Hitze ihre Säfte und Nährstoffe abtreten, die sich dann mit der Kochflüssigkeit vermischen oder am Ende des Kochvorgangs selbst die in der Kochflüssigkeit enthaltenen Stoffe (Aromen etc.) in sich aufnehmen. Beispiele für das Garen durch Eiweißabschluß mit Farbgebung sind das Braten, das Sautieren und das Fritieren. Ein Beispiel für das Garen durch Eiweißabschluß ohne Farbgebung ist das Dämpfen. Beispiele für das Garen durch Wärmeaustausch mit Farbgebung sind das Schmoren und Dünsten; Beispiele für Kochvorgänge durch Wärmeaustausch ohne Farbgebung sind das Kochen und Blanchieren, die durch Eintauchen des Garguts in heißes Wasser vorgenommen werden.

Die folgende Darstellung ist nicht von der Absicht bestimmt, eine neue allgemeine Klassifizierung der Kochtechniken vorzunehmen. Es erscheint vielmehr angebracht, besonders im Hinblick auf die Zielsetzung des Buches, die Kochtechniken in vier Hauptgruppen zusammenzufassen, wobei sowohl die historische Entwicklung wie die spezifischen Eigenschaften jeder einzelnen Technik in Betracht gezogen werden: das Braten, das wohl als die älteste Technik angesehen werden kann; das Kochen, das das Aufkommen des ersten Kochgefäßes, des Topfes, bewirkt hat, das Dünsten und Schmoren als Beispiel einer Mischtechnik zwischen Braten und Kochen und schließlich das Fritieren, eine Technik, die erst in jüngster Zeit perfektioniert wurde.

I. Braten
(am Spieß, auf dem Rost, in der Kasserolle im Ofen)

- Gratinieren
- Backen im Backofen
- Garen im Mikrowellenherd

II. Sieden

- Pochieren
- Garen im Wasserbad
- Garen über Dampf
- Garen im Dampfkochtopf
- Blanchieren

III. Schmoren

- Dünsten
- Garen in geschlossener Kasserolle
- Garen in der Schweinsblase, in der Folie, in der Kruste
- Glasieren

IV. Fritieren

- Sautieren
- Anbräunen
- Flambieren

Tabelle der Kochtechniken, die nach Alessi/Gozzi in vier Hauptgruppen unterteilt sind

Nachdem das Rösten und Braten seine ersten Entwicklungsstufen hinter sich hatte, in der die Speisen mit der Hand oder mit einem Stock über das Feuer gehalten oder auf flache Steine in die Glut gelegt wurden, war die weitere Entwicklung bis zur Einführung des Herdes durch die Vervollkommnung von zwei speziellen Bratgeräten bestimmt: dem Grill und dem Spieß. Während der Grill – wenn wir darunter nicht mehr den Stein, der ursprünglich an seine Stelle trat, verstehen wollen – bereits seine Form aus Metall erreicht hatte und sich nicht mehr weiterentwickelte, erfuhr der Spieß in den folgenden Jahrhunderten eine große Anzahl von Verbesserungen.
In der Altsteinzeit war der Spieß ein simpler Holzstock, der auf Steine gelegt wurde, die in einem Kreis um die Feuerstelle angeordnet waren. Bei den europäischen Völkern fand er zum Rösten von Stücken größerer Tiere wie Elefanten, Rhinozerosse, Graubären, Wisente und Hirsche Verwendung. Das kleinere Haar- und Federwild sowie Fische wurden auf einem Grill gegart, der aus gekreuzten Ästen bestand. Die Griechen benutzten Spieße aus Bronze. Auch die Römer bedienten sich der Bronzespieße, und sie hatten bereits Fettpfannen, in denen der Bratensaft aufgefangen wurde. Die römischen Grillroste (craticula) gab es in zwei Ausführungen: Die einen waren fest über der Feuerstelle angebracht, die anderen waren beweglich und wurden über ein eigens dazu bestimmtes Kohlebecken gesetzt.
Der mit einer Kurbel versehene Spieß erscheint im Mittelalter, während seine ursprüngliche Form, die in einem Knauf endete, in einigen Gebieten bis ins neunzehnte Jahrhundert erhalten blieb.
Die Anwendung von mechanischen Vorrichtungen, die das Drehen des Spießes in gleichmäßiger und kraftsparender Weise möglich machten, geht auf das fünfzehnte Jahrhundert zurück. Zu jener Zeit kam ein erbitterter Feind der Hunderasse auf die Idee, den besten Freund des Menschen in einen zylindrischen Käfig einzusperren. Die Rotation, die sich aus dem vergeblichen Versuch des Tieres ergab, im Inneren des Zylinders emporzuklettern, wurde auf den bereits überwiegend aus Eisen bestehenden Spieß übertragen.
Die mehr oder weniger zeitgenössische Erfindung der Bratspieße, die mit Gewichten wie ein Uhrwerk aufgezogen wurden, stellte gewiß eine sympathischere Lösung dar.
Gleichzeitig mit den Fortschritten in der Uhrmacherkunst tauchten am Ende des achtzehnten Jahrhunderts die ersten mechanisch betriebenen Spieße mit Aufzugfedern auf. Bildmaterial und Anweisungen zum Gebrauch der Spieße und Bratroste sind sowohl in der allgemeinen wie auch in der kulinarischen Literatur, die von der Mitte des fünfzehnten Jahrhunderts an in gedruckter Form Verbreitung fand, äußerst zahlreich. In der Prosa wie in der Versdichtung der europäischen Völker finden sich sehr viele und zum Teil widersinnige Erwähnungen dieses Geräts. Als Beispiele lassen sich die Scharen von Armen Seelen anführen, die an schauerlichen Drehspießen in der Hölle aufgespießt und geröstet wurden, oder die vielen ironischen und komischen Interpretationen in der makkaronischen Versdichtung, bei denen der Spieß in den Händen von dickbäuchigen Herrschern zwar eine bedrohliche, aber ironischerweise mit Kapaunen und mancherlei Federvieh besteckte Waffe ist.
Der Backofen, der ursprünglich von den Römern zum Garen vieler Speisen in der häuslichen Küche benutzt wurde, war im gesamten Mittelalter ausschließlich den Brotbäckern vorbehalten. Erst im fünfzehnten Jahrhundert erlangte der Ofen mit dem Wiederaufkommen von feinem Gebäck und Pasteten seine eigentliche Bedeutung als Backofen zurück.
Zu jener Zeit benutzte man den Ofen außer zur Brotbereitung üblicherweise dann, wenn er schon ausgegangen war. Da er sich nur langsam erwärmte (es handelte sich um Holzöfen, die erst im neunzehnten Jahrhundert durch Kohle- oder Gasöfen ersetzt wurden) und noch langsamer abkühlte, wurde er bei einer Temperatur, die für das Brotbacken nicht mehr ausreichte, zu anderen Kochvorgängen benutzt. Eine moderne Entsprechung zu einer solchen Benutzung sind die Baisers, zu deren Trocknung die im abgestellten Ofen zurückgebliebene Wärme verwendet wird.
Es liegt ein großer zeitlicher Sprung zwischen dem Rezept des Apicius für das »Porcellum Vitellianum«:
»Bereite das Spanferkel wie einen Eber, bestreue es mit Salz, und backe es im Ofen. In einen Mörser gib Pfeffer, Liebstöckel, befeuchte sie mit Liquamen, und vermische sie mit Wein und Passum. Koche es auf mit etwas Öl. Diese Sauce gib über das geröstete Spanferkel, damit sie unter die Kruste zieht«

I. BRATEN
(AM SPIESS, AUF DEM ROST, IN DER KASSEROLLE IM OFEN)

Das Braten ist die typische Kochart mit trockener Wärme und Eiweißabschluß. Auch wenn Fettstoffe nur in geringem Maße verwendet werden (mit denen das Bratgut wiederholt übergossen wird), vollzieht sich diese Kochtechnik in der Tat ohne jede Flüssigkeit. Die Wärme wird ausschließlich durch die Luft übertragen. Die heiße Luft bewirkt das Gerinnen der Eiweißstoffe und das Karamelisieren der zuckerhaltigen Substanzen. Dadurch bildet sich an der Oberfläche des Bratgutes eine schützende Kruste, die den Verlust der Säfte verhindert und ein Weitergaren des Bratgutes unter dieser Kruste ermöglicht. Dadurch wird das Bratgut wohlschmeckend und verdaulich.
Man wendet diese Technik besonders für weißes und rotes Fleisch, für Geflügel und große Fische an. Das Braten erfordert große Aufmerksamkeit beim Umgang mit der Wärme: Auf eine anfänglich hohe Temperatur, die für das schnelle Gerinnen der Proteine und eine sofortige Krustenbildung erforderlich ist, folgt eine gemäßigte Temperatur zum Weiterbraten. Die Hitze selbst muß dabei umgekehrt proportional zur Größe des Bratgutes sein – größere Stücke benötigen eine geringere Anfangshitze und kleinere eine größere. Das Braten von rotem Fleisch erfordert besondere Sorgfalt, da der Bratvorgang genau zu dem Zeitpunkt unterbrochen werden muß, an dem das Innere noch eine schöne rosarote Farbe hat.

Das Braten erfolgt auf drei Arten: Braten am Spieß, wahrscheinlich die älteste der Kochtechniken, die im Freien, am Kamin und im Ofen ausgeführt werden kann und die vor allem für große Fleischstücke Verwendung findet (Huhn, Teilstücke oder ganze Tiere). Braten auf dem Rost, das normalerweise bei kleinen flachen Stücken angewendet wird (Koteletts, Entrecôtes, Tournedos, kleine Fische, Hühnerkeulen und -filets, Gemüse). Braten

in der Kasserolle im Ofen, das in der flachen Kasserolle ohne Deckel (vgl. Kapitel VI, 1, 3), in der bedeckten (vgl. ebenda) oder auch im Bräter ausgeführt wird und für größere Stücke Verwendung findet (Geflügel, Fische).
Neben den oben angeführten drei Techniken gehören zur Gruppe des Braten noch das Gratinieren und das Garen im Mikrowellenherd.

Gratinieren

Diese Technik besteht darin, daß man die Bildung einer leichten goldbraunen Kruste auf der Speisenoberfläche hervorruft. Dazu wird das Kochgut in einen flachen Behälter – in die flache Kasserolle oder auf eine Gratinierplatte – gelegt und unter starke Oberhitze geschoben, zum Beispiel in den oberen Teil des Backofens, unter einen Grill oder in professionellen Küchen unter ein Spezialgerät mit besonders starker Oberhitze, den Salamander. Neben dem sogenannten »vollständigen« Gratinieren, das eine eigene Technik ist, mit der rohe Speisen gleichzeitig gegart und überkrustet werden (etwa gratinierte Tomaten), gibt es auch ein leichtes Gratinieren, das ein abschließendes Verfahren darstellt, bei dem bereits gegarte Speisen schnell überkrustet werden (etwa gratinierte Nudelgerichte).

Backen im Backofen

Diese Technik hat starke Ähnlichkeit mit dem Braten und Rösten. Sie besteht darin, daß in einem eigens dafür vorgesehenen Ofen – dem Backofen, in dem relativ hohe Temperaturen erreicht werden können – vorbereitete flüssige und halbfeste Massen sowie weiche Teige gegart werden. Die Massen oder Teige verfestigen sich während des Garprozesses und bekommen eine goldbraune Oberfläche (Kuchen, Torten, Gebäck, Soufflés). Die verwendeten Utensilien sind Backbleche, Tortenformen etc.

Garen im Mikrowellenherd

Diese neue Technik findet besonders dann Anwendung, wenn vorgekochte und tiefgekühlte Speisen aufgetaut werden sollen. Solche Speisen müssen sehr schnell erwärmt werden, wenn sie nicht ihren Saft und ihre Konsistenz verlieren sollen. Die elektromagnetischen Wellen von sehr hoher Frequenz werden von den Fetten, dem Zucker und dem in der Nahrung enthaltenen Wasser aufgenommen und erzeugen Wärme innerhalb der Substanz. Sie ermöglichen eine beträchtliche Verringerung der Kochzeit und verändern in keiner Weise die organoleptischen Eigenschaften der Lebensmittel. Bei dieser Technik darf kein Behälter auf Metall verwendet werden, weil Metall die Mikrowellen reflektiert. Es müssen hingegen Materialien wie Glas, Keramik und Plastik verwendet werden, die ein leichtes Eindringen der Mikrowellen erlauben.

– und dem des Platina aus dem sechzehnten Jahrhundert für »Gefüllte Quitten«:
»Wasche die Quitten, und stich das Kerngehäuse aus. In diese Höhlung gib etwas Ochsen- oder Kälbermark mit etwas Zucker und Zimt. Salze sie, und hülle sie in Teig, und backe sie im Backofen bei mildem Feuer. – Diese Quitten stopfen, wenn sie vor der Mahlzeit gegessen werden, und führen ab, wenn man sie danach ißt. Überdies vertreiben sie schädliche Dünste aus dem Gehirn.«
In den folgenden Jahrhunderten erfuhr der Ofen eine beachtliche Weiterentwicklung. Obwohl man kontinuierliche Fortschritte vom Holzofen zum Kohle-, Gas-, Elektro- und schließlich zum Mikrowellenherd beobachten kann, hat der Ofen wie der Kamin und der Heizofen seine Grundeigenschaft, ein Gerät zur Wärmeerzeugung zu sein, immer behalten.
Auch wenn der Ofen nicht nur zum Braten, sondern auch zum Schmoren und Dünsten dient, sind die verschiedenen Garmethoden von Fleisch, Fischen, Wildbret, Geflügel und pflanzlicher Nahrung nichts anderes als Varianten des Bratens auf dem Herd, die nur deshalb im Ofen ausgeführt werden, weil dieser im Gegensatz zum Spieß und Grill eine bessere Kontrolle über die Wärmemenge ermöglicht, die von allen Seiten auf die Speisen einwirkt.
Wir möchten schließlich darauf hinweisen, daß der Ofen in einigen Fällen nicht nur als Instrument der Wärmeerzeugung, sondern auch als das eigentliche Kochgefäß benutzt werden kann. Dies trifft auf das Backen der Pizza und einiger Gemüsekuchen zu.

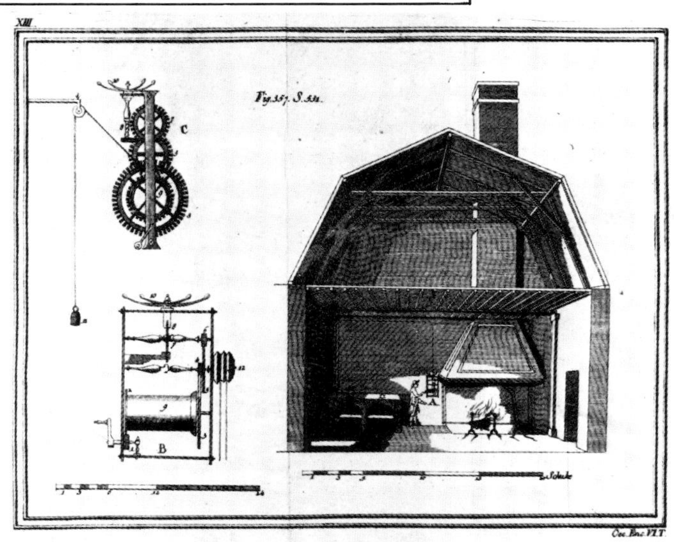

Kupferstich des achtzehnten Jahrhunderts aus den Illustrationen zu »Arti e Mestieri«

Setzt man voraus, daß der Brauch, Nahrung in Wasser zu kochen, der Erfindung von Gefäßen, die auf das Feuer gestellt werden können, vorausgeht, so kann man das Kochen zeitlich auf die mittlere Steinzeit zurückführen.
Zwiebäcke, Brote und Bier stammen aus der Zeit, in der diese Garmethode erfunden wurde. Gottschalk, der sich auf Maurizio beruft, stellt die Hypothese auf, daß die klaren Gemüsesuppen vor den Getreidesuppen auftraten. Er unterteilt die Suppen in süß-saure, die aus saurer oder durch Milchgärung gesäuerter pflanzlicher Nahrung bestehen, und alkoholische. Der Getreidebrei wird zum Grundnahrungsmittel des Menschen, als die Grenze zwischen dem »Sammelzeitalter« und dem ersten Auftreten der Landwirtschaft erreicht ist.
Zu jener Zeit bereitete man den Brei aus einer Mischung von Getreide, Kräutern und Früchten. Der Brei, der bei den Etruskern »puls« und bei den Römern »pulmentum« hieß, war ein Gericht, das aus Hirse, Gerste und Weizen bestand. Er war bis zur Erfindung des Brotes die Grundspeise der italischen Völker. Er ist danach auch weiterhin die Nahrung der Armen geblieben. Auch die Klöße und Fladen, die Vorläufer des Brotes, waren am Anfang nichts anderes als Stücke des Getreidebreis, die auf heißen Steinen geröstet wurden.
Den ersten geschichtlichen Hinweis, den wir auf das Sieden von Nahrung gefunden haben, geht auf das Jahr 425 vor Christus zurück. Zweifellos existieren noch frühere Angaben. In seinen »Acharnern« spricht Aristophanes von einem Hasen, der zunächst gesotten und dann in einem »cacca-

»Die Küche«. (Deutsche Postkarte vom Anfang des zwanzigsten Jahrhunderts)

II. SIEDEN

Die Technik des Siedens, die typische Garmethode vermittels feuchter Wärme, besteht darin, daß das Gargut durch Eintauchen in eine Flüssigkeit, die bereits auf 100 Grad erhitzt ist oder anschließend schnell auf ungefähr 100 Grad gebracht wird, zu garen. Dabei kann es sich, je nach dem einzelnen Fall, um eine Kochtechnik durch Wärmeaustausch oder Eiweißabschluß handeln. Eine Kochtechnik durch Wärmeaustausch liegt vor, wenn die Speisen in eine kalte Flüssigkeit getaucht werden, die anschließend zum Kochen gebracht wird. Während sich die Flüssigkeit erwärmt, wird sie vom Gargut aufgenommen und bewirkt eine Überführung der löslichen Substanzen und der Aromen (so bei Brühen, Consommés, Sülzen, Trockengemüse, Obst). Ein Kochvorgang durch Eiweißabschluß liegt vor, wenn die Speisen in eine bereits kochende Flüssigkeit eingetaucht werden. Das kochende Wasser bringt die Proteine an der Speisenoberfläche schnell zur Gerinnung. Dadurch verfestigt sich die Außenschicht und versiegelt das Innere, wo Saft, Aroma und Nährstoffe erhalten bleiben (Siedfleisch, Nudeln, Reis, frisches Gemüse).

Das typische Kochgerät hierfür ist der Topf (vgl. Kapitel VI, 1,1). Zu bevorzugen ist ein Topf mit großem Fassungsvermögen, weil in vielen Fällen das Verhältnis zwischen Kochflüssigkeit und Gargut groß sein muß (bei Nudeln etwa zehn zu eins). Das Sieden und die davon abgeleiteten Kochtechniken sind sämtlich durch ein elementares physikalisches Phänomen charakterisiert, nämlich daß die Flüssigkeit, in der sich das Gargut befindet, der Wärmeleiter für den Kochvorgang ist. Dabei sind die Größe und das absolut plane Aufliegen der Bodenfläche auf der Wärmequelle wesentlich wichtiger für die Erwärmung der Flüssigkeit als die Wärmeleitfähigkeit des Metalls, aus dem der Topf besteht. Unter allen bisher verwendeten Metallen hat sich für die Herstellung des Kochtopfes Edelstahl als das beste erwiesen. Edelstahl ist zwar ein schlechter Wärmeleiter, doch ist er wegen seiner Haltbarkeit, wegen seiner Hygiene und wegen seiner Pflegeleichtigkeit das ideale Material für alle Varianten dieser Kochtechnik.

Vom Sieden abgeleitete Techniken sind das Pochieren, das Garen im Wasserbad, das Garen über Dampf und im Dampfdrucktopf sowie eine wichtige Vorbereitungsmethode: das Abbrühen oder Blanchieren.

POCHIEREN

Diese Technik, die eine weniger vehemente Variante des Siedens darstellt, besteht aus einem langsamen und sachten Kochvorgang in einer Flüssigkeit zwischen 70 und 90 Grad bei geöffnetem Deckel. Es ist ein »Garziehen bei Siedehitze«, wobei die Flüssigkeit jedoch ständig unterhalb des Siedepunktes gehalten wird. Diese Technik wird bei allen Speisen angewendet, die bei höheren Temperaturen zerfallen oder sich zersetzen und dabei einen großen Teil ihrer Nährstoffe verlieren würden (etwa Geflügel, rohe Würste, rohe Schinken, Innereien, pochierte Eier).

Garen im Wasserbad

Durch Anwendung dieser althergebrachten Technik kann man Speisen garen, aufwärmen oder warm halten. Dazu gibt man diese am besten in eine Stielkasserolle, in eine Sauteuse oder in eigens dafür vorgesehene Gefäße, die dann in einen größeren Behälter mit kochendem Wasser gestellt werden. Durch diese Kochtechnik erreicht man, daß besonders empfindliche Zubereitungen, die beim direkten Kontakt mit einer Wärmequelle zerfallen oder anbrennen würden, den Kochvorgang unbeschadet überstehen. Im Wasserbad zubereitet werden Terrinen, Eierstich, einige Saucen und Cremes auf der Grundlage von Butter, Eiern, Milch oder Sahne.

Garen über Dampf

Diese Technik besteht darin, daß man das Gargut, das in einem eigens dafür vorgesehenen Gefäß mit gelochtem Boden oder einem Siebeinsatz liegt, über dem Dampf gart, der von einer kochenden Flüssigkeit freigesetzt wird, ohne daß das Gargut mit der Flüssigkeit selbst in Berührung kommt. Es handelt sich dabei um eine subtile Kochtechnik, die besonders in der Diätküche Anwendung findet, denn sie vollzieht sich bei niedriger Temperatur und bewahrt dabei die Vitamine und Mineralsalze der Speisen. Die ursprüngliche Form und der ursprüngliche Geschmack der Speisen bleiben ebenfalls erhalten. Die in erster Linie benutzten Gefäße sind je nach Größe des Gargutes der Topf, die Stielkasserolle oder der Fischkessel.

Garen im Dampfkochtopf

Im Gegensatz zur vorhergehenden Technik kann man mit dieser, die wir aufgrund ihrer primären Anwendung (sie dient nämlich auch zum Schmoren und Dünsten) in die Gruppe des Siedens einordnen, Temperaturen erreichen, die über der Siedetemperatur von Wasser liegen. Dabei verringert sich die Kochzeit erheblich, und der größte Teil des Vitamin-, Mineral- und Aromagehalts der Speisen bleibt bewahrt. Für diese Kochtechnik gibt es ein spezielles Gefäß: den Papinschen Topf, das heißt den Dampfkochtopf.

Blanchieren

Diese Technik, die manchmal auch als Abbrühen bezeichnet wird, ist keine Kochtechnik im eigentlichen Sinne, sondern eher ein einleitender Kochvorgang, der bei Wärme, im allgemeinen im Topf, ausgeführt wird. Sie besteht darin, daß man das Gargut für einige Minuten in eine kochende Flüssigkeit eintaucht. Das Gargut (Gemüse, Kartoffeln, Knochen, Innereien) wird dann der kochenden Flüssigkeit entnommen und abgekühlt. Dem Blanchieren folgt entweder ein eigentlicher Kochvorgang oder ein Vorgang zur Konservierung der Nahrung. Das Blanchieren bewirkt, daß die Enzyme und Keime, die die Vitamine und Mineralsalze zerstören würden, neutralisiert werden, daß die für einen Kochvorgang vorgesehenen Speisen mürbe gemacht werden und daß eine Oxydation verhindert und die natürliche Farbe des Gemüses erhalten bleibt.

bus«, einem großen Bronzebecken, gebraten wird.
Die ausführliche Rezeptesammlung des Apicius, »De re coquinaria«, verdeutlicht den häufigen Gebrauch gesottener Nahrung in der römischen Küche.
Im Jahre 328 nach Christus berichtet der heilige Martin von Tours, der zu einem Festessen anläßlich der Ausrufung von Maximus zum Kaiser geladen war, daß auf dem Bankett riesige Mengen von gesottenem Fleisch vorhanden waren.
Man kann sagen, daß während des gesamten Mittelalters auf jeder Feuerstelle ein Topf unaufhörlich kochte und daß der »Bollito« – Siedfleisch mit verschiedenen Zutaten – sowohl für den Herrscher als auch für das Volk Vorrang vor allen anderen Gerichten hatte. Erst in der Renaissance verlor dieses Gericht an Bedeutung. In den Speisefolgen, die die Gerichte der Festessen des fünfzehnten Jahrhunderts aufführen, erscheint der »Bollito« immer seltener.
Das allmähliche Verschwinden des »Bollito« (zumindest von der Tafel der Wohlhabenden) zieht sich bis ungefähr zur Französischen Revolution hin. Dann taucht er – vielleicht zur Einführung des Gleichheitsprinzips auch in der Küche – zusammen mit dem Rostbraten und dem Schmorbraten als »pièce de résistance« wieder auf. Wir werden niemals erfahren, ob »das Huhn im Topf für jeden Franzosen«, das der gute französische König versprach, gekocht worden ist oder nicht. Wir wissen aber mit Sicherheit, daß Herr Duval im Jahre 1860 den Restaurants, die sich der neuen Gesellschaft öffneten, den Namen »Bouillon« gab.

»Die Maske«. Postkarte nach einem Gemälde von Chierici. (Pinacoteca di Brera, Mailand)

»LEPOREM MADIDUM: IN AQUA PRAECOQUITUR MODICE, DEINDE COMPONITUR IN PATINA, AC COQUENDUS EX OLEO IN FURNO, ET CUM PROPE SIT COCTUS EX ALIO OLEO. PERTANGITO DE CONDITURA INFRA SCRIPTA: TERES PIPER, LIGUSTICUM, SATUREIAM, CEPAM, RUTAM, APII SEMEN, LIQUAMEN, LASER, VINUM ET MODICE OLEI, ALIQUOTIENS VERSATUR, IN IPSA PERCOQUITUR CONDITURA.«
»Hase in einer Tunke: Siede den Hasen in Wasser, dann gib ihn in einen flachen Topf, und röste ihn in Öl am Ofen. Wenn er fast fertig ist, füg noch etwas Öl hinzu, und übergieße ihn mit folgender Tunke: Zerstoß und vermisch im Mörser Pfeffer, Liebstökkel, Bohnenkraut, Weinraute, Zwiebeln, Selleriesamen, Liquamen, Asafoetida, Wein und etwas Öl. Darin wende den Hasen mehrere Male, und gare ihn in dieser Tunke fertig.« (Apicius, De re coquinaria)

»Von den Alten ›Soffocaro‹ (Schmorbraten) genannt, liegt diese Speise in der Mitte zwischem dem Gesottenen und dem Gebratenen.«
(Jacopo Albertazzi, Il padre de famiglia)

»Alle schmackhaften Speisen, die bei uns Schmorfleisch oder Schmorbraten heißen, sind schlechter verdaulich als das Kochfleisch und der Braten, aber der gesunde Mensch kann davon ungestraft essen...«
(Paolo Mantegazza, Enciclopedia popolare – Igiene della cucina)

III. Schmoren

Das Schmoren ist ein Kochvorgang durch Wärmeaustausch im wahrsten Sinne des Wortes. Diese Technik ist besonders für die weniger geschätzten Teile des Fleisches geeignet (wie Hals, Rücken, Schulterstück, Rinderkeule, Schweinebug und Schweinshaxe), die oft gespickt und anschließend durch Marinieren aromatisiert und mürbe gemacht werden. Sie werden an der gesamten Oberfläche bei hoher Temperatur in Fett angebraten und danach unter Zugabe von Röstgemüse und Marinierflüssigkeit, Brühe oder Wein langsam und behutsam gegart. Das Garen erfolgt in einem gut verschlossenen Gefäß, damit die Verdunstung verhindert wird. Der lange Kochvorgang zerstört natürlich die Vitamine, doch dank der niedrigen Temperatur bleibt ein großer Teil der Nährstoffe erhalten. Darüber hinaus ist bei dieser Technik der Austausch von Aromastoffen – zwischen Gargut und Garflüssigkeit – besonders ausgeprägt.
Auch zum Garen großer Fische bedient man sich der Schmortechnik. Ein vorbereitendes Marinieren und Anbraten entfällt hier jedoch, und als Garflüssigkeit verwendet man Weißwein oder Rotwein. Die Schmortechnik empfiehlt sich auch für Schinken.

Das ideale Kochgefäß zum Schmoren ist die ovale Kasserolle mit großer Wandstärke und schwerem Deckel. Zwar ist Gußeisen kein guter Wärmeleiter, aber wenn es in entsprechender Stärke verwendet wird, hat es die Eigenschaft, als Temperaturregulator zu fungieren, das heißt als Filter zwischen der Wärme, die auf die ovale Kasserolle wirkt, und der Temperatur, die auf das Gargut in ihrem Inneren übertragen wird. Somit ist das Gußeisen das am besten geeignete Material für »langsame« Kochvorgänge (vgl. Kapitel VI, 6). Die Henkelkasserolle aus dem Verbundmaterial Kupfer und Stahl kann jedoch auch verwendet werden. Bei ihrer Benutzung muß man allerdings dem Garvorgang größere Aufmerksamkeit widmen, wie in Kapitel VI, 2 und 3, ausgeführt wird.

Dünsten

Das Dünsten ist der eben beschriebenen Kochtechnik sehr ähnlich. Es unterscheidet sich lediglich dadurch, daß man keine Marinaden und nur wenig Garflüssigkeit verwendet. Dünsten besteht darin, die Speisen bei milder Temperatur und bei kontrollierter Verdunstung in ihrem eigenen Saft und in wenig Fett oder Flüssigkeit, eventuell unter Zugabe (so bei Fleisch und Fisch) von ganzem oder zerkleinertem Gemüse, zu garen. Das Gargut wird in der Regel vorher angebraten.
Im allgemeinen wendet man Dünsten bei den gleichen Fleischarten an, die bei der Technik des Schmorens aufgeführt worden sind, jedoch auch bei Kalbfleisch, Lamm- und Hammelfleisch sowie bei Fisch, Gemüse und Obst. Das Dünsten ist die typische Kochtechnik für Gulasch und Ragouts. Bei dieser Kochtechnik entstehen sehr gehaltvolle Saucen, da durch den Dunst der Garflüssigkeit die Fettstoffe und fettlöslichen Vitamine aus dem Fleisch herausgezogen werden und in die Sauce übergehen. Das Dünsten kann sowohl in der ovalen Kasserolle aus Gußeisen wie in der Kasserolle aus Kupfer und Stahl und im Fischkessel erfolgen, die sämtlich mit dem Deckel verwendet werden.

Garen in geschlossener Kasserolle

Diese Kochtechnik wird in der Henkelkasserolle aus Kupfer und Stahl ausgeführt und eignet sich für das Garen des »Sonntagsbratens«. Die Bezeichnung »Braten« ist dabei irreführend, denn diese Technik ähnelt wesentlich mehr dem Schmoren: das Fleisch (Geflügel, Kalbfleisch oder Schweinefleisch) wird zunächst angebraten und dann unter Zugabe von etwas Flüssigkeit bei geschlossenem Deckel langsam auf dem Ofen gegart. Erst in der Endphase des Kochvorgangs wird der Deckel abgenommen, damit das Gargut eine schöne braune Farbe bekommt.

Garen In Der Schweinsblase

Diese Kochtechnik ist eine raffinierte Variante des Schmorens. Sie wird vor allem bei feinem Mastgeflügel angewendet. Das Gargut wird ins Innere einer umgedrehten Schweinsblase gegeben zusammen mit einigen Eßlöffeln Brühe oder Wein sowie schwarzen Trüffeln, Kräutern oder getrockneten Pilzen. Die Schweinsblase wird fest verschlossen, und das Garen erfolgt über Dampf oder durch Eintauchen in siedendes Wasser. Das Garen in der Schweinsblase ist eine traditionelle Methode, die noch heute in der klassischen Küche gepflegt wird.

Garen In Der Folie

Diese Kochtechnik ist der vorhergehenden sehr ähnlich. Sie wird für Würste und Koteletts, für Fische oder Foiegras-Schnitzel verwendet. Sie besteht darin, daß das Gargut mit verschiedenen Gewürzen, Kräutern und Gemüsestreifen bestreut, anschließend mit Aluminiumfolie oder gebuttertem Pergamentpapier festschließend umhüllt und im Ofen – oder im Freien in heißer Asche – gegart wird. Auch hierbei bleiben, wie bei der vorigen Technik, das Aroma, das zudem verstärkt wird, und der eigene Saft des Garguts erhalten.

Garen In Der Kruste

Diese Kochtechnik, die wiederum den vorhergehenden sehr ähnelt, besteht darin, daß das Gargut (Rinderfilet, Lammrücken, Lammkeule, Geflügel oder Fisch) in einen genießbaren Teig (Blätterteig, Briocheteig, Pastetenteig) oder in einen nicht genießbaren Teig (Salzteig oder Lehm) gehüllt und anschließend im Ofen oder in der Glut gegart wird.

Glasieren

Es handelt sich hierbei um eine Kochtechnik unter Benutzung eines geschlossenen Gefäßes (Stiel- oder Henkelkasserolle). Diese Technik wird vornehmlich für Gemüse – Kastanien, Karotten, kleine Zwiebeln, Rüben – verwendet.

Das Garen läuft bei gelinder Hitze ab unter Zugabe von etwas Zucker und Butter. Beim Garen des Gemüses wird gleichzeitig der Dünstfond reduziert. Am Ende des Kochvorgangs werden die Gemüse durch Schwenken in der leicht karamelisierten Reduktion glasiert.

Als Glasieren bezeichnet man auch den abschließenden Vorgang beim Schmoren, besonders von hellem Fleisch, (Kalbfleisch und Geflügel). Dieses wird zum Schluß mit dem zur Fleischglace reduzierten Schmorfond überzogen und glasiert.

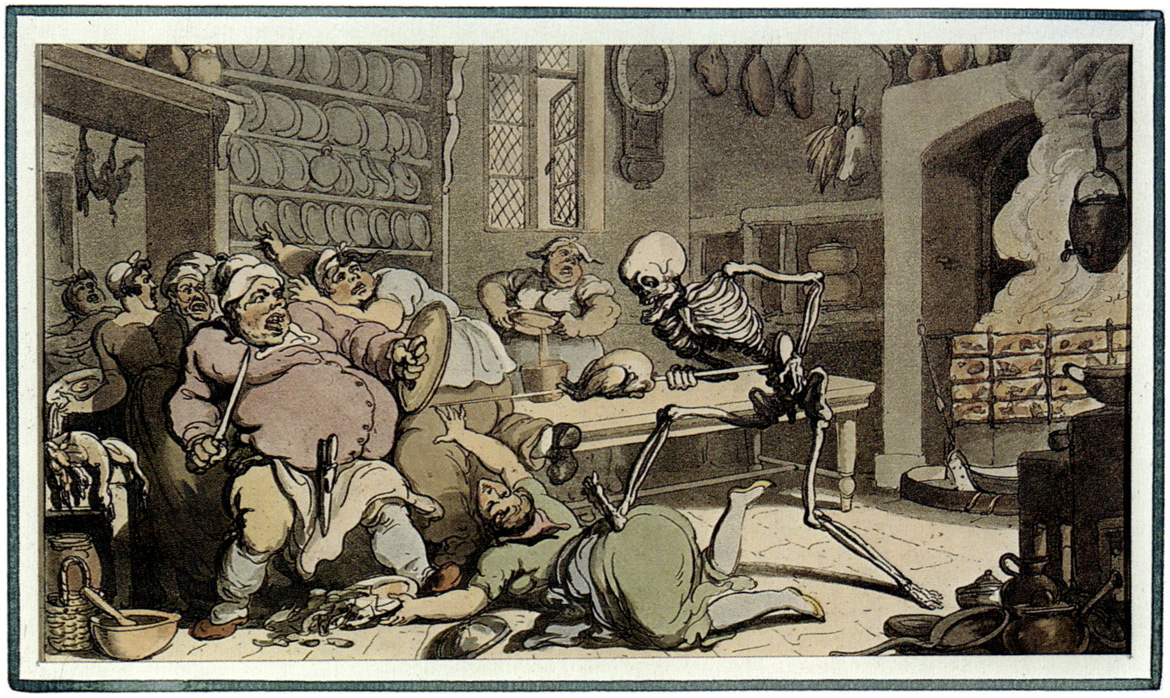

Kolorierter Kupferstich von Thomas Rowlandson (1756-1827)

»Die Flüssigkeiten, welche man auf das Feuer setzt, können nicht alle die gleiche Wärmemenge aufnehmen; die Natur hat diese Ungleichheit gewollt, und wir nennen dieses uns ein Geheimnis bleibende Verhältnis die unterschiedliche Wärmekapazität.
Man kann ungestraft seinen Finger in kochenden Weingeist stecken. Aus Branntwein aber wird man ihn hervorziehen, und das Eintauchen in kochendes Öl würde eine grausame Wunde verursachen; denn das Öl kann dreimal so heiß werden wie Wasser.
Heiße Flüssigkeiten wirken infolgedessen sehr verschieden auf die eßbaren Dinge, die man hineintaucht. Die mit Wasser behandelten Nahrungsmittel werden weich und lösen sich zu Brei auf, man bekommt Fleischbrühe oder Extrakte. Die mit Öl behandelten ziehen sich dagegen zusammen, färben sich mehr oder weniger dunkel und beginnen schließlich zu verkohlen.
Im ersten Fall löst das Wasser die inneren Säfte der Nahrungsmittel auf. Im zweiten Falle werden diese Säfte zurückgehalten, weil das Öl sie nicht auflösen kann, und wenn diese Körper endlich austrocknen, so rührt dies davon her, daß die fortdauernde Einwirkung der Hitze die feuchten Teile verdampfen läßt. Diese beiden Methoden haben auch verschiedene Namen, und Ausbacken heißt: Dinge, die gegessen werden sollen, in Öl oder Fett kochen. Ich glaube, schon gesagt zu haben, daß in der Küche Fett und Öl dasselbe bedeuten, denn Butter und Fett sind nur feste Öle, während Öl flüssiges Fett ist.
Das Hauptverdienst an einer richtig fritierten Speise kommt der Überraschung zu, denn so nennt man das Eindringen der kochenden Flüssigkeit, die im Augenblick des Eintauchens die Oberfläche des Körpers bräunt oder verkohlt.
Durch diese Überraschung bildet sich eine Art von Hülle, die den Gegenstand abschließt, das Fett am weiteren Eindringen hindert und die Säfte konzentriert, die auf diese Weise im Innern kochen und dem Nahrungsmittel den allerfeinsten Geschmack verleihen, den es erreichen kann.
Damit die Überraschung stattfinden kann, muß die Flüssigkeit genügend erhitzt gewesen sein, so daß ihre Einwirkung plötzlich stattfinden kann; zu diesem Punkt gelangt sie aber erst, wenn sie längere Zeit einem lebhaften Herdfeuer ausgesetzt war...
Sie haben ohne Zweifel bemerkt, daß die Oberfläche gut gebackener Speisen weder

IV. Fritieren

Die Technik des Fritierens besteht darin, daß das Gargut in ein Öl- oder Fettbad von hoher Temperatur getaucht wird. Darin bleibt es bis zum Ende des Garvorgangs, der so kurz wie möglich gehalten werden muß.
Das Fritieren ist ein typischer Garvorgang durch Eiweißabschluß mit Farbgebung, der durch feuchte Wärme zustande kommt. Fritiert werden vor allem kleine Fische, Fischfilets, Schaltiere, Poulardenteile, Koteletts, paniertes Bries und Hirn, Kroketten, verschiedene Schnittformen von Kartoffeln und Gemüse, Früchte und Krapfen. Das Fritiergut muß immer gut abgetrocknet sein, bevor es ins heiße Fett gegeben wird, damit sich sofort eine Kruste bildet, die ein Austreten von Saft und ein Eindringen von Fett verhindert und die selbst anschließend knusprig und goldbraun wird. Die Gewohnheit, das Gargut vorher zu panieren oder durch einen speziellen Ausbackteig zu ziehen, bewirkt eine besonders schnelle Krustenbildung.

Es gibt gewisse Vorbehalte, vor allem diätetischer Art, gegen das Fritieren. Man muß in diesem Zusammenhang daran erinnern, daß fritierte Speisen von gesunden Menschen problemlos vertragen werden, auch wenn sie schwer verdaulich sind. Man muß jedoch auch darauf aufmerksam machen, daß das Fritieren die schwierigste aller Kochtechniken ist. Sie verlangt ein gewisses sachkundiges Verständnis für den Ablauf und erfordert große Aufmerksamkeit während der Ausführung. Es ist sicher nicht zufällig, daß sich gerade diese Kochtechnik heute mehr als jede andere durch ernährungswissenschaftliche Erkenntnisse weiterentwickelt hat. Während noch zu Beginn des zwanzigsten Jahrhunderts die Kochbücher den Gebrauch von vielen pflanzlichen und tierischen Fetten empfahlen – natürlich richtete sich das immer nach der Art der Zubereitung –, neigt man heute dazu, ausschließlich Öl zu empfehlen, das im Gegensatz zu anderen Fetten einen höheren Rauchpunkt hat. Der Rauchpunkt ist die Temperatur, bei der das Fett anfängt, sich zu zersetzen. Dabei bildet sich Acrolein, eine den Magen reizende giftige Substanz. Je mehr Speiserückstände im Fritieröl bleiben, desto schneller zersetzt sich das Öl, vor allem wenn es für mehrere Fritiervorgänge nacheinander verwendet wird.
Alle tierischen Fette zersetzen sich bei einer relativ niedrigen Temperatur. Deswegen ist ihre Verwendung äußerst problematisch. Die Zersetzung der Öle hingegen erfolgt erst bei sehr viel höheren Temperaturen. Dadurch wird es möglich, Kochvorgänge mit größerer Ruhe unter weniger Zeitdruck auszuführen.

Es gibt heute spezielle Friteusen mit eingebauten Thermostaten. Das am besten geeignete Gefäß zum Fritieren über lebhafter Hitze ist die Lyoner Pfanne aus Eisen. Wenn dieses Material in gewisser Stärke (nicht weniger als zwei Millimeter) verwendet wird, »normalisiert« es die vom Feuer auf die Nahrung übertragene Wärme. Das Kupfer hingegen, das ein ausgezeichneter Wärmeleiter ist, eignet sich weniger für diese Kochtechnik. Kupfer würde bei einem plötzlichen Temperatursprung sofort reagieren, und somit entstünde das Risiko, daß die Kontrolle über die Öltemperatur verlorengeht (vgl. Kapitel VI, 2, 1).

Sautieren

Diese Technik wird von vielen Autoren als eigene Kategorie angesehen; sie ähnelt in mancherlei Hinsicht der Technik des Bratens wie auch der des Fritierens.
Sautieren besteht darin, daß in einem breiten und flachen Gefäß kleine Stücke von geringer Dicke, die nur kurz gegart werden müssen, in wenig Fett gebraten werden (so Koteletts, Tournedos, Entrecôtes, Schnitzel, Fischfilets, Omeletts, Crêpes, Kartoffelscheiben etc.). Diese Stücke werden angebraten, damit sie – durch Krustenbildung – im Inneren ihren Saft bewahren. Die Haupteigenschaft des Sautierens ist der sofortige Eiweißabschluß. Der Kochvorgang wird über lebhafter Flamme begonnen und dann bei mäßiger Hitze in einem offenen Gefäß fortgesetzt, damit der sich bildende Wrasen sofort abziehen kann.
Diese Kochtechnik kann mit der eben beschriebenen Phase enden. Das ist zum Beispiel beim Schnitzel auf Mailänder Art und bei Filetscheiben ohne Sauce der Fall. Sie kann aber auch mit einer Sauce, die aus dem Bratfond hergestellt

wird, vervollständigt werden. Die Säfte, die aus dem Bratgut ausgetreten sind, werden deglaciert – mit einer alkoholischen Flüssigkeit, einem Fond, einer Demiglace, mit Butter oder Sahne –, dann eingekocht und unmittelbar vor dem Servieren über die Speisen gegeben (so bei Entrecôtes auf Bordelaiser Art oder bei Pfeffersteaks). In einigen Fällen schließlich werden die Fleischstücke mit ihrem Saft wieder in das Kochgefäß gegeben zur Fertigstellung der Sauce (so bei Gulasch oder Kalbsgeschnetzeltem).

Die für das Sautieren am besten geeigneten Gefäße sind die flache Henkelkasserolle und die Flambierpfanne, die beide aus dem Verbundmaterial von Kupfer und Stahl hergestellt sind. (Die Flambierpfanne wird besonders zum Vermischen von Nudeln mit feinen Saucen oder zum Karamelisieren von Früchten verwendet.) Dieses Verbundmaterial ist ein schneller Wärmeleiter und entspricht somit bestens den Anforderungen, die diese Kochtechnik stellt (vgl. die Kapitel VI, 1, 3 und VI, 6).
Für die Zubereitungen durch Sautieren, die mit der oben angegebenen Phase enden (das heißt ohne Bildung von Saucen), sind auch die Lyoner Pfanne und die Eier- oder Crêpespfanne aus Eisen geeignet. Wie im Zusammenhang mit der Technik des Fritierens schon erwähnt wurde, garantiert Eisen, das zwar nur ein mittelmäßiger Wärmeleiter ist, die Aufrechterhaltung einer gleichmäßigen Temperatur (für Crêpes, Würste, Eier).

Die Kochtechniken des Kurzbratens und des Flambierens ähneln in gewisser Hinsicht der Technik des Sautierens.

Kurzbraten

Diese Technik besteht darin, daß die Nahrung (Fleisch, Kartoffeln etc.) in wenig Fett mit dem Ziel gebräunt wird, schnell einen Gerinnungsprozeß herbeizuführen.
Die Technik des Kurzbratens oder Anbratens kann auch in der Vorbereitung auf weitere Kochvorgänge bestehen. Etwas Ähnliches haben wir bereits zuvor bei den Braten und bei einigen Schmorbraten beobachten können.

Flambieren

Diese Technik, eine leichte Variante des Sautierens, ist in ihrer Endphase durch ein Flambieren des Garguts gekennzeichnet. Das Flambieren wird durch das Entzünden einer alkoholischen Flüssigkeit bewirkt, mit der die Nahrung zuvor übergossen wurde (Tournedos, Früchte, Crêpes).
Die Technik des Flambierens wird mit Hilfe zweier spezieller Utensilien ausgeführt: auf dem Flambierrechaud und in der Flambierpfanne (vgl. Kapitel VI, 6).

Salz noch Zucker aufzulösen vermag, während sie doch ihrer Natur nach eine dieser Würzen braucht. Man pulverisiert sie also fein, damit sie leicht hängenbleiben und man auf diese Weise das Gebackene würzen kann...
Die Erfahrung hat gelehrt, daß man sich des Olivenöls nur dann zum Ausbacken bedienen darf, wenn man wenig Zeit und große Hitze braucht. Längeres Kochen entwickelt nämlich einen unangenehmen, ranzigen Geschmack in ihm, der von dem Innengewebe der Olive herrührt, welches verkohlt und sich dann nur schwer aus dem Öl entfernen läßt.«
(Brillat-Savarin, Physiologie du goût, Die Technik des Fritierens)

Die folgenden Rezepte von Apicius sind keine Anwendungsbeispiele für die Technik des Fritierens, sondern eher des Sautierens (das erst in sehr viel späterer Zeit aufkam):

»OFELLAE RECTE FRIGUNTUR, UT PAENE ASSAE REDDANTUR. LIQUAMINIS SUMMI CYATHUM, AQUAE CYATHUM, ACETI CYATHUM, OLEI CYATHUM. SIMUL MIXTIS ET IMMISSIS IN PATELLAM FICTILEM, FRIGIS ET INFERES.«
»Fleischstückchen auf andere Art: Brate sie richtig an, so daß sie fast durchgebraten sind, nimm je ein Gläschen vom besten Liquamen, Wasser, Essig und Öl, vermische, und gib sie in einen tönernen Tiegel, brate sie nochmals, und gib sie zu Tisch.«

»ALITER OFFELAS: IN SARTAGINE ABUNDANTI OENOGARO. PIPER ASPARGES ET INFERES.«
»Fleischstückchen auf andere Art: Brate sie in der Pfanne mit reichlich Oenogarum. Bestreue sie mit Pfeffer, und trage sie auf.«

»ALITER OFFELAS: OFELLAE PRIUS SALE ET CUMINO ASPERSAE INFUSAE IN AQUAM RECTE FRIGUNTUR.«
»Fleischstückchen auf noch eine andere Art: Bestreue sie mit Salz und Pfeffer, lege sie in Wasser, danach kannst du sie braten.«

»OVA FRIXA: OENOGARATA.«
»Brate die Eier, und serviere sie mit reichlich Oenogarum [einer Würzsauce auf Weinbasis].« (Apicius, De re coquinaria)

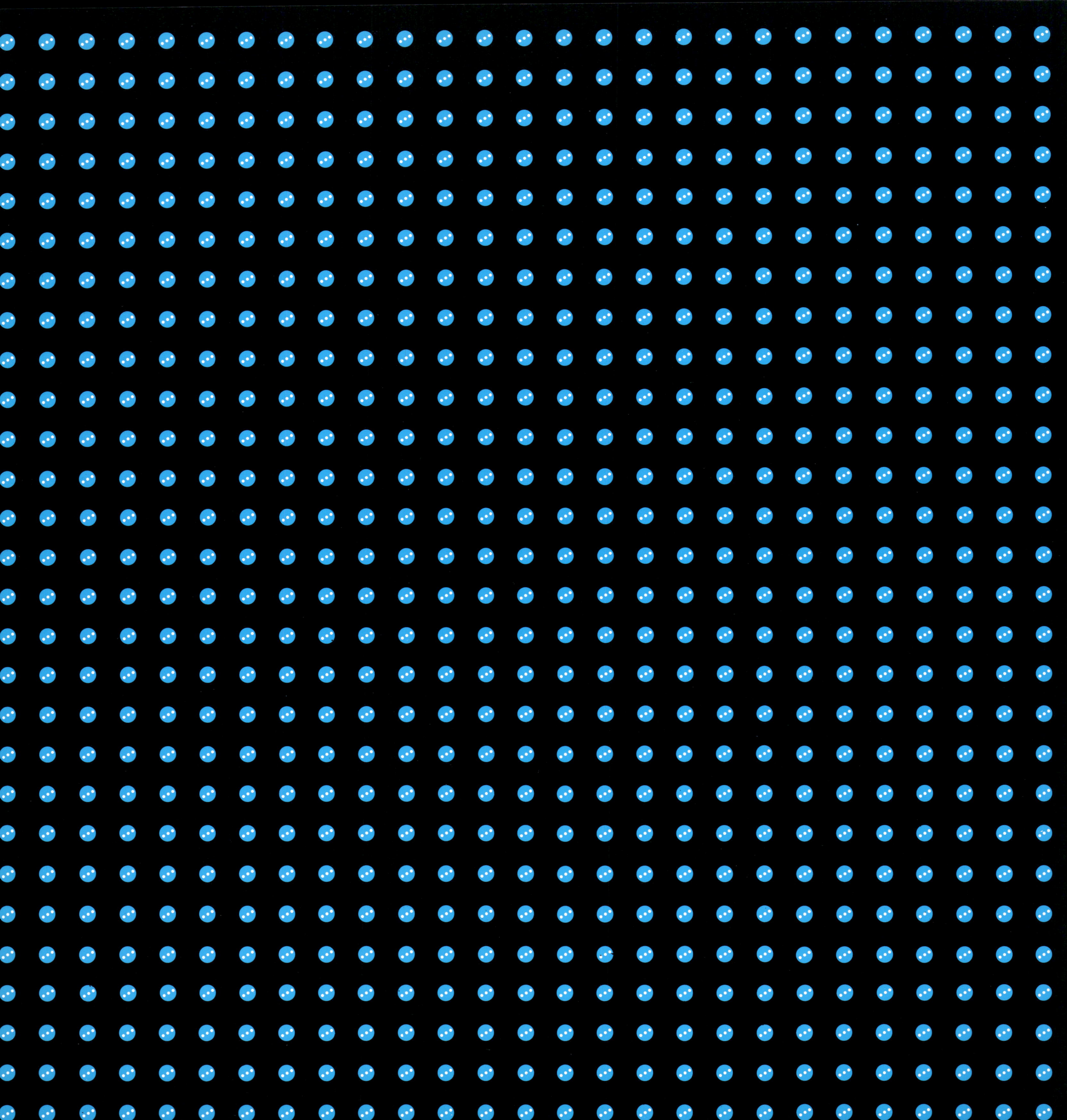

IV

G. Ragazzini, P. Zani

Die Eigenschaften der Metalle

Die geschichtliche Abfolge in der Verwendung der einzelnen Metalle in der Küchentechnik ergab sich aus dem Nacheinander ihrer wissenschaftlichen Entdeckung und der daraus folgenden Verbreitung. Dabei setzte sich immer das Metall durch, das gerade dem Höhepunkt des technischen Fortschritts entsprach. Es wurde dann universell für alle Utensilien der Küchenbatterie verwendet, ohne daß dabei die Besonderheiten der einzelnen Kocharten oder die notwendigen Unterschiede bei der Stärke und Verteilung der Hitze in Betracht gezogen wurden.

Das trifft besonders für unser industrielles Zeitalter zu, in dem die gesamte Küchenbatterie zunächst vollständig aus verzinntem Kupfer bestand, das dann durch emailliertes Eisen, darauf durch Aluminium und schließlich durch Edelstahl ersetzt wurde. Das neue Metall hat sich jeweils aufgrund einer besonderen Eigenschaft auf dem Markt durchgesetzt. Es hatte jedesmal neue Qualitäten, war jedoch nie so besser, als daß es alle vorher gebräuchlichen hätte so drastisch verdrängen dürfen.

Die mechanischen Voraussetzungen, die ein Kochgefäß mitbringen muß, leiten sich unmittelbar von den in der Tabelle angegebenen Eigenschaften der Metalle ab. Sie bestehen darin, daß eine bestimmte Form unversehrt und ohne Verformung erhalten bleibt. Ein Kochgefäß muß, ohne daß es zerbricht, den Belastungen durch Aufprall und Wärmeschock gewachsen sein und der Abnutzung im täglichen Gebrauch standhalten können. Die notwendigen Maßstäbe für eine erste Bewertung des mechanischen Verhaltens eines Materials sind die von ihm noch ertragene Höchstbelastung, die für die plastische Verformung erforderliche Belastung und die Dehngrenze.
Die aufgeführten Daten verdeutlichen, daß Kupfer und vor allem Aluminium die am leichtesten verformbaren Metalle und weniger hart als die Eisenlegierungen sind. Dies bedeutet, daß sie sich besser zur plastischen Formung eignen. Andererseits verformen sie sich leichter im täglichen Gebrauch, obwohl die Verfestigung des Materials, die bei der plastischen Formung eintritt, ihre Widerstandsfähigkeit spürbar erhöht.
Die Behälter aus Metall werden normalerweise mittels plastischer Kaltformung von flachen Metallscheiben (Formpressen oder Tiefziehen) hergestellt, die gemäß den späteren Gebrauchsanforderungen jeweils verschiedene Stärken haben. Die Tatsache, daß die Formung um so leichter und wirtschaftlicher ist, je geringer die mechanische Widerstandfähigkeit des Metalls und je größer seine Dehnbarkeit ist, verdeutlicht, wie sehr die Eigenschaften, die die Herstellung erleichtern, den Anforderungen zuwiderlaufen, die bei späterem Gebrauch an das Metall gestellt werden.
Messing, eine Legierung aus Kupfer und Zink, hat zum Beispiel ausgezeichnete mechanische Eigenschaften, entwickelt aber beim Gebrauch in der Küche äußerst unangenehme Eigenschaften, da es sich mit den Bestandteilen der Nahrungsmittel nicht verträgt. Es wird daher lediglich für die Anfertigung von geschmiedeten oder gegossenen Griffen und Henkeln für Kochgefäße benutzt, obwohl auch das nicht ratsam ist, da Kupfer eine hohe Wärmeleitfähigkeit hat.
Auch Bronze, eine Legierung aus Kupfer und Zinn, ist widerstandsfähiger als reines Kupfer. Sie ist jedoch kalt schwer formbar, und ihre aus diesem Grunde höheren Verarbeitungskosten stehen ihrer Verwendung entgegen.
Trotz ihrer größeren mechanischen Widerstandsfähigkeit, die im Durchschnitt über der des Weichstahls liegt, haben die rostfreien Stahlarten, insbesondere die austenitischen, eine beachtliche Dehnfähigkeit, was sie für die Verarbeitung durch Formpressen besonders geeignet macht. Außerdem bringt das Formungsverfahren selbst dank der erhöhten Verfestigungsrate eine deutliche Zunahme an Widerstandsfähigkeit und Härte mit sich. Die höheren Kosten und die größere mechanische Kraftaufwendung, die für diese Formungsverfahren notwendig sind, werden weitgehend durch die besseren mechanischen Eigenschaften und die besseren Oberflächeneigenschaften des Fertigproduktes aufgewogen.

Die Maßstäbe, mit denen das thermische Verhalten eines Materials bewertet wird, sind die Wärmeleitfähigkeit, das heißt die Fähigkeit, die aufgenommene Wärme zu übertragen, und der Koeffizient der Wärmeausdehnung, das heißt die relativen Schwankungen des Volumens in Abhängigkeit von der Temperatur (Tabelle 5 – 6).
Bessere Leitfähigkeit bedeutet einen höheren thermischen Wirkungsgrad, das heißt eine schnellere Erhöhung und eine gleichmäßigere Verteilung der Wärme.
Im allgemeinen haben die Metalle eine Leitfähigkeit, die um mindestens eine Größeneinheit höher ist als die der Keramik und der Polymere. Aber auch zwischen den einzelnen Metallen gibt es ziemlich signifikante Unterschiede. Kupfer und Aluminium sind nach Silber die besten Wärmeleiter überhaupt. Mit einigem Abstand folgen nichteisenhaltige Legierungen, Weichstahl, Gußeisen und Nickel.
Die Wärmeleitfähigkeit des austenitischen Edelstahls beträgt ungefähr ein Drittel der Wärmeleitfähigkeit des Weichstahls und kann als schlecht angesehen werden, auch wenn sie deutlich besser als die der nichtmetallischen Materialien ist. Dies ist der Grund für häufige Überhitzungsprobleme der Flächen, die in direktem Kontakt mit der Flamme stehen, und für das sich daraus ergebende Risiko des Anbrennens der Speisen.
Es ist jedoch möglich, diesen Nachteil schon in der Formungsphase einzuschränken, indem man den Boden der Behälter dicker macht als die Wände oder aber, indem man auf den Boden Schichten aus geeigneten Metallen

DIE EIGENSCHAFTEN DER METALLE

MATERIAL	Spezifisches Gewicht	1) Reißfestigkeit (N/mm²)	2) Dehngrenze (N/mm²)	3) Bruchdehnung (%)	4) Härte (HBN)	5) Wärmeleitfähigkeit (W/m °K)	6) Mittlerer Wärmeausdehnungskoeffizient (m/m °K) · 10^{-6}
GEBRANNTER TON	2,20	28				0,8	4,5
FEUERFESTES PORZELLAN	2,3	48			600	0,95	2 ÷ 2,5
JENAER GLAS	2,23	80 ÷ 100			550 ÷ 600	1,17	3,2
EDELSTAHL	7,90	510	210	30 ÷ 40	150	16	17,1
GUSSEISEN	7,15	175 ÷ 275	140 ÷ 250	0,5	150 ÷ 220	58	10,5
EISEN (WEICHSTAHL)	7,85	380	310	25	120	60	11,7
ZINN	7,30	15 ÷ 20	9 ÷ 14	35 ÷ 50	4 ÷ 10	67	23
NICKEL	8,30	400	340 ÷ 500	40 ÷ 50	80 ÷ 200	69	13,9
BRONZE	8,75	250	120	15	60	85	18,5
MESSING	8,53	280 ÷ 360	140 ÷ 160	30 ÷ 50	50 ÷ 75	112	19,8
ALUMINIUM 99,5	2,70	70 ÷ 90	25 ÷ 50	30 ÷ 55	18 ÷ 25	225	23,6
KUPFER	8,90	150 ÷ 200	65 ÷ 70	45	45	392	17,3
SILBER	10,49	150 ÷ 300	60 ÷ 70	40 ÷ 50	30 ÷ 60	420	19,1

aufbringt, die eine große Leitfähigkeit besitzen wie etwa Kupfer oder Aluminium. Mit einem Metall mittlerer Leitfähigkeit wie dem Gußeisen, das in beträchtlicher Stärke gegossen werden kann, ist es möglich, eine gleichmäßige Temperaturverteilung zu erreichen und gleichzeitig die Wirkung des direkten Kontakts mit der Flamme zu mildern. Unter diesem Gesichtspunkt zeigen der gebrannte Ton, das feuerfeste Porzellan und das Jenaer Glas ein gutes Verhalten. Trotz ihrer geringen Stoßfestigkeit und ihrer Anfälligkeit für Wärmeschocks finden sie deshalb dennoch breite Verwendung zur Herstellung von Kochgeschirr.
Das Problem des Zerspringens, das häufig bei plötzlichem Temperaturwechsel auftreten kann, wird zum großen Teil durch den niedrigen Wert ihres Wärmeausdehnungskoeffizienten aufgefangen. In jedem Fall rechtfertigt sich der Gebrauch dieser Materialien nur dann, wenn es notwendig ist, die Voraussetzungen für einen langsamen und gleichmäßigen Wärmeaustausch zu schaffen. Feuerfestes Porzellan und Jenaer Glas bieten ausgezeichnete Gewähr für Hygiene und für mühelose Reinigung. Dies kann man jedoch nicht vom gebrannten Ton sagen. Die Glasuren der Töpferwaren aus handwerklicher Fertigung weisen häufig winzige Risse und Löcher auf, die die Undurchlässigkeit der Oberfläche herabsetzen und Flüssigkeiten in den porösen Überzug eindringen lassen. Offensichtliche hygienische Probleme wie unangenehmer Geruch und bakterielle Verunreinigung sind die Folge.

Die technologischen Vorteile der Metalle, die sich in dem Wortpaar hohe Bruchfestigkeit–hohe Wärmeleitfähigkeit zusammenfassen lassen, sind seit ältesten Zeiten wohl bekannt. Ihre Verwendung im Nahrungsbereich ist jedoch vor allem wegen der geringen Widerstandsfähigkeit gegen Korrosion nie allgemein verbreitet gewesen, sicherlich auch wegen der Schwierigkeit, diese Korrosion in den Griff zu bekommen und in annehmbaren Grenzen zu halten. Die Speisen, genau wie viele andere chemische Substanzen, reagieren mit den Metallen. Aber da ihre Beschaffenheit weder zu sauer noch zu alkalisch ist, sind sie fast niemals imstande, schwerwiegende Korrosionserscheinungen hervorzurufen. Das eigentliche Problem besteht vielmehr darin, daß sich auflösende Metalle den Geschmack und die Farbe der Speisen verändern, mögliche Gärungsprozesse beschleunigen und giftige Salze bilden können.
Es trifft ferner zu, daß das Problem der Korrosion bei den traditionellen Metallen, die alle mehr oder weniger von Nahrungssubstanzen angegriffen werden können, durch Verwendung von schützenden Belägen gelöst werden kann. Eine der Lösungen, die zwar überholt, aber immer noch wirkungsvoll ist, vor allem wegen ihrer hygienischen und nicht zuletzt auch wegen ihrer dekorativen Eigenschaften, ist die Einbrennemaillierung, das heißt die Warmauftragung eines dünnen Überzugs bei 800–850 Grad von einer keramischen Masse auf die Manufakturware aus Stahl oder Gußeisen. Theoretisch stellt die Verbindung von Metall und Keramik den idealen Kompromiß zwischen mechanischer Widerstandsfähigkeit und Korrosionsbeständigkeit dar. Außerdem wird die Widerstandsfähigkeit gegen Oberflächenabnutzung verbessert und die hohe Wärmeleitfähigkeit der metallenen Unterlage gedrosselt und geregelt.
In der Praxis wird die Schutzwirkung des Emails jedoch relativiert durch seine große Empfindlichkeit gegen zufällige Stöße, die im täglichen Gebrauch recht häufig sind und die ein Absplittern des Emails bewirken können. Weiterhin kann das Email durch Wärmeschock kleine Rißbildungen erleiden, insbesondere wenn seine Haftung und seine Anpassung an die Wärmedehnzahl des Grundmetalls nicht optimal sind.
Einen weniger wirksamen, aber wirtschaftlicheren Schutz liefern metallene und polymere Beläge. Die Verzinnung, das heißt das Aufbringen eines dünnen Zinnbelags (20 – 50 Micron) auf Behälter aus Weichstahl- oder Kupferblech, löst zweifellos viele Korrosionsprobleme. Im Kontakt mit vielen Nahrungssubstanzen hat das Zinn jedoch die Tendenz, sich anodisch zu verhalten, das heißt, anstelle des Grundmetalls selber zersetzt zu werden. Diese Korrosion geht jedoch sehr langsam vor sich, so daß der Belag nur ganz allmählich dünner wird. Außerdem wird die Qualität der Nahrung durch Zinnbeläge nicht wesentlich beeinträchtigt.
Bei Kochgeschirr, das häufig mit scharfen Reinigungsmitteln und Scheuerpulvern behandelt werden muß, besteht jedoch keine Gewähr für die Haltbarkeit der Zinnbeläge, da Zinn sehr weich und daher empfindlich und leicht

abnutzbar ist. Die Versilberung bietet bessere Voraussetzungen für Haltbarkeit und Widerstandsfähigkeit gegen hohe Temperaturen. Aber für Kochgeschirre eignet sie sich auch nicht besser als wesentlich billigere Metallbeläge. Ihre Anwendung ist daher nur bei Gerät, das zu Repräsentationszwecken dient, gerechtfertigt.
Die Polymere sind Materialien, die aufgrund ihrer Beschaffenheit sehr widerstandsfähig gegen Korrosion sind. Wegen der Leichtigkeit, mit der sie in dünnen Filmen aufgebracht werden können, erscheinen sie fürs erste als Oberflächenschutz von Metallen besonders geeignet. In der Tat hat sich die Anwendung von thermoplastischen Belägen schnell verbreitet dank der rapiden Weiterentwicklung der Technologien und der zunehmenden Verfügbarkeit von Mikromolekülen.
Das Teflon (P.T.F.E.), das anscheinend ohne Schwierigkeiten Temperaturen bis 250 Grad Celsius standhält, wird in Belägen von variierender Stärke (bis 0,02 mm) durch Spritzen und anschließende Sinterung bei 400 Grad Celsius aufgebracht. Am erfolgreichsten hat sich seine Anwendung bei Aluminiumgeschirren erwiesen, denen es – als Antihaftbelag – antiadhärente Eigenschaften verleiht. Aber wie alle Polymere hat auch Teflon nur eine geringe Härte und kann somit leicht zerkratzt und von den Metallkörpern abgeschabt werden. Diese Neigung wird zum Teil durch seinen äußerst niedrigen Reibungskoeffizienten kompensiert, der es sehr widerstandsfähig gegen Abnutzung durch Adhäsion macht, das heißt, es wird nicht wie etwa eine Emaillierung dadurch abgenutzt, daß Speisen an ihm hängenbleiben.
Die Vorbehalte, die gegenüber diesen Beschichtungen jedoch bleiben, sind mehr als alles andere hygienischer und toxikologischer Natur. Ob eine Oberfläche, die im Kontakt mit Nahrungsmitteln steht, hygienisch ist, hängt unmittelbar von ihrer Glätte oder ihrer Rauheit ab, denn in Unebenheiten und in vorhandenen oder sich bildenden Poren und Falten können sich organische Reste und Bakterienkolonien einnisten, die der Wirkung von Reinigungs- und Desinfektionsmitteln schwer zugänglich sind. Sie sind somit eine mögliche Ursache für ein rasches Verderben der Speisen. In dieser Hinsicht sind die polymeren sicherlich weniger unbedenklich als die metallenen oder keramischen Beschichtungen.

Die einzigen Metallarten, die keinerlei Beschichtung benötigen, um gegen normale korrosive Umgebungen widerstandsfähig zu sein, sind die Edelstahlsorten. Diese Legierungen – auf der Grundlage von Eisen, Chrom, Karbon und anderen Elementen wie Nickel, Molybdän, Mangan, Silicium, Titan – verdanken ihre Rostfreiheit der Eigenschaft, in einer ausreichend oxydierenden Umgebung wie zum Beispiel an der Luft zu passivieren. Dies geschieht dadurch, daß sich auf ihrer Oberfläche spontan eine sehr dünne Schicht von absorbiertem Sauerstoff bildet. Diese Oxydschicht bildet sich jedesmal neu, wenn sie zerrissen wird, und schützt das darunterliegende Metall vor Korrosion.

Aus dieser zusammenfassenden Betrachtung wird deutlich, daß das theoretisch am besten geeignete Material für Kochgefäße – oder zumindest für den größten Teil von ihnen – die Eigenschaften von Kupfer und Edelstahl in sich vereinigen muß: die sehr hohe Wärmeleitfähigkeit des Kupfers und die große Härte und mechanische Widerstandsfähigkeit sowie die hohe Korrosionsbeständigkeit des Edelstahls. Dieses für viele Anwendungsbereiche ideale Material existiert: Es ist ein Verbundmaterial aus Kupfer und Edelstahl und es ist für die meisten der in diesem Buche dargestellten Kochgefäße verwendet worden.

V

R. Sapper

Die Formen der Utensilien

Kürzlich habe ich in einem Artikel über Geschichte gelesen, daß die Erfindung des Alphabets die Denkweise der westlichen Welt so verändert hat, daß seit diesem Zeitpunkt alles zerlegt und anschließend wieder zusammengesetzt werden muß, um gelesen und verstanden zu werden; daß diese Schule des logischen, effizienten und eindimensionalen Denkens uns hat die Welt erobern lassen, daß wir aber durch diesen Prozeß viel von jenem Denken verloren haben, das nicht in Buchstaben oder Ziffern zerlegt und nicht logisch erklärt werden kann. Jetzt weiß ich, warum ich mich jedesmal weigern möchte, wenn mich jemand bittet, meine Arbeit zu erläutern. Da gibt es eigentlich gar nichts zu erklären.

Wenn man entwirft, denkt man nicht in Worten, sondern in dreidimensionalen, farbigen, beweglichen Bildern, die sich berühren, manchmal klingen, die heiß sein und einen verbrennen können. So fließen in diesen Entwürfen die Materialien, Formen und Oberflächenstrukturen zusammen mit dem Erahnen des Feuers und der Gerüche der Speisen, die später in den Töpfen bereitet werden. Ich hoffe, daß es gut wird.

Eine völlig plane Fläche ist die engste und einfachste Verbindung mit der Wärmequelle. Die Hitze wird von dieser unmittelbar auf die Speisen übertragen. Somit können hohe Temperaturen erreicht und aufrechterhalten sowie fast augenblickliche Kochvorgänge realisiert werden. Dies geschieht etwa beim Grill und bei Direktkochplatten.

Analog zur planen Fläche vollzieht sich die Wärmeübertragung hauptsächlich durch die Bodenfläche. Das erlaubt, schnell und gleichmäßig hohe Temperaturen zu erreichen, besonders bei der Verwendung von Metallen mit hoher Wärmeleitfähigkeit. Ein vorhandener schmaler Rand dient lediglich dazu, daß der Inhalt nicht ausläuft. Die Wärmeübertragung geschieht hauptsächlich durch den Boden.
In diese Kategorie von Gefäßen fallen neben der flachen Henkelkasserolle und dem Sautoir auch die Stielbratpfannen, bei denen die Wände in Wirklichkeit nach außen geweitet, wenn nicht sogar konvex gebogen sind, damit man das Bratgut leichter und besser wenden sowie herausnehmen kann.

Höhere Wände wie bei den Henkel- und Stielkasserollen – wo die Höhe der Wände etwa der Hälfte des Durchmessers entspricht – oder bei den hohen Kasserollen – wo die Höhe der Wände etwa zwei Dritteln des Durchmessers entspricht – sind direkt an der Wärmeübertragung beteiligt. Die Übertragung der Wärme muß beständig und gleichmäßig sein, um Bereiche von Überhitzung zu vermeiden. Dieses ist nur möglich, wenn man Metalle mit hoher Wärmeleitfähigkeit verwendet.

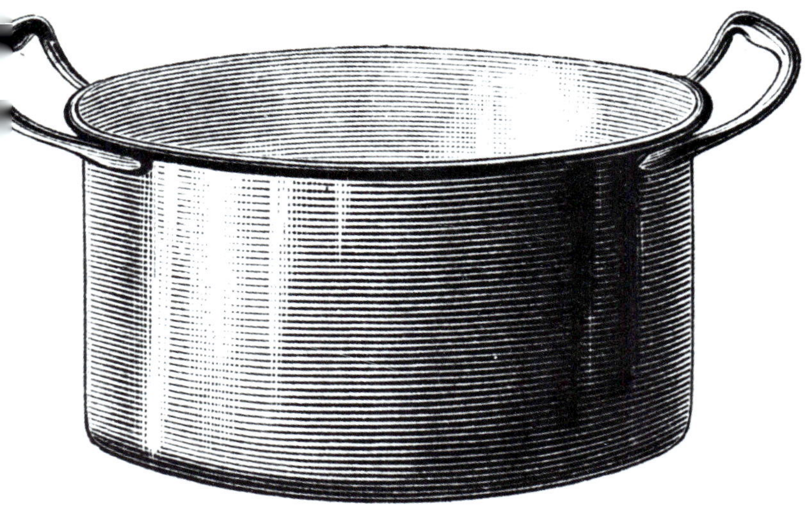

Eine Variante der oben angeführten Typen stellt die Form mit nach außen gestellten Wänden dar, wodurch eine größere Verdunstungsoberfläche entsteht und wodurch man außerdem beim Umrühren und Vermischen besser den Boden und somit den gesamten Topfinhalt erreichen kann.
Die konische Kasserolle oder Sauteuse ist auf diese Grundform zurückzuführen. Dadurch, daß die Wände sich nach außen weiten, vergrößert sich bei gleichbleibender Bodenfläche der Innenkörper. Somit vereint die Sauteuse ein großes Fassungsvermögen mit guter Handlichkeit.

In den Behältern, deren Wände ähnliche Ausmaße wie der Durchmesser haben, wird die Wärme fast ausschließlich durch den Boden übertragen. Sie breitet sich mittels Konvektionsbewegung aus, die durch die Erwärmung der Flüssigkeit entsteht, die in den Behältern enthalten ist. Wenn also die Außenwände für die Wärmeübertragung keine Bedeutung haben, ist es unnötig, für den gesamten Korpus des Topfes Metalle zu verwenden, die eine hohe Wärmeleitfähigkeit besitzen.
Die charakteristische hohe Form des Kochtopfes mit geraden Wänden ergibt eine relativ kleine Oberfläche im Verhältnis zum Rauminhalt. Dadurch wird die Verdunstung verringert und die Flüssigkeitsmenge auch während längerer Kochvorgänge erhalten.
Durch die Verwendung eines Deckels wird zugleich die Geschwindigkeit der Verdunstung und die Höhe der Temperatur im Inneren des Topfes reguliert.

VI

A. Alessi, A. Gozzi

La Cucina Alessi

Jedes Metall hat bestimmte Eigenschaften, besonders im Hinblick auf seine Wärmeleitfähigkeit, so daß es für einige Verwendungszwecke außerordentlich brauchbar ist, für andere hingegen nicht. Die aussschließliche Verwendung eines einzigen Metalls für alle Utensilien der Küchenbatterie ist typisch für die weniger fortschrittlichen Abschnitte des industriellen Zeitalters. Diese Phase ist heute überwunden. Aus den Erfahrungen der vergangenen Epochen haben wir gelernt, welches die ideale Form und das am besten geeignete Metall für die einzelnen Kochgefäße ist.
So verfuhren Richard Sapper und die Köche Alain Chapel, Gualtiero Marchesi, Angelo Paracucchi, Raymond Thuilier und Jean-André Charial, Pierre und Michel Troisgros sowie Roger Vergé, als sie diese im besten Sinne des Wortes eklektische »batterie de cuisine« entworfen und erarbeitet haben, deren spezielle Qualitäten und Anwendungsmöglichkeiten in diesem Kapitel erläutert werden.

I
Gualtiero Marchesi

Topf
•
Abtropfschüssel
•
Spitzsieb

Henkelkasserolle
•
Flache
Henkelkasserolle

Die ältesten Kochtöpfe waren aus gebranntem Ton. Aber auch der Gebrauch von Kochgefäßen aus dem weichen und leicht bearbeitbaren Topfstein, einer Art von Speckstein, hat weit zurückliegende Ursprünge. Mit der Entdeckung der Metalle wurde als erstes Bronze zur Herstellung von Töpfen verwendet. Im Mittelalter folgte dann wahrscheinlich das Eisen.
Erst in der Renaissance tauchen Kochtöpfe aus Kupfer auf. Sie sollten bis ins neunzehnte Jahrhundert weite Verbreitung finden. Wie Menon in seiner »Cuisinière bourgeoise« bezeugt, wurden um 1700 auch Töpfe aus Silber hergestellt, die jedoch nur für die Küchen der Reichsten und Mächtigsten bestimmt waren.

»Caccabus« und Abtropfsieb aus pompejanischen Funden. (Lithographie aus C. Ceci, op. cit., Neapel 1858)

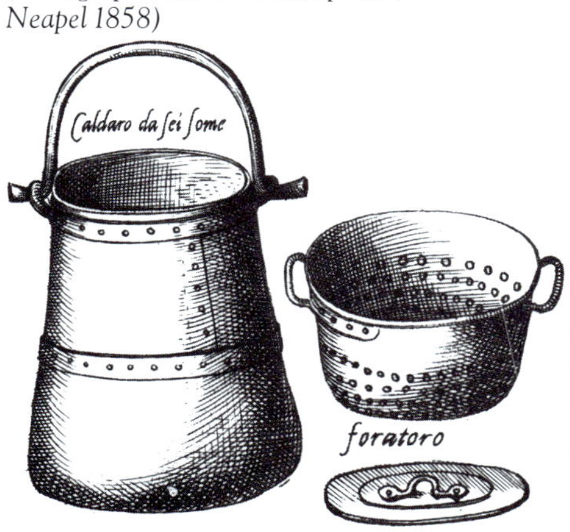

»Caldaro da sei some« und »foratoro« oder Abtropfschüssel, beide Utensilien aus Kupfer mit Randverstärkung und Henkeln aus Eisen. (Kupferstich aus B. Scappi, op. cit., Venedig 1570)

Der Topf ist ein zylindrisches oder gewölbtes Gefäß mit zwei Griffen und einem Deckel. Er hat einen abgerundeten Übergang von der Wand zum plan aufliegenden Boden, und er ist mindestens ebenso hoch wie sein größter Durchmesser.

Im wesentlichen dient der Topf zum Kochen von Wasser und überhaupt von Flüssigkeiten. Er ist deshalb das typische Gefäß für alle Zubereitungen, die nach der Kochtechnik des Siedens erfolgen. Diese besteht darin, daß die in eine kochende Flüssigkeit getauchten Lebensmittel (Wiener Tafelspitz, italienische Bolliti misti, Geflügel, Eier, Gemüse, Kartoffeln, Nudeln, Reis, Gemüse- und Graupensuppen sowie Fleisch- und Hühnersuppen) zum Kochen gebracht werden, wie im Kapitel III,2 beschrieben wird.
Der Topf wird auch für Zubereitungen verwendet, deren Kochtechniken vom Sieden abgeleitet sind: 1. Für das Pochieren oder schonende Garziehen, bei dem die Kochflüssigkeit eine Temperatur von unter 100 Grad Celsius haben muß (für pochierte Eier, zarte Fischfilets, Kalbshirn und -bries, Fisch- und Fleischklößchen, Geflügelballotinen). 2. Für das Garen über Dampf, wobei die Wärme des Dampfes, der von der kochenden Flüssigkeit aufsteigt, auf die Speisen übertragen wird (insbesondere für Kartoffeln und Gemüse, zarte Fleischscheiben, Hühner-, Truthahn- oder Fischfilets). Weiterhin wird der Topf für eine wichtige Vorbereitungsart verwendet, die vielen Kochvorgängen vorausgeschickt wird: für das Blanchieren oder Abbrühen, das darin besteht, die rohen Nahrungsmittel für wenige Minuten in eine kochende Flüssigkeit, meist Wasser, einzutauchen. Diese wird besonders häufig bei den verschiedenen Gemüsearten angewendet, die anschließend mit anderen Garmethoden fertiggestellt werden.

Wahrscheinlich ist der Kochtopf das älteste Kochgefäß, das je vom Menschen hergestellt wurde. Er ist überdies das alles beherrschende Utensil der Küchenlandschaft, sei es wegen der vielen Kocharten für die der Topf seit jeher und bis heute benutzt wird, sei es, weil er im Küchenalltag ständig gebraucht wird.

Der klassische italienische Bollito

Beispiel für das Garen über Dampf auf drei Ebenen in stapelbaren Dämpfeinsätzen

Als elementares Gefäß für die Zubereitung der Speisen hat der Topf – sicherlich auch wegen seiner im mystischen Dunkel liegenden Ursprünge, die weit in die Anfänge der menschlichen Zivilisation zurückreichen – mehr als jeder andere Gegenstand der Küche die Phantasie der Dichter und Maler angeregt.

Die vorherrschende Form der Kochtöpfe war bis ins neunzehnte Jahrhundert bauchig wie ein aufgeblähter Schlauch. Sie kann als die »natürliche« Form für die gesamte lang andauernde erste Periode in der typologischen Entwicklung dieses Gefäßes betrachtet werden, und zwar aufgrund der damaligen Herstellungstechniken: Der Ton wurde von Hand auf der Töpferscheibe geformt, die Metalle wurden in Formen gegossen, geschmiedet und getrieben und auf primitiven Drehbänken gespant.
Die bauchige Form wurde auch durch die Art der Wärmequelle notwendig: Die offenen Flammen konnten von allen Seiten das Kochgefäß umzüngeln, das an einem Haken über der Feuerstelle aufgehängt war oder auf einem Dreifuß in der Glut stand.
Erst in der zweiten Hälfte des neunzehnten Jahrhunderts kommt die zylindrische Form des Topfes auf, als nach der industriellen Revolution verbesserte Drehbänke für die Bearbeitung von Metallen und Blechen zur Verfügung standen. Auf diesen konnte man mühelos zylindrische Formen mit völlig geraden Wänden fertigen.

Nach Abschluß dieser Studie, die unter der beratenden Mitarbeit von Gualtiero Marchesi, dem seit Beginn der siebziger Jahre unbestrittene Wegbereiter der neuen italienischen Küche, durchgeführt worden ist, haben wir uns für ein absolut zylindrisches Gefäß entschieden. Dies geschah nicht zuletzt wegen seiner formalen Übereinstimmung mit dem rationalen und aufklärerischen Stilelement der zylindrischen Form, das sich zu Beginn des neunzehnten Jahrhunderts auch bei der Kasserolle und der flachen Henkelkasserolle durchgesetzt hat.
Wegen der spezifischen Eigenschaften des Siedens, bei dem die Wärme durch Wasser oder eine andere das Gargut umschließende Flüssigkeit übertragen wird und nicht durch Wände und Boden des Topfes, ist eine ausreichende Breite des Topfbodens sehr viel wichtiger als eine perfekte Hitzezufuhr über die Topfwände. Aus diesem Grund hat uns Gualtiero Marchesi empfohlen, den Topf aus besonders starkem Edelstahl 18/10 herzustellen, da die Gesamtheit der Eigenschaften des Edelstahls (er ist zwar nur ein mäßiger

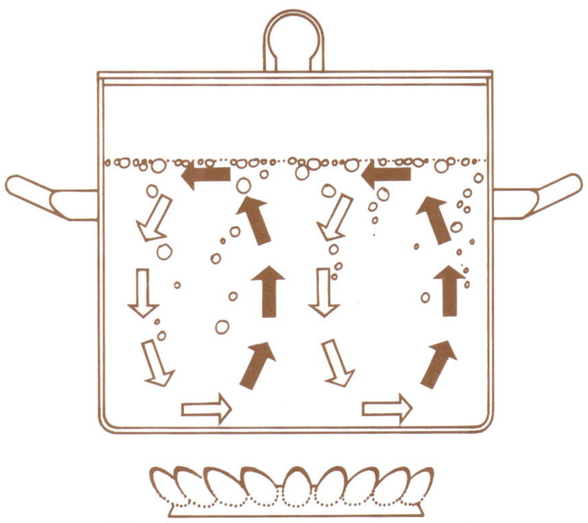

Die Pfeile bezeichnen die Bewegung der kochenden Flüssigkeit: Die wärmeren Partikel steigen auf, während die kälteren herabsinken.

Töpfe aus Gußeisen, Ton, verzinktem Eisen und aus Kupfer. (Abbildung aus Jules Gouffé, »Le livre de cuisine«, Paris 1881)

Man muß weiterhin hervorheben, daß sich seit jener Zeit die Art der Wärmequelle geändert hat – zunächst waren es die Eisenplatten der mit Holz oder Kohle beheizten Öfen, danach die Gasflamme und später die elektrische Platte. Nun waren Kochgefäße mit einem möglichst breiten Boden erforderlich, denn nur am Boden und nicht an den Wänden wirkte die Unterhitze.

Aschenbrödel. (Farblithographie von M. Gerbault vom Anfang des zwanzigsten Jahrhunderts)

Wärmeleiter, aber unveränderlich, relativ leicht zu reinigen und nicht zu teuer) am brauchbarsten für eine Kochtechnik wie das Sieden und die davon abgeleiteten Techniken ist, die nach denselben physiko-chemischen Prinzipien verlaufen. Bei den Henkeln und dem Deckelgriff, die aus Edelstahl im Guß in verlorener Form hergestellt sind, wird die schlechte Wärmeleitfähigkeit des Stahls ausgenutzt: Sie erwärmen sich kaum. Der Deckel ist flach, was sich in der professionellen Küche außerordentlich bewährt hat, und paßgenau kalibriert.

Ebenfalls aus Edelstahl 18/10 ist die Abtropfschüssel. Sie wird in der Regel zum Abtropfen von Teigwaren oder Reis aber auch zum Waschen von Obst und Gemüse verwendet. Aus dem gleichen Material ist das Spitzsieb oder Chinois gefertigt. Es ist ein Utensil aus der rein professionellen Küche, das überaus brauchbar ist zum Passieren vieler Gerichte, aber auch zum Durchseihen von Fonds und Saucen.

Auf den folgenden Seiten gibt uns Marchesi einige Beispiele seiner außergewöhnlichen Kreativität. Die Rezepte sind beim Planen und Entwerfen der Kochutensilien, in denen sie anschließend auch gekocht wurden, entstanden.

Die Fotos, die in seinem Restaurant »Gualtiero Marchesi« in Mailand gemacht wurden, zeigen den Meister bei der Ausführung seiner Rezepte.

Das Spitzsieb oder der Chinois kann am Topfrand befestigt werden. Zum Passieren von Speisen wird ein Holzstößel benutzt.

»Invincible dans les hazards de Bacchus,
et non pas de Mars. Je seay triompher de plus braves.«
(Holzschnitt von Mariette dem Jüngeren, aus der zweiten Hälfte des siebzehnten Jahrhunderts)

Nach der industriellen Revolution kommen ab Mitte des neunzehnten Jahrhunderts die Töpfe aus emailliertem Eisen auf. Um die Jahrhundertwende beginnt man, Aluminium zu verwenden, das zwischen den beiden Weltkriegen eine überaus große Verbreitung findet. Schließlich erscheinen in den dreißiger Jahren die ersten Töpfe aus Edelstahl, der seit den fünfziger Jahren sicherlich zu Recht eine beherrschende Stellung eingenommen hat.

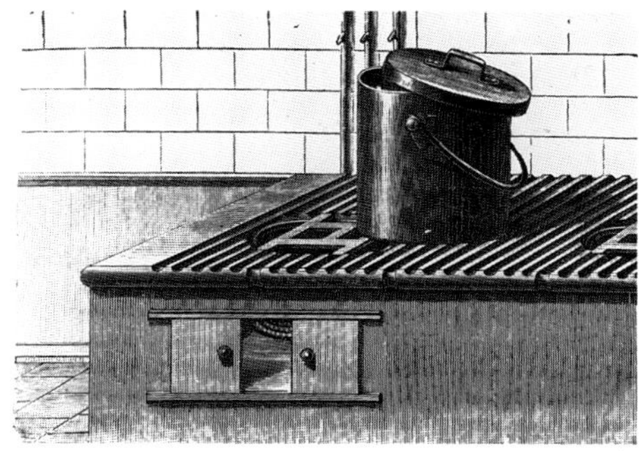

*Kupfertopf mit zugehörigem Deckel.
(Abbildung aus Urbain Dubois,
»La cuisine d'aujourd'hui«, Paris 1888)*

IM FOND GEGARTES TÄUBCHEN AUF ENDIVIENSALAT MIT PINIENKERNEN, SULTANINEN UND KAPERN

VORBEREITUNGSZEIT: 25 MINUTEN

KOCHZEIT DER TAUBEN: 20 MINUTEN

ZUTATEN FÜR 2 PERSONEN

2 junge Tauben von je 500 g
1 Karotte
1 Lorbeerblatt
6 Petersilienstiele
1/2 Zwiebel
1 1/2 l Geflügelbrühe (oder halb Geflügel- halb Rinderbrühe)
140 g Endiviensalat
1 cl Olivenöl
7 g kleine Kapern
15 g Sultaninen
7 g Pinienkerne
Salz, frisch gemahlener Pfeffer

KOCHUTENSILIEN

1 Topf von 20 cm Durchmesser
1 Henkelkasserolle von 20 cm Durchmesser
1 Abtropfschüssel
1 flache Henkelkasserolle von 20 cm Durchmesser

VORBEREITEN

Die gerupften Tauben abflämmen ❶. Köpfe, Beine und Flügelspitzen entfernen. Die Tauben ausnehmen, abspülen und trockentupfen. Danach innen und außen salzen und pfeffern und mit dem kleingeschnittenen Würzgemüse – Karotten, Lorbeerblatt, Petersilie und Zwiebel – füllen.

ZUBEREITEN

In dem Topf von 20 cm Durchmesser die Geflügelbrühe zum Kochen bringen. Die Täubchen einlegen ❷ und zugedeckt auf kleiner Flamme 18 – 20 Minuten ziehen lassen, so daß das Fleisch innen noch rosa bleibt.

Den Endiviensalat unter fließendem Wasser waschen und anschließend zerpflücken. In kochendem Salzwasser in der Henkelkasserolle von 20 cm Durchmesser etwa 3 – 4 Minuten blanchieren ❸, in die Abtropfschüssel schütten ❹, abtropfen lassen und das Wasser gründlich ausdrücken. Anschließend in der flachen Henkelkasserolle im heißen Olivenöl ansautieren. Die Pinienkerne, die zuvor eingeweichten Sultaninen sowie die abgespülten und abgetropften Kapern einrühren ❺. Mit Salz und frisch gemahlenem Pfeffer abschmecken.

ANRICHTEN

Den sautierten Endiviensalat auf zwei vorgewärmte Teller verteilen. Die Täubchen auf ein Tranchierbrett setzen und die Schenkel im Gelenk abtrennen ❻. Gleich auf den vorgewärmten Tellern anrichten. Danach die Brusthälften jeweils zusammen mit einem Flügel von der Karkasse schneiden und auf den sautierten Endiviensalat plazieren.

GEDÄMPFTE GEMÜSESTREIFEN IN LEICHTER KRÄUTER-SAUCE MIT ROHEM SCHINKEN AUS LANGHIRANO ODER PARMASCHINKEN

VORBEREITUNGSZEIT: 15 MINUTEN

KOCHZEIT: 6 MINUTEN

ZUTATEN FÜR 4 PERSONEN

24 Scheiben Parmaschinken oder Schinken aus Langhirano
40 g Karotten
40 g Zucchini
40 g Staudensellerie
40 g Gemüsezwiebeln
60 g Broccoli
4 cl ligurisches Olivenöl extra vergine

2 cl Wasser
2 cl Weinessig
1 EL fein geschnittene Kräuter (Petersilie, Schnittlauch, Kerbel, Estragon), Salz, frisch gemahlener Pfeffer

KOCHUTENSILIEN

1 Topf von 20 cm Durchmesser mit 3 Dämpfeinsätzen
1 niedrige Henkelkasserolle von 24 cm Durchmesser
1 Cassolette

ZUBEREITEN

Das Gemüse waschen und putzen. Die Fäden vom Staudensellerie abziehen wie bei Rhabarber. Anschließend die Karotten, die Zucchini sowie den Staudensellerie in 5 cm lange und 1/2 cm breite Streifen schneiden.
Die Gemüsezwiebel schälen und halbieren. Danach die einzelnen Schichten voneinander ablösen und ebenso in Streifen schneiden wie das übrige Gemüse.
Die Broccoliröschen von den Stengeln schneiden und in kleine Stücke zerpflücken.
Die Gemüsestreifen waschen und getrennt in den Dampfeinsätzen al dente dämpfen.
Eine Vinaigrette aus Olivenöl und Essig in der Cassolette anrühren und die feingeschnittenen Kräuter zufügen. Mit etwas Wasser auf die gewünschte Menge verdünnen und mit Salz und frisch gemahlenem Pfeffer würzen.
Die gedämpften Gemüsestreifen mit etwas von dieser Sauce in der flachen Kasserolle anmachen.

ANRICHTEN

Die Schinkenscheiben einige Sekunden im Topf in kochendem Wasser blanchieren. Anschließend herausheben, gründlich abtropfen lassen und auf 4 vorgewärmte Teller über die Gemüsestreifen legen.
Die restlichen Gemüsestreifen in der Kasserolle sowie die restliche Sauce in der Cassolette getrennt dazu reichen.

SALAT VON SPAGHETTI UND VENUSMUSCHELN

VORBEREITUNGSZEIT DER VENUSMUSCHELN: 30 MINUTEN

KOCHZEIT:

Venusmuscheln: 10 Minuten
Spaghetti: 7 Minuten

ZUTATEN FÜR 4 PERSONEN

120 g Spaghetti
60 Venusmuscheln
5 cl trockener Weißwein
je 5 g Karotten-, Zucchini-, Porreestreifen
2 cl ligurisches Olivenöl extra vergine
1 cl Muschelfond

KOCHUTENSILIEN

1 Henkelkasserolle von 20 cm Durchmesser
1 Spitzsieb
2 Töpfe von je 20 cm Durchmesser
1 Abtropfschüssel

VORBEREITEN

Die Venusmuscheln gründlich unter fließendem Wasser abbürsten und danach für etwa 2 Stunden in leicht gesalzenes kaltes Wasser legen, damit sie sich reinigen. Das Gemüse in Streifen schneiden.

ZUBEREITEN

Die Venusmuscheln – sie müssen fest geschlossen sein – in die Henkelkasserolle legen und den Weißwein angießen. Zugedeckt zum Kochen bringen und auf kleiner Flamme ziehen lassen, bis sich die Muscheln geöffnet haben. (Muscheln, die geschlossen bleiben, entfernen.) Danach das Muschelfleisch auslösen und den Muschelfond durch das Spitzsieb seihen.
Die Gemüsestreifen in kochendem Salzwasser blanchieren.
Im zweiten Topf werden die Spaghetti al dente gekocht. Anschließend in die Abtropfschüssel geben und abtropfen lassen. Das Olivenöl mit dem Muschelfond vermischen und darin die Spaghetti wenden.

ANRICHTEN

Die Spaghetti auf 4 vorgewärmte Teller verteilen und mit den Gemüsestreifen bestreuen. Mit dem ausgelösten Muschelfleisch vollenden.

FISCHSUPPE MIT KREBSSCHWÄNZEN UND WEISSEN BOHNEN

VORBEREITUNGSZEIT: 30 MINUTEN

KOCHZEIT: 40 MINUTEN

ZUTATEN FÜR 4 PERSONEN

32 Flußkrebse
80 g Aalfilet
80 g Flußbarschfilet
50 g weiße Bohnenkerne
2 reife Tomaten
5 cl Olivenöl
je 10 g Zwiebel-, Porree- und Staudenselleriestreifen
200 g Fischgräten
50 cl Weißwein
5 g weiße Pfefferkörner
1 kleiner Thymianzweig
1/2 Lorbeerblatt
Salz, frisch gemahlener Pfeffer
Gräten vom Aal und Flußbarsch

KÜCHENUTENSILIEN

1 Topf von 24 cm Durchmesser
1 Stielkasserolle von 14 cm Durchmesser
2 Henkelkasserollen von 16 und 20 cm Durchmesser
1 flache Henkelkasserolle von 24 cm Durchmesser
1 Spitzsieb

VORBEREITEN

Die weißen Bohnenkerne über Nacht in kaltem Wasser einweichen.
Im großen Topf reichlich Wasser zum Kochen bringen und die gesäuberten Flußkrebse ins sprudelnd kochende Wasser hineinschütten. Zugedeckt 2 Minuten kochen lassen. Anschließend das Wasser durch das Spitzsieb abgießen. Danach die Krebsschwänze vom Kopfbruststück abdrehen und das Schwanzfleisch auslösen. Mit Hilfe eines kleinen spitzen Messers die dunklen Darmstränge entfernen.
In der Stielkasserolle Wasser zum Kochen bringen und darin die Tomaten einige Sekunden brühen, abschrecken und abziehen. Anschließend halbieren, den Stielansatz herausschneiden und die Kerne ausdrücken. Das Fruchtfleisch würfeln.

ZUBEREITEN

In der kleinen Henkelkasserolle die eingeweichten Bohnenkerne in Salzwasser weichkochen.
Einen Fischfond in der großen Henkelkasserolle zubereiten: Dazu werden die in Streifen geschnittenen Gemüse zusammen mit den Fischgräten und mit etwa der Hälfte des Olivenöls angedünstet.
Mit dem trockenen Weißwein ablöschen und die Flüssigkeit fast gänzlich einkochen lassen. Anschließend mit heißem Wasser auffüllen und die weißen Pfefferkörner, den kleinen Thymianzweig sowie das halbe Lorbeerblatt zufügen. Etwa 20 Minuten auf kleiner Flamme kochen lassen. Danach den Fischfond durch das Spitzsieb abseihen und mit Salz würzen. Die weichgekochten Bohnen sowie die Tomatenwürfel zufügen.
In der flachen Henkelkasserolle das restliche Olivenöl erhitzen und darin die mit Salz und frisch gemahlenem Pfeffer gewürzten Fischwürfel goldbraun anbraten.

ANRICHTEN

Die Fischwürfel und die Krebsschwänze in 4 vorgewärmte Suppenteller verteilen und mit dem heißen Fischfond auffüllen. Die Suppe mit Knoblauchkrüstchen vollenden, die man wie folgt zubereitet: 1 Scheibe nicht zu frisches Toastbrot mit einer Knoblauchzehe einreiben und leicht buttern oder mit Olivenöl beträufeln. In 1/2 cm große Würfel schneiden und in der flachen Henkelkasserolle, in der der Fisch gebraten wurde, anrösten.

BRAUNER FOND

ZUTATEN FÜR 1 LITER

2 kg Beinknochen vom Kalb
200 g Karotten
200 g Zwiebeln
2 Knoblauchzehen
320 g Tomaten
20 g Tomatenmark
1 Bouquet garni von 30 g
6 l kaltes Wasser

KOCHUTENSILIEN

1 großer Topf
1 Bräter
1 Spitzsieb

ZUBEREITEN

Die geschälten Karotten und Zwiebeln in Würfel schneiden. Die möglichst klein gehackten Kalbsknochen in den Bräter geben und im 250 Grad heißen Ofen braun rösten. Dann die Gemüsewürfel sowie die beiden geschälten Knoblauchzehen zufügen, noch weitere 30 Minuten im Ofen lassen. Anschließend in den Topf umschütten und die grob zerschnittenen Tomaten, das Tomatenmark sowie das Bouquet garni zufügen und den Fond leicht salzen.
Mit 6 l Wasser auffüllen und zum Kochen bringen. Danach bei reduzierter Hitze etwa 6 Stunden kochen lassen und wiederholt abschäumen und entfetten. Darauf achten, daß die Knochen stets von Flüssigkeit bedeckt sind. Eventuell muß etwas Wasser nachgegossen werden.
Nach Ende der Kochzeit den Fond durch das Spitzsieb abseihen.

Auch wenn Beispiele, die auf diese Typologie zurückgeführt werden können, in alten Quellen nachweisbar sind, so handelt es sich doch immer um eine Topfart, die flacher als die heutige Kasserolle ist, wie etwa die von Scappi angeführten Caldari, die ebenfalls zum Braten und Schmoren verwendet wurden. Die heutige Kasserolle ist mit Sicherheit neueren Datums und muß als ein Produkt des Aufklärungszeitalters angesehen werden. Die typische Form der Henkelkasserolle oder des Faitout entspricht – wie die Form der mit ihr verwandten flachen Henkelkasserolle – einem perfekten Zylinderabschnitt mit abgerundetem Boden und flachem Deckel sowie Henkeln und rundem Deckelgriff aus geschmiedetem Metall. Die absolut zweckentsprechende Form entspricht in der Tat dem Geist der Aufklärung, und sie bezeugt, wie sich das analytische und systematische Vorgehen, das für diese Epoche charakteristisch ist, selbst im Alltag der Küche widerspiegelt.

Flacher Kessel mit Henkeln in Ringform zum Braten. Römischer Fund aus Pompeji. (Nach C. Ceci, op. cit., Neapel 1858)

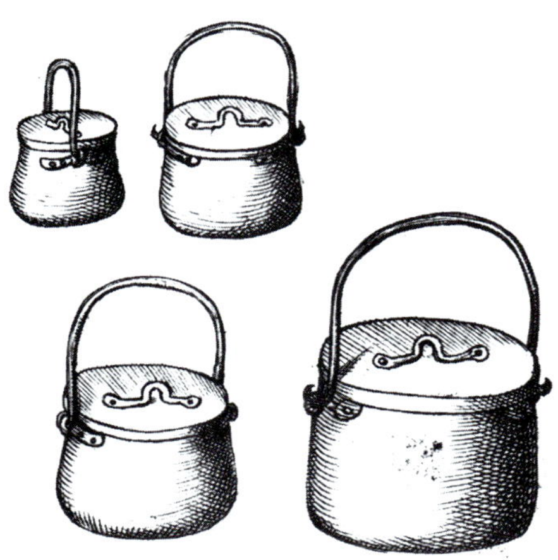

Kessel der Renaissance aus Kupfer mit Eisenhenkeln. (Kupferstich aus B. Scappi, op. cit., Venedig 1570)

Die Henkelkasserolle hat im allgemeinen eine zylindrische Form mit einem abgerundeten Übergang von der Wand zum plan aufliegenden Boden. Sie hat zwei gegenüberliegende Henkel und ist mit einem Deckel versehen. Charakteristisch für sie ist, daß ihre Höhe ungefähr der Hälfte ihres Durchmessers entspricht.

Die Henkelkasserolle wird meist zum Schmoren und besonders zum Dünsten verwendet, das heißt für typische Kochvorgänge durch Wärmeaustausch, bei denen die Speisen im eigenen Saft oder unter Zugabe einer aromatischen Flüssigkeit garen (wie Wildsalmis, Rinderschmorbraten, Hasenbraten, Hühnerfrikassee, Gulasch, Kalbsfrikassee, Hummerragout, Ratatouille u.a.) Außerdem ist die Henkelkasserolle das typische Gerät für die Kocharten im geschlossenen Topf. Ein charakteristisches Beispiel dafür aus der italienischen Küche ist der Risotto – alle Risotti werden praktisch in der geschlossenen Kasserolle zubereitet. Die Aufgabe des Deckels wird dabei von der Reisoberfläche selbst übernommen: wie ein Deckel reguliert sie die Verdunstung. Auch der sogenannte »Sonntagsbraten« der italienischen Familien und der rheinische Sauerbraten sind Beispiele. Beide werden fälschlicherweise Braten genannt, weil das Fleisch zunächst angebraten wird. Anschließend aber wird es mit etwas Flüssigkeit in einem geschlossenen Gefäß auf dem Ofen gegart. Erst in der Endphase des Kochvorgangs wird der Deckel der Kasserolle abgehoben. Ein letztes Beispiel für den Gebrauch der Henkelkasserolle ist die Zubereitung von Reispilaf, der im Ofen in der Kasserolle gegart wird.

Die Henkelkasserolle kann als enger Verwandter des Topfes und als von diesem abgeleitet gelten, weil sie kurze Zeit nach ihm auftaucht. Wie die französische Bezeichnung Faitout verdeutlicht, ist die Henkelkasserolle ein Gefäß, das für die meisten der täglich vorkommenden Kochvorgänge Verwendung finden kann aufgrund der Kochtechniken, für die sie gebraucht wird, das heißt für das Schmoren, Dünsten und Garen in der Kasserolle. Hierbei wird die Wärme von der gesamten Oberfläche des Gefäßes direkt auf die Speisen übertragen. Daher muß die Henkelkasserolle aus einem Metall bestehen, das ein optimaler Wärmeleiter ist, damit die Wärme in kürzester Zeit vom

Ein Beispiel für das Dünsten: Kalbfleischragout mit Erbsen

Der Risotto: Ein typisches Beispiel für das Garen in offener Kasserolle.

Boden über die Wände bis zum Gefäßrand auf den Inhalt übertragen werden kann.
Die Henkelkasserolle wurde wie der Topf und die flache Kasserolle nach Vorgaben von Gualtiero Marchesi von Richard Sapper entworfen. Die grundlegende Neuerung bei der Henkelkasserolle besteht darin, daß für ihre Herstellung eine spezielle Materialzusammensetzung verwendet wurde: ein Verbund von einer verhältnismäßig dicken Kupferschicht von etwa 2 Millimeter mit einer dünnen Edelstahlschicht von etwa 3/10 Millimeter Stärke, die vermittels einer dünnen Aluminiumschicht zusammengefügt sind. Diese verbindende Aluminiumschicht verstärkt zugleich die Wärmeübertragung vom Kupfer auf den Stahl. Durch die Verwendung dieses dreischichtigen Spezialmaterials lassen sich gleichzeitig die optimale Wärmeleitung von Kupfer und die hohe Hygiene des leicht zu reinigenden Edelstahls ausnutzen. Die vollkommen zylindrische Form der Kasserolle mit ihrem plan aufliegenden und zur Wand hin abgerundeten Boden verleugnet dabei nicht ihren Bezug zur traditionellen französischen Küchenbatterie des neunzehnten Jahrhunderts.

Der Rollbraten wird durch Schmoren gegart, zuerst in der geöffneten, danach in der teilweise geschlossenen Kasserolle.

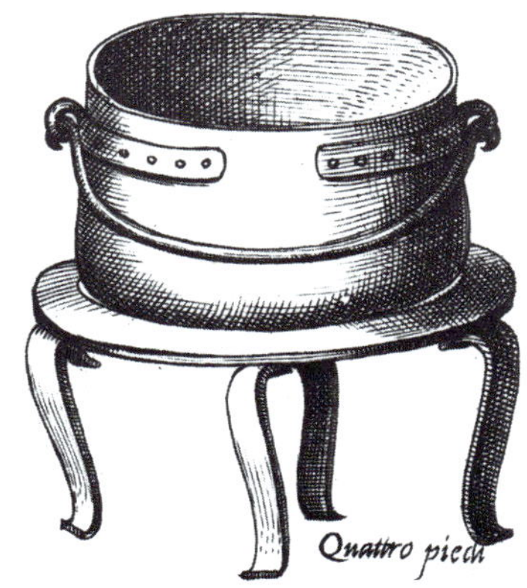

»Caldaro mezzano« aus Kupfer mit einem Henkel aus Eisen auf dazugehörigem Eisengestell. (Kupferstich aus B. Scappi, op. cit., Venedig 1570)

Wie bereits erwähnt, ist die zylindrische Form nicht zuletzt die am besten geeignete für die im neunzehnten Jahrhundert neu aufkommenden Herde mit Kochplatten. Schon damals wurde die Kasserolle gewöhnlich aus verzinntem Kupfer hergestellt, einem Metall, das wegen seiner perfekten Wärmeleitung besonders gut für gewisse Kochvorgänge geeignet ist, für die dieses Gefäß schon immer bestimmt war und weiterhin verwendet wird.

Kesselschmiede bei der Arbeit. (Werbebildchen der Schokoladenfabrik »La Faveur«)

Wie der Topf wurde auch die Kasserolle von der Mitte des vorigen Jahrhunderts an zunächst meistens aus emailliertem Eisen, dann aus Aluminium und schließlich aus Edelstahl hergestellt. Die klassische Kasserolle des neunzehnten Jahrhunderts besteht jedoch, wie bereits erwähnt, aus verzinntem Kupfer. Es handelte sich dabei um schweres Kupfer, das zunächst »gehämmert«, dann zu einer Blechscheibe »ausgewalzt« und auf der Drehbank bearbeitet wurde. Kupfer ist ein ausgezeichneter Wärmeleiter und deshalb bestens verwendbar für Kochverfahren durch feuchte Hitze sowohl in geschlossener wie auch in offener Kasserolle.
Speisen dürfen aber nicht längere Zeit mit Kupfer in Berührung bleiben, da die in ihnen enthaltenen Säuren mit Kupfer reagieren und Kupfersalze bilden, die sich in den Speisen lösen und diese vergiften. Deshalb kleidet man schon seit Jahrhunderten das Innere der Kupfergefäße mit Zinn aus oder in selteneren Fällen auch mit Silber. In der Vergangenheit bot die Verzinnung von Kochgefäßen eine Garantie für ihre Hygiene.
Damals wurde die so erreichte Hygiene gewiß als ausreichend empfunden.
Heute ist die Verzinnung, so wie sie noch bis vor einigen Jahrzehnten durchgeführt wurde, überholt. Zinn ist zwar ein hygienisches Metall und für Koch- und Tafelgeschirr geeignet, aber es ist verhältnismäßig weich und schmilzt schon bei niedrigen Temperaturen – es ist schon bei 100 Grad Celsius dehnbar und schmilzt bei ungefähr 220 Grad Celsius.
Das macht es einerseits relativ leicht, Gefäße zu verzinnen, hat aber andererseits den Nachteil, daß beim täglichen Gebrauch der Gefäße die Verzinnung zerkratzt und abblättert, so daß die Gefäße nach kurzer Zeit neu verzinnt werden müssen. Außerdem dürfen verzinnte Gefäße nie leer erhitzt werden, da sonst das Zinn schmelzen würde.

Der Körper der Kasserolle ist aus dem oben beschriebenen Verbundmaterial hergestellt. Die Henkel hingegen, der Deckel und der Deckelgriff, bei denen im Gegensatz zum Körper eine Wärmeübertragung unnötig und unerwünscht ist, bestehen aus Edelstahl. Die Henkel wurden überdies auch deswegen aus Edelstahl gefertigt, damit dieses Küchenutensil nicht nur auf der elektrischen Kochplatte, sondern auch im Ofen verwendet werden kann. Schließlich lassen sich die Speisen darin auch servieren.

»Die Kostprobe«. (Stich nach einem Gemälde von Schalcken, achtzehntes Jahrhundert)

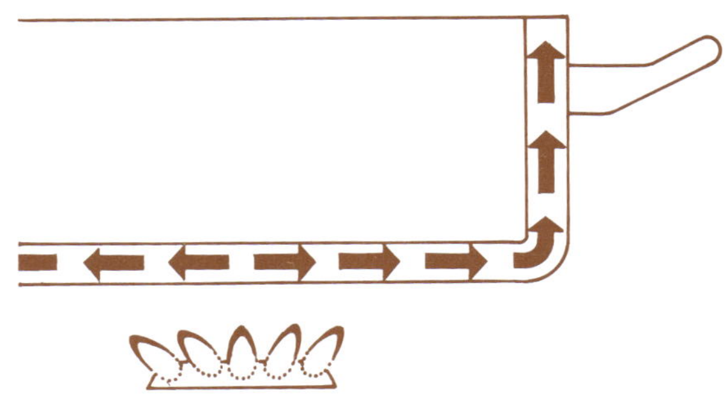

Die Pfeile zeigen die Verteilung der Wärme an, die sich in kürzester Zeit vom Boden in die Wände aus dickem Kupfer ausbreitet.

»Chaudronnier-Chaudronnier«
(Farblithographie aus den Magazins des Nouveautés, nach einem Bild von Boucher)

Auf folgendes ist noch hinzuweisen: Von der typischen Form der Henkelkasserolle oder des Faitout wurden im Laufe der Entwicklung zwei weitere Gefäße abgeleitet: die Henkelkasserolle und die Stielkasserolle. Die Gebrauchseigenschaften beider Gefäße sind sehr ähnlich.
Ihr Unterschied besteht im wesentlichen darin, daß die Stielkasserolle eher in der professionellen Küche verwendet wird, während die Henkelkasserolle mehr für die häusliche Küche bestimmt ist.

Österreichische Henkelkasserolle vom Ende des neunzehnten Jahrhunderts. (Lithographie aus einem Katalog von Arthur Krupp, Berndorf 1894)

Französische Kasserolle mit langem Stiel aus dem neunzehnten Jahrhundert. (Abbildung aus J. Gouffé, op. cit., Paris 1881)

HUMMER AUF MACCHERONI

VORBEREITUNGSZEIT: 30 MINUTEN

KOCHZEIT:

Für die Hummer: 7 Minuten
Für die Sauce: 50 Minuten
Für die Maccheroni: 18 Minuten

ZUTATEN FÜR 4 PERSONEN

4 Hummer von je 500 g
28 Maccheroni
130 g Butter
4 cl Traubenkernöl, je 20 g Karotten, Zwiebel, Staudensellerie
80 g Tomaten
4 cl Cognac
2,5 dl trockener Weißwein
10 g Petersilienstiele
1 kleiner Thymianzweig
Salz, frisch gemahlener Pfeffer

KOCHUTENSILIEN

1 Topf von 20 cm Durchmesser
2 Henkelkasserollen von 16 und 20 cm Durchmesser
1 Spitzsieb
1 flache Henkelkasserolle von 28 cm Durchmesser
1 Stielkasserolle von 10 cm Durchmesser
1 Rührbesen

VORBEREITEN

Die gewaschenen Hummer in den mit sprudelnd kochendem Salzwasser gefüllten großen Topf geben, um sie abzutöten. Danach herausheben. Anschließend zerlegen, indem man zuerst die Scheren abdreht ❶ und anschließend den Schwanz vom Kopfbruststück ❷, danach den vorderen Kopfteil mit den Antennen abschneidet ❸.
Die Körperflüssigkeit – aus Korail und cremigen Innereien – auffangen und mit 100 g weicher Butter zu einer Paste verarbeiten und für die Sauce bereithalten. Danach den Magensack, der sich im Kopfbruststück befindet, entfernen ❹.
Das Kopfbruststück gründlich ausspülen und die Schalen anschließend im Mörser zerkleinern.
Die Zwiebeln, die Karotten, den Sellerie und die Tomate in Würfel schneiden.

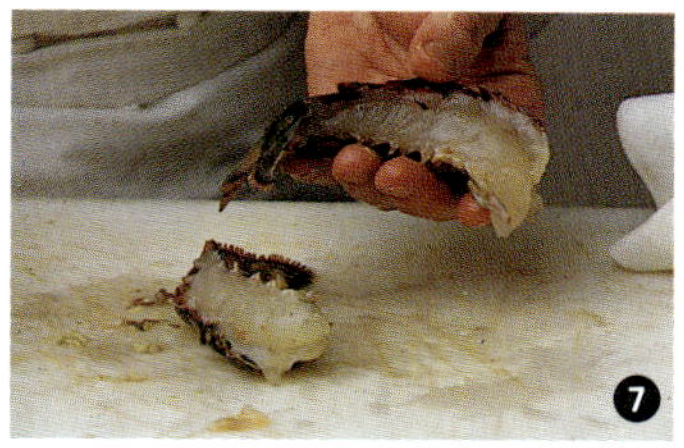

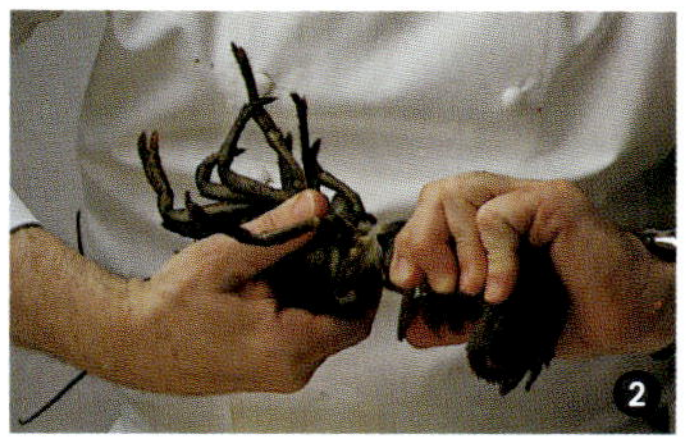

ZUBEREITEN

Das Öl in der größeren Henkelkasserolle erhitzen und darin die zerkleinerten Hummerschalen anrösten. Nachdem sie sich rot verfärbt haben, die Gemüsewürfel einrühren und noch weitere 2 Minuten sautieren. Mit dem Cognac übergießen, flambieren, danach mit dem Weißwein ablöschen und die Flüssigkeit einkochen lassen. Anschließend mit kochendem Wasser auffüllen und die Würzkräuter zufügen. Auf kleiner Flamme um die Hälfte einkochen lassen, dabei von Zeit zu Zeit abschäumen. Den Fond schließlich durch das Spitzsieb in die kleine Henkelkasserolle abseihen, dabei die Hummerschalen gut auspressen ❺. Zurück auf den Herd geben und den Fond nochmals auf die Hälfte reduzieren.
Inzwischen die Hummerschwänze längs halbieren ❻, ❼ und die dunklen Darmstränge entfernen.
Die Scheren auf ein Schneidbrett legen, an der Schmalseite mit einem schweren Küchenmesser aufschlagen und etwas öffnen, ohne das Scherenfleisch zu verletzen. Danach das Schwanz- und Scherenfleisch mit Salz und frisch gemahlenem Pfeffer würzen, aber nicht auslösen.
In der großen flachen Henkelkasserolle 30 g Butter erhitzen. Die Hummerstücke mit der Schalenseite nach unten einlegen und etwa 7 Minuten in den auf 180 Grad vorgeheizten Ofen geben. Herausnehmen und das Hummerfleisch auslösen.
Inzwischen den Hummerfond wieder erhitzen und die weiche Hummerbutter stückchenweise mit dem Rührbesen einschwenken.
Die Maccheroni in dem Topf von 20 cm Durchmesser in Salzwasser al dente kochen und anschließend in der Abtropfschüssel ❽ ablaufen lassen.

ANRICHTEN

Die Maccheroni auf 4 vorgewärmte tiefe Teller verteilen. Darüber die Hummerstücke plazieren und mit Sauce überziehen. Die restliche Sauce in der kleinen Stielkasserolle getrennt dazu reichen.

KRÄUTERRISOTTO MIT LANGUSTINEN IN DER KASSEROLLE

VORBEREITUNGSZEIT: 30 MINUTEN

KOCHZEIT:

Für den Reis: 20 Minuten
Für die Langustinen: 3 Minuten

ZUTATEN FÜR 4 PERSONEN

400 g ausgelöste Langustinenschwänze
30 g Butter
50 g gewürfelte Schalotten
200 g italienischer Rundkornreis
etwas trockener Weißwein
Geflügelbrühe
je 10 g Petersilie, Kerbel, Estragon, Schnittlauch
Salz, frisch gemahlener Pfeffer

KOCHUTENSILIEN

Eine Henkelkasserolle von 20 cm Durchmesser
Ein Topf von 20 cm Durchmesser
Eine flache Henkelkasserolle von 20 cm Durchmesser

VORBEREITEN

Die Langustinenschwänze vom Körper brechen ❶ und das Schwanzfleisch vorsichtig auslösen ❷.
Die dunklen Darmstränge entfernen ❸ und das ausgelöste Schwanzfleisch längs halbieren ❹, ❺.

ZUBEREITEN

In der hohen Henkelkasserolle 10 g Butter zerlaufen lassen und darin die Schalottenwürfel anschwitzen. Den Reis zufügen und 1 Minute unter ständigem Rühren anrösten. Mit einem Schuß Weißwein ablöschen und unter ständigem Rühren die Flüssigkeit einkochen lassen. Mit kochender Geflügelbrühe auffüllen. Immer wenn der Reis die Geflügelbrühe aufgesogen hat, wieder etwas unter Rühren nachgießen, bis der Reis gar ist ❽.
Der Reis soll sämig gehalten werden.
Zum Schluß die fein geschnittenen Kräuter und 10 g der restlichen Butter unterrühren. Den Risotto mit Salz und frisch gemahlenem Pfeffer abschmecken.

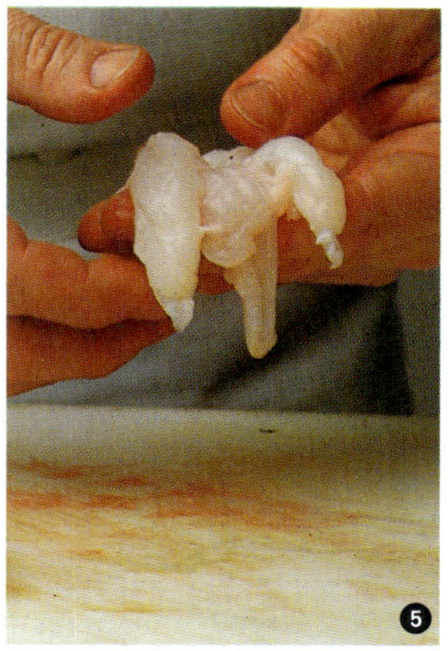
5

6

7

8

Inzwischen in der flachen Henkelkasserolle die restlichen 10 g Butter erhitzen. Die zuvor mit Salz und frisch gemahlenem Pfeffer gewürzten Langustinenschwänze zufügen ❻ und etwa 3 Minuten sautieren ❼.

ANRICHTEN

Den Kräuterrisotto auf 4 vorgewärmte Teller verteilen und darüber die sautierten Langustinen plazieren.

KOCHSUD FÜR FISCH UND KRUSTENTIERE

ZUTATEN FÜR 1 LITER

300 g Karotten
200 g junge Zwiebeln
1 Bouquet garni von 40 g
5 g grobes Meersalz
10 weiße Pfefferkörner
1 1/2 l kaltes Wasser

KOCHUTENSILIEN

1 Henkelkasserolle

VORBEREITEN

Die Karotten putzen und waschen und die Zwiebeln schälen. Die Gemüse in feine Scheiben schneiden. Alle Zutaten in die Kasserolle geben und mit kaltem Wasser bedecken.

ZUBEREITEN

Zum Kochen bringen und über mäßiger Hitze etwa 5 – 6 Minuten kochen lassen. Die Gemüse sollen al dente bleiben.

BOUQUET GARNI

1 Bouquet garni besteht aus etwa 20 g Petersilienstielen (ohne Blätter), 2 kleinen Thymianzweigen, 1 Lorbeerblatt und 5 g Staudensellerie. Es wird mit Küchenzwirn zusammengebunden.

RISOTTO MIT STEINPILZEN

ZUTATEN FÜR 2 PERSONEN

100 g italienischer Rundkornreis (Maratello)
200 g frische Steinpilze
etwas trockener Weißwein
Geflügelbrühe
50 g Butter
10 g fein geschnittene Zwiebel
etwas Petersilie
Salz, frisch gemahlener Pfeffer

KOCHUTENSILIEN

1 Henkelkasserolle
1 Stielkasserolle

ZUBEREITEN

Die gründlich geputzten Pilze in kleine Würfel schneiden.
In der Kasserolle 20 g Butter erhitzen.
Den Reis zuschütten und glasig rösten.
Mit einem guten Schuß Weißwein ablöschen und über starker Hitze unter Rühren einkochen lassen.
Anschließend etwas kochende Brühe zugießen und immer, wenn sie vom Reis aufgesogen worden ist, etwas nachgießen.
Von Zeit zu Zeit umrühren.
Die Kasserolle vom Feuer nehmen, wenn der Reis, der leicht sämig sein soll, weich ist, aber noch Biß hat.
Inzwischen 30 g Butter in der Stielkasserolle erhitzen. Die fein geschnittene Zwiebel zufügen und einige Minuten anschwitzen, ohne zu bräunen. Danach die Hitze verstärken und die gewürfelten Steinpilze zugeben. Unter ständigem Rühren kurz ansautieren. Mit Salz und frisch gemahlenem Pfeffer würzen und mit etwas fein geschnittener Petersilie bestreuen.
Den Risotto mit den Steinpilzen gut vermischen. Der butterhaltige Pilzfond soll sich dabei sämig mit dem Risottofond verbinden.

HÜHNERFRIKASSEE MIT GEDÜNSTETEM RÖMERSALAT

ZUTATEN FÜR 4 PERSONEN

1 Poularde von 1800 g
500 g Römersalat
50 g Butter
5 dl Geflügelbrühe
5 dl Sahne
1/2 Zitrone
Salz, frisch gemahlener weißer Pfeffer

KOCHUTENSILIEN

1 Henkelkasserolle
1 niedrige Henkelkasserolle

VORBEREITEN

Den Römersalat zerpflücken und waschen. Die derben weißen Mittelrippen herausschneiden und nur die zarten Blätter verwenden. Die küchenfertige Poularde abspülen und trockentupfen.
In 8 Teile zerschneiden und mit Salz und frisch gemahlenem Pfeffer einreiben.

ZUBEREITEN

In der flachen Henkelkasserolle 20 g Butter zerlassen, die leicht gesalzenen Salatblätter zufügen und unter Rühren in etwa 3 Minuten trockendünsten.
In der hohen Henkelkasserolle die restliche Butter erhitzen und die gewürzten Hühnerteile mit der Haut nach unten einlegen. Auf niedriger Hitze etwa 2 Minuten anbraten, ohne zu bräunen.
Anschließend mit der heißen Hühnerbrühe ablöschen und zugedeckt etwa 10 Minuten schmoren. Danach die zarten Brust- und Flügelstücke, die zuerst weich sind, herausnehmen, damit sie nicht trocken werden, und zusammen mit dem gedünsteten Römersalat warm stellen.
Die Schenkel noch etwa 20 Minuten weiterschmoren. Danach ebenfalls herausheben und warm stellen.
Den Schmorfond mit der Sahne ablöschen und unter Rühren zu einer sämigen Sauce einkochen. Mit Salz und frisch gemahlenem weißem Pfeffer sowie einigen Tropfen Zitronensaft abschmecken.
Von den Hühnerteilen die Haut abziehen und das Fleisch in der Sauce wieder erhitzen. Den gedünsteten Römersalat ebenfalls wieder erwärmen.
Das Hühnerfrikassee auf 4 vorgewärmte Teller verteilen und darauf den gedünsteten Römersalat plazieren. Mit der restlichen Sauce überziehen und sogleich auftragen.

TOMATENCOULIS

ZUTATEN

700 g Tomaten
6 cl Olivenöl extra vergine
Salz, frisch gemahlener weißer Pfeffer

KOCHUTENSILIEN

1 Henkelkasserolle
1 Stielkasserolle
1 Rührbesen

ZUBEREITEN

Die Tomaten mit kochendem Wasser überbrühen, kalt abschrecken und abziehen. Die abgezogenen Tomaten durch ein Passiersieb streichen, um die Kerne zu entfernen.
Das Tomatenpüree in eine Stielkasserolle geben und erhitzen, aber nicht zum Kochen bringen. Nach und nach das Olivenöl mit dem Rührbesen einschlagen. Mit Salz und frisch gemahlenem weißem Pfeffer würzen.
Die so zubereitete Sauce ist leicht und pikant. Sie paßt ausgezeichnet zu Fisch.

Flussbarschfilet auf Risotto

ZUTATEN FÜR 4 PERSONEN

720 g Flußbarschfilet
40 g Porree
40 g Butter
4 cl Weißwein
Salz, frisch gemahlener Pfeffer

FÜR DEN FISCHFOND:

40 g Zwiebelringe
4 Pfefferkörner
1 Bouquet garni von 40 g
Salz

FÜR DEN RISOTTO:

120 g italienischer Rundkornreis (Maratello)
20 g Butter

KOCHUTENSILIEN

2 Henkelkasserollen
1 flache Henkelkasserolle
1 Spitzsieb

ZUBEREITEN

Die Fische ausnehmen, filetieren und die Filets häuten. Für den Fischfond werden die Gräten, Köpfe, Schwänze und Flossen in einer der beiden Henkelkasserollen zusammen mit der Zwiebel, dem Bouquet garni, den Pfefferkörnern und etwa 1 l kaltem Wasser zum Kochen gebracht. Etwas grobes Salz zufügen und eine knappe halbe Stunde kochen lassen, dabei mehrmals abschäumen. Anschließend den Fischfond durch das Spitzsieb abseihen. Eventuell leicht nachsalzen und zurück aufs Feuer geben.
Für den Risotto den Reis in der zweiten Kasserolle in der heißen Butter glasig werden lassen. Anschließend den kochenden Fischfond nach und nach zugießen, bis der Reis den gewünschten Garpunkt erreicht hat.
Etwa 5 Minuten, bevor der Reis weich ist, die 40 g Butter in der flachen Henkelkasserolle erhitzen. Die zuvor mit Salz und frisch gemahlenem Pfeffer gewürzten und in 1 cm breite Streifen geschnittenen Fischfilets einlegen sowie den in Ringe geschnittenen Porree. Etwa 3 Minuten goldbraun anbraten und mehrmals abschäumen.
Danach den Weißwein angießen und alles kurz durchziehen lassen.
Anschließend die Filetstreifen sowie den Porree herausheben und warm halten.
Den Bratfond mit etwas Wein ablöschen und in den Risotto rühren.
Den Risotto auf 4 vorgewärmte Teller verteilen und darüber die Filetstreifen und den Porree plazieren.

Risotto mit Parmesankäse

ZUTATEN FÜR 4 PERSONEN

160 g italienischer Rundkornreis (Maratello)
20 g Zwiebelringe
70 g Butter
5 cl Weißwein
1 1/2 l Geflügelbrühe
20 g Parmesankäse

KOCHUTENSILIEN

1 Kasserolle

ZUBEREITEN

In der Kasserolle 30 g Butter erhitzen.
Die fein geschnittenen Zwiebelringe darin etwa 2 Minuten anschwitzen und danach entfernen.
Anschließend den Reis – unter ständigem Rühren mit einem Holzlöffel – in der heißen Butter glasig werden lassen. Mit dem Weißwein ablöschen und die Flüssigkeit unter Rühren einkochen lassen.
Etwas kochende Geflügelbrühe zufügen und jedesmal nachgießen, wenn sie vom Reis aufgesogen worden ist. Von Zeit zu Zeit umrühren.
Nach etwa 15 Minuten 20 g Butter flockenweise in den Risotto rühren und diesen noch einige Minuten bis zum gewünschten Garpunkt kochen lassen. Den noch leicht sämigen Reis mit der restlichen Butter und dem frisch geriebenen Parmesankäse vermengen. Gut durchrühren, damit sich Käse, Butter und Risottofond zu einer cremigen Sauce verbinden.

Froschschenkel mit grüner Sauce

ZUTATEN FÜR 4 PERSONEN

400 g Froschschenkel
30 g Weizenmehl
10 cl Öl

FÜR DIE SAUCE:

50 g Sauerampfer
15 g zarte Brennesselblätter
3 g Petersilie
5 g Kerbel
2 g Estragon
3 g Bohnenkraut
2 Salbeiblätter
20 g Butter
5 cl Wasser
2 cl Weißwein
Salz, frisch gemahlener weißer Pfeffer

KOCHUTENSILIEN

1 Henkelkasserolle
1 flache Henkelkasserolle
1 Stielkasserolle

ZUBEREITEN

Den Sauerampfer entstielen und ebenso wie die anderen Kräuter waschen und abtropfen lassen.
Die Butter in der Henkelkasserolle zerlassen, den grob zerschnittenen Sauerampfer zufügen und zusammenfallen lassen. Anschließend die übrigen Kräuter einstreuen und unter Rühren etwa 5–6 Minuten dünsten, bis sie ihre Feuchtigkeit verloren haben.
Mit etwas Wasser im Mixer pürieren und anschließend durch ein Passiersieb streichen.
Danach das Kräuterpüree in die Stielkasserolle geben, den Weißwein zugießen und erhitzen. Mit Salz und frisch gemahlenem Pfeffer abschmecken.
Die gewaschenen und trockengetupften Froschschenkel im Mehl wenden und in heißem Öl in der flachen Henkelkasserolle 2–3 Minuten sautieren. Herausnehmen, auf Küchenpapier entfetten und mit etwas Salz würzen.
Man serviert sie auf einer mit einer Serviette ausgelegten Platte. Die Sauce, in die die Froschschenkel getunkt werden, wird getrennt dazu gereicht.

Geleewürfel von Erdbeeren

ZUTATEN FÜR 280 GRAMM

170 g Erdbeeren
120 g Zucker
2,5 g Agar-Agar
30 g Puderzucker

KOCHUTENSILIEN

1 Henkelkasserolle
1 Aluminiumform von 15 cm x 12 cm x 1,5 cm

ZUBEREITEN

Die Erdbeeren säubern und im Mixer pürieren. Das Püree in die Henkelkasserolle schütten. 20 g Zucker sowie das Agar-Agar (ein pflanzliches Geliermittel aus dem Reformhaus) einrühren. Etwa 1 Minute kochen lassen, danach den restlichen Zucker einrühren und weitere 2 Minuten kochen. Auf das Blech streichen und im Kühlschrank fest werden lassen.
Das Gelee in Würfel schneiden und diese anschließend in Zucker wälzen.

Seine heutige Erscheinungsform verdankt dieses Gefäß mit seiner zweckmäßigen und rein parallelotopen Form sowohl den Bemühungen der Aufklärung, alle Gegenstände systematisierend und kodifizierend zu erfassen, als auch den verbesserten Produktionstechniken, die mit der industriellen Reform aufkamen. Wir haben dies schon am Beispiel der Henkelkasserolle erläutert. In dieser historischen Epoche begann man im Zuge der allgemeinen Kulturentwicklung, jedes Wissensgebiet rational zu erfassen und zu systematisieren. Auch die Dinge des täglichen Lebens wurden »genormt« und in ein System gebracht. Die verbesserten Produktionstechniken taten ein übriges – die französische Küchenbatterie entstand etwa um die Mitte des neunzehnten Jahrhunderts und setzte sich mit ihren Normen und Namen international durch. In der internationalen Küche wird diese Kasserolle als Rondeau oder Rondin bezeichnet.

Pfannen, Kasserollen, Schmortöpfe und Turbotieren: Bestandteile der französischen Küchenbatterie aus der Mitte des neunzehnten Jahrhunderts. (Abbildung aus: Urbain Dubois, »La cuisine d'aujourd'hui«, Paris 1888)

Die flache Henkelkasserolle oder das Rondeau ist ein vollkommen zylindrisches Gefäß mit einem abgerundeten Übergang von der Wand zum plan aufliegenden Boden; sie ist mit zwei Henkeln versehen. Charakteristisch für sie ist, daß ihre Höhe nur etwa ein Drittel ihres Durchmessers beträgt.

Wegen ihrer geraden und niedrigen Wand eignet sie sich ausgezeichnet zum Garen von flachen Stücken (Fleisch, Geflügel, Fisch, Gemüse). Sie ist für folgende drei Kocharten bestimmt: 1. Für das Sautieren in offener Kasserolle, wobei die Speisen schnell in wenig Fett gegart werden. In ständiger Berührung mit dem heißen Fett bräunen sie an der Oberfläche und bleiben im Inneren saftig (zum Beispiel Tournedos, Kalbsschnitzel, geschnetzelte Nieren, Fischfilets, Gemüsestreifen). 2. Für das Dünsten und seine Variante, das Schmoren – Kochvorgänge durch Wärmeaustausch in der geschlossenen Kasserolle (Osso Bucco, Carbonnade à la flamande, Bacalao, Seehecht, verschiedene Gemüse wie gedünsteter Lattich, Artischocken auf römische Art etc.). 3. Für das Braten im Ofen – einer Kochart mit Krustenbildung, die darin besteht, daß die Speisen unter direkter Wärmeeinwirkung ohne Zugabe von Flüssigkeit im Ofen gegart werden, nachdem sie vorher unter häufigem Wenden auf dem Herd angebraten wurden (Kalbshachse, gefüllte Poulardenkeulen, Fischtranchen und kleine Fische).

Der Gebrauch der flachen Henkelkasserolle hat in den verschiedenen Ländern eine jeweils andere Geschichte: Im französischen Kulturkreis hat sie sich in der Variante mit langem Stiel oder in der Variante mit zwei Henkeln mit beachtlichem Erfolg durchgesetzt, weil dort ihre spezifischen Eigenschaften den gastronomischen Gepflogenheiten besser entsprachen. In anderen Ländern – etwa in Italien und Spanien – ist lange verkannt worden, wie nützlich sie ist. Hier wurde sie häufig durch die Stielbratpfanne oder durch einen Tiegel mit zwei Henkeln ersetzt. Dies waren weniger spezialisierte Gefäße, und man konnte sie für fast alle Kocharten verwenden. Sie waren daher für Länder mit einer meist bäuerlichen Bevölkerung geeigneter, da dort die Küche einfacher und weniger komplex war.

Das Garen von Osso Bucco als typisches Beispiel für die Verwendung der flachen Kasserolle

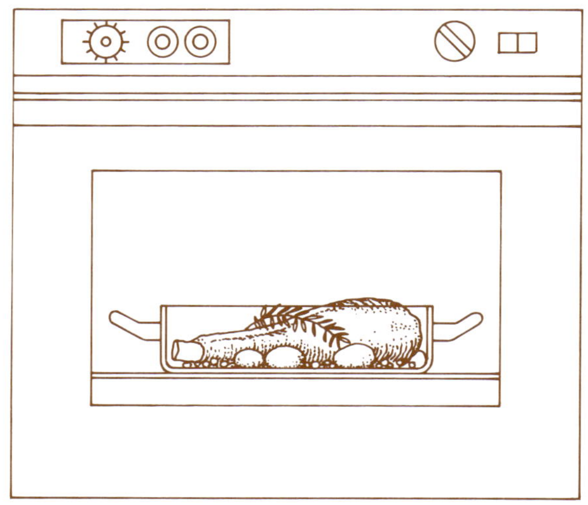

Der Henkel aus Stahl ermöglicht die Benutzung im Ofen: die Kalbshachse.

Wir haben uns entschieden, den ursprünglichen Typus der Henkelkasserolle mit geradem Rand, der seit fast einem Jahrhundert nur noch selten verwendet wird, wiederaufleben zu lassen. Wir sind der Überzeugung, daß diese Kasserolle für einige Kochverfahren besonders geeignet ist. Die senkrechten Wände bieten den beachtlichen Vorteil, daß auch dickere Stücke bei Verwendung minimaler Fettmengen gebraten werden können.

Auch die flache Henkelkasserolle besteht aus dem speziellen Verbundmaterial – eine dicke Kupferschicht, die durch eine dünne Aluminiumschicht mit einer Edelstahlschicht verbunden ist. In den folgenden Rezepten gibt Gualtiero Marchesi einige Beispiele für die Anwendungsmöglichkeiten dieses Utensils. Die Fotos dazu sind in seinem Restaurant in Mailand aufgenommen worden.

Das Resultat dieses Prozesses war die höchste Vollendung von Form und Funktion. Doch diese Phase der Perfektion sollte nur wenige Jahrzehnte andauern. Man muß hervorheben, daß sie gerade zu diesem Zeitpunkt in einen überaus günstigen sozio-ökonomischen Zusammenhang eingebettet war: Durch den technischen Fortschritt waren die Küchenutensilien und die Wärmequellen gerade in hohem Maße verbessert worden, und auch die Essenskultur hatte einen ihrer Höhepunkte erreicht. In wenigen Jahrzehnten verlor sich dies alles. Nur in einigen Küchenbatterien professioneller Ausprägung blieb eine blasse Erinnerung daran zurück.
Auch für die flache Henkelkasserolle trat die schon bei der Henkelkasserolle oder beim Faitout zu beobachtende Zweiteilung der Entwicklung auf: Neben der flachen Henkelkasserolle, dem Rondeau, bildet sich eine flache Stielkasserolle, das Sautoir, heraus. Beide hatten ihren Ursprung in dem gleichen Aufbau des Gefäßkörpers. Während die erstere für den Hausgebrauch bestimmt war, fand die letztere vor allem professionelle Verwendung. Diese konnte zwar nicht im Ofen verwendet werden, hatte aber den Vorteil, daß sie wegen des Stieles vor allem beim Sautieren leichter zu handhaben war.
Die flache Henkelkasserolle wurde zu keiner Zeit aus Ton, Eisen oder Gußeisen hergestellt. Die echte flache Henkelkasserolle bestand immer aus schwerem verzinntem Kupfer, dessen optimale Wärmeleitfähigkeit für alle Kochvorgänge, die in diesem Gefäß vor sich gingen, unerläßlich war. Selten wurde die flache Henkelkasserolle aus Aluminium hergestellt (eine Variante mit langem Stiel war im professionellen Bereich weit verbreitet). Praktisch niemals bestand sie aus emailliertem Eisen oder rostfreiem Stahl (in diesem Falle trat im allgemeinen die Henkelpfanne an ihre Stelle).

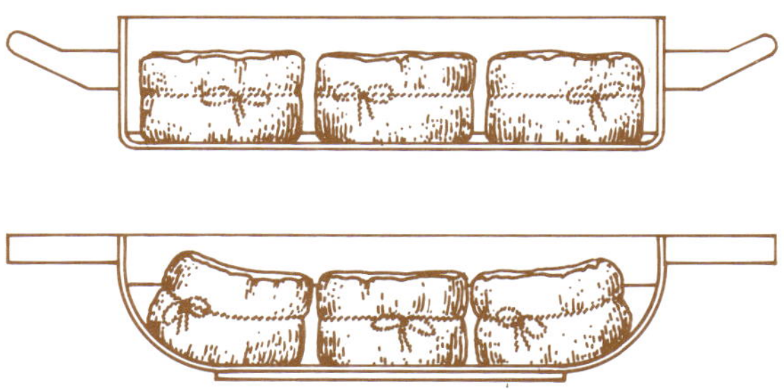

Die beiden Querschnitte verdeutlichen das größere Fassungsvermögen der flachen Kasserolle mit geraden Wänden gegenüber der Kasserolle mit gewölbten Wänden. Außerdem kommt man bei der flachen Kasserolle mit geraden Wänden mit einer geringeren Fettmenge aus.

»La cuisine des singes«. (Stahlstich nach einem Gemälde von A.-G. Decamps)

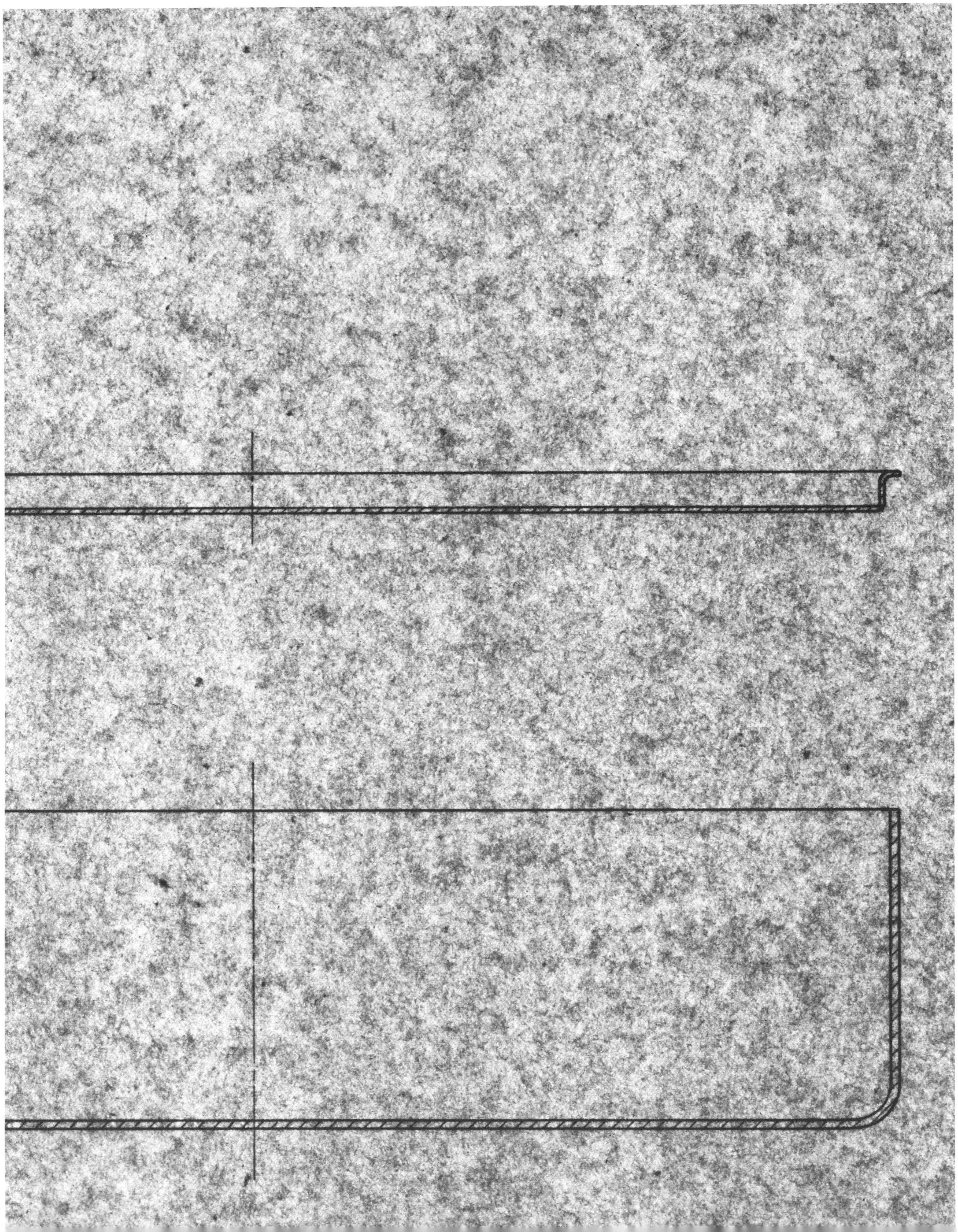

Querschnitt des Korpus der flachen Kasserolle von 28 Zentimetern Durchmesser mit zwei Henkeln

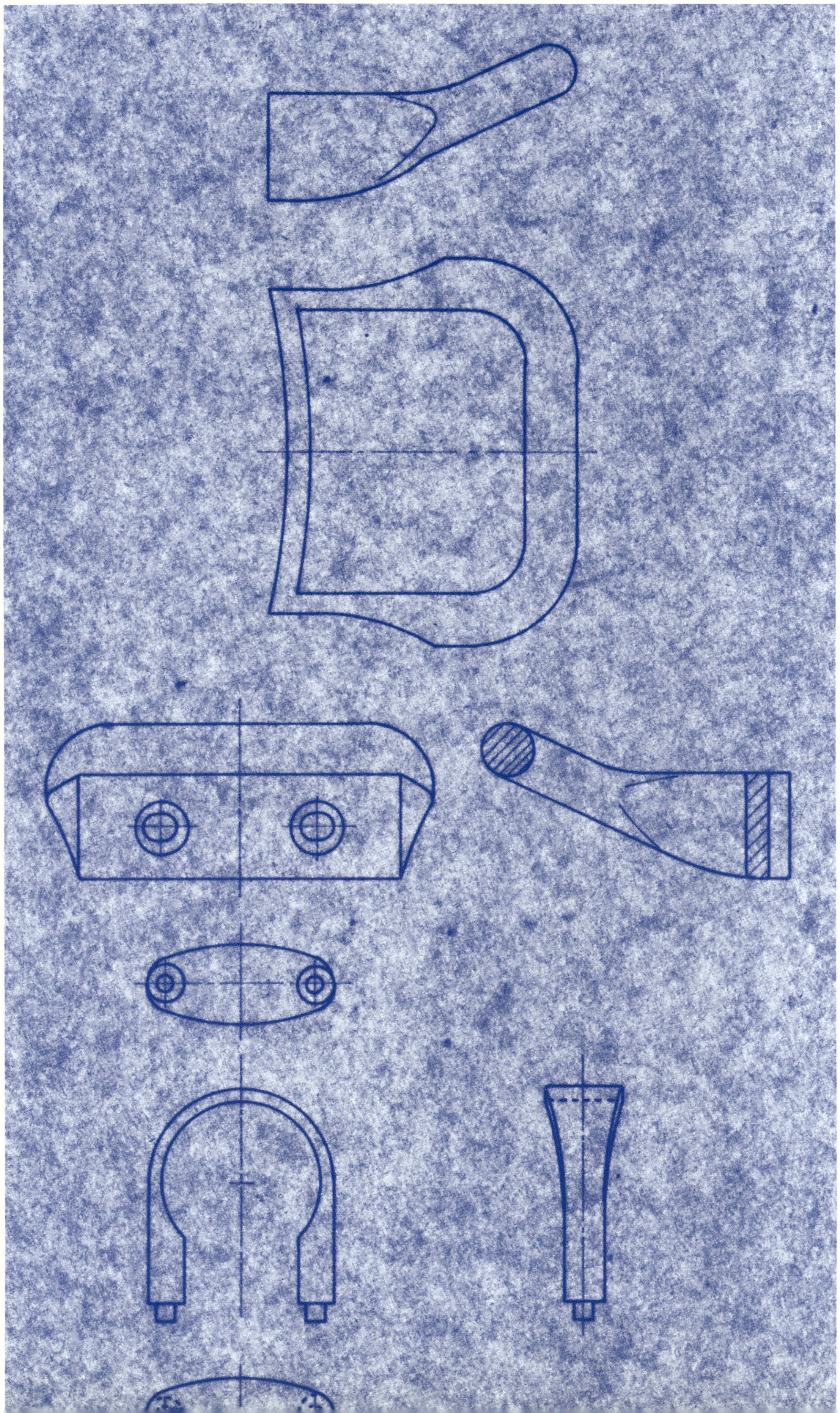

Aufsichten und Querschnitte von Henkel und Deckelgriff aus Edelstahl, hergestellt im Wachsausschmelzverfahren

SEEHECHTFILET AUF KARTOFFEL- UND ZUCCHINISCHEIBEN MIT OLIVEN UND KAPERN

VORBEREITZUNGSZEIT:

20 MINUTEN

KOCHZEIT: 7 MINUTEN

ZUTATEN FÜR 4 PERSONEN

480 g Seehechtfilet
120 g geschälte Kartoffeln
120 g Zucchini
4 schwarze Oliven
4 Tomaten
40 g Zwiebeln
28 Kapern
8 Sellerieblätter
20 cl Wasser
4 cl Olivenöl
Salz, frisch gemahlener Pfeffer

KOCHUTENSILIEN

1 Henkelkasserolle von 20 cm Durchmesser
1 Stielkasserolle von 14 cm Durchmesser

VORBEREITEN

Das Seehechtfilet in etwa 4 cm breite Querstreifen schneiden ❶. Die geschälten Kartoffeln in dünne, die ungeschälten Zucchini in etwas dickere Scheiben schneiden.
Die schwarzen Oliven entkernen und in dünne Ringe schneiden.
Die Tomaten in der kleinen Stielkasserolle mit kochendem Wasser überbrühen, kalt abschrecken und abziehen.
Halbieren, die Kerne ausdrücken und das Fruchtfleisch würfeln.
Die Zwiebeln fein schneiden und in die flache Henkelkasserolle streuen.
Darüber die Kartoffelscheiben verteilen und auf diese die Zucchinischeiben legen.
Mit etwas Salz bestreuen. Darüber nun die Tomatenwürfel, die Olivenringe, die Kapern und die Sellerieblätter geben und das Wasser sowie das Olivenöl angießen.

ZUBEREITEN

Die Kasserolle zudecken ❷, aufs Feuer setzen und das Gemüse nur einige Minuten garen, so daß es noch Biß hat. Anschließend die mit Salz und frisch gemahlenem Pfeffer gewürzten Scheiben Seehechtfilet darüberlegen ❸ und zugedeckt ❹ einige Minuten über mäßiger Hitze auf den Punkt garen.
In der Kasserolle zu Tisch geben.

Gefüllte Poulardenkeule auf getrüffelten Nudeln

VORBEREITUNGSZEIT

Für die Farce: 30 Minuten
Kochzeit: 55 Minuten

ZUTATEN FÜR 2 PERSONEN

2 Poulardenkeulen von je etwa 200 g
1 Schweinsnetz (vom Metzger vorbereitet)
100 g rohes Kalbsbrät
20 g Norcia-Trüffeln
10 g Butter
2 dl Geflügelbrühe
2 cl Weißwein
160 ml braunen Fond (siehe Seite 79)
6 EL Sahne
30 g Hahnenkämme
40 g Bries
60 g schmale italienische Bandnudeln (Tagliolini)
Salz, frisch gemahlener Pfeffer

KOCHUTENSILIEN

1 flache Henkelkasserolle von 24 cm Durchmesser
1 Topf von 20 cm Durchmesser
1 Abtropfschüssel

ZUBEREITEN

Das Schweinsnetz – eine zarte, von feinen Fettadern durchzogene Haut, die beim Braten mit dem Bratgut verschmilzt – ebenso wie das Kalbsbrät beim Metzger vorbestellen. Das Kalbsbrät anschließend mit 10 g fein gehackter Trüffel vermischen.

Den Oberschenkelknochen der Poularde im Gelenk abtrennen und auslösen. In die so entstandene Höhlung das getrüffelte Kalbsbrät füllen. Das Schweinsnetz in zwei passende Stücke schneiden und damit die beiden gefüllten Keulen umwickeln, damit die Füllung während des Bratens nicht herausfällt.
In der flachen Henkelkasserolle die Butter erhitzen und darin die gefüllten Poulardenkeulen von allen Seiten anbräunen ❶. Die Geflügelbrühe anschütten und die Keulen im vorgeheizten Ofen weitergaren ❷. Die weichgegarten Keulen herausnehmen und warmgestellt ruhen lassen. Inzwischen den Bratfond auf dem Ofen mit dem Wein ablöschen und fast völlig einkochen lassen. Anschließend den gut gewürzten braunen Fond zugießen sowie die Sahne einrühren und alles zu einer leichten, cremigen Sauce einreduzieren. Mit den bereits vorgegarten Hahnenkämmen, dem feinzerpflückten Bries und der restlichen feingehackten Norcia-Trüffel vollenden. Die Sauce kurze Zeit über geringer Hitze durchziehen lassen, damit sich die Aromen verbinden. Die gefüllten Poulardenkeulen zur Hälfte aufgeschnitten auf die beiden vorgewärmten Teller plazieren und mit den getrüffelten Tagliolini umlegen und mit der Sauce überziehen.

<u>*VORBEREITUNG VON KALBSBRIES*</u>

Das Kalbsbries sollte etwa 6 Stunden unter fließendem Wasser gewässert werden, um alle Blutreste zu entfernen. Anschließend in kaltem Wasser aufsetzen und zum Kochen bringen. Herausnehmen, abtropfen lassen und alle knorpeligen Teile entfernen.

<u>*VORBEREITUNG DER HAHNENKÄMME*</u>

So wie das Bries werden auch die Hahnenkämme im kalten Wasser aufgesetzt, zum Kochen gebracht und 2 Minuten vorgekocht.
Anschließend mit einer Küchenschere die Häute abschneiden und die geputzten Hahnenkämme mit 2 dl Geflügelbrühe in einer Kasserolle aufsetzen. Zugedeckt auf kleiner Flamme etwa 20 Minuten pochieren.

1

2

Kalbsschnitzel nach Mailänder Art mit süss-saurer Sauce, Pinienkernen und Sultaninen

VORBEREITUNGSZEIT: 50 MINUTEN

KOCHZEIT: 10 MINUTEN

ZUTATEN FÜR 2 PERSONEN

240 g Kalbsfilet
20 g Sultaninen
5 Scheiben Toastbrot
1 Ei
60 g Butter
1 EL Zucker
2 cl Essig
20 g Pinienkerne
Salz, frisch gemahlener Pfeffer

KOCHUTENSILIEN

1 flache Henkelkasserolle von 24 cm Durchmesser
1 Stielkasserolle oder 1 Cassolette von 10 cm Durchmesser

VORBEREITEN

Die Sultaninen etwa 30 Minuten in lauwarmem Wasser einweichen.
Die Toastbrotscheiben, am besten vom Vortag, entrinden, durch ein grobes Sieb streichen oder in der Küchenmaschine zerkleinern. Das Fleisch in dünne Scheiben schneiden und mit Salz und frisch gemahlenem Pfeffer würzen. Anschließend durch das verquirlte Ei ziehen und in den Weißbrotkrumen wenden.

ZUBEREITEN

Die Butter in der flachen Henkelkasserolle erhitzen ❶ die panierten Schnitzel einlegen ❷ und von beiden Seiten goldbraun anbraten ❸. Auf mäßiger Hitze fertig braten, dabei einmal wenden. Das Fleisch soll innen rosa bleiben. Danach herausnehmen und warm halten.
Den Zucker in den Bratfond rühren und karamelisieren lassen. Mit dem Weinessig ablöschen und die Pinienkerne sowie die

eingeweichten und abgetropften Sultaninen zufügen. Die Sauce auf kleiner Flamme einige Minuten ziehen lassen.

ANRICHTEN

Die Kalbsschnitzel auf zwei vorgewärmte Teller plazieren, mit der Sauce umgießen und mit Pinienkernen und Sultaninen bestreuen. Die restliche Sauce in der kleinen Stielkasserolle auftragen.

Geflügelleber-Terrine

ZUTATEN FÜR 8 PERSONEN

800 g Geflügelleber
300 g geklärte Butter
10 g Salz
5 g frisch gemahlener weißer Pfeffer

KOCHUTENSILIEN

1 flache Kasserolle
1 rechteckige Terrine

VORBEREITEN

Die Geflügelleber von Häuten und galligen Flecken befreien. Mit Salz und frisch gemahlenem weißem Pfeffer würzen.

ZUBEREITEN

Die geklärte flüssige Butter in die Kasserolle gießen und die geputzte Geflügelleber zufügen. Auf kleiner Flamme etwa 20 Minuten garen, so daß die Leber innen noch rosa ist. Anschließend mit einer Schaumkelle aus der Butter heben und in eine passende Terrine schichten.
Die Kasserolle leicht neigen, die obere Butterschicht abschöpfen und die Leber damit übergießen. Dabei die Verunreinigungen in der Butter nicht vom Boden aufrühren.
Die Terrine abkühlen und einen Tag im Kühlschrank durchziehen lassen.

Ratatouille von Zucchini und Paprika mit Krebsschwänzen und Forellenfilet

ZUTATEN FÜR 4 PERSONEN

24 Flußkrebse
400 g Forellenfilet
10 cl Olivenöl extra vergine
125 g feingeschnittene Zwiebeln
2 Knoblauchzehen
430 g rote und grüne Paprikastreifen
550 g Zucchinischeiben
4 g feingeschnittene Petersilie
5 cl frischer Orangensaft
15 g Butter
Salz, frisch gemahlener weißer Pfeffer

KOCHUTENSILIEN

1 Topf
2 flache Henkelkasserollen

ZUBEREITEN

Die gesäuberten Flußkrebse in sprudelnd kochendem Salzwasser 3 Minuten abkochen. Herausheben und abtropfen lassen.
Danach das Kopfbruststück von den Schwänzen abtrennen. Das Schwanzfleisch auslösen und die dunklen Darmstränge entfernen. Das ausgelöste Schwanzfleisch bis zur Weiterverwendung warm halten.
Die Forellenfilets häuten und in mundgerechte Stücke schneiden. Mit Salz und frisch gemahlenem weißem Pfeffer würzen.
In einer flachen Henkelkasserolle 5 cl Olivenöl erhitzen und darin die fein gewürfelten Zwiebeln sowie die beiden Knoblauchzehen etwa 2 Minuten anschwitzen, ohne zu bräunen. Danach die in Streifen geschnittenen grünen und roten Paprikaschoten zufügen und in etwa 5–6 Minuten al dente dünsten. Mit Salz und frisch gemahlenem Pfeffer würzen, vom Feuer nehmen und die beiden Knoblauchzehen entfernen.
In der zweiten Kasserolle das restliche Olivenöl erhitzen. Darin die in 2 cm dicke Scheiben geschnittenen Zucchini unter ständigem Rühren in etwa 5–6 Minuten al dente garen. Dabei ständig rühren, damit sie nicht anbräunen. Mit Salz und frisch gemahlenem Pfeffer abschmecken und vom Feuer nehmen. Die Paprikastreifen und die Zucchinischeiben miteinander vermischen, auf ein Sieb schütten und das überschüssige Öl abtropfen lassen. Danach in einer Schicht in die Kasserolle zurückgeben, mit der fein geschnittenen Petersilie bestreuen, den Orangensaft darübergießen und mit Butterflöckchen belegen. Darüber die Forellenstücke legen und zugedeckt im 220 Grad heißen Ofen 7–8 Minuten garen. Etwa 1 Minute vor Ende der Kochzeit die ausgelösten Krebsschwänze zufügen, damit sich ihr Aroma mit dem des Ratatouilles verbindet. Das Ratatouille auf vier vorgewärmte Teller verteilen und darüber die Forellenstücke sowie die Krebsschwänze plazieren.

Kaninchenrücken auf Olivensauce mit Staudensellerie

ZUTATEN FÜR 2 PERSONEN

1 Kaninchenrücken von etwa 500 g
40 g Butter
10 cl Geflügelbrühe
5 cl trockener Weißwein
5 g Olivenpüree
3 cl Sahne
100 g Stangensellerie
Salz, frisch gemahlener weißer Pfeffer

KOCHUTENSILIEN

1 flache Kasserolle
1 Topf

ZUBEREITEN

Von den Selleriestangen die Fäden – wie bei Rhabarber – abziehen. Danach die geputzten Stangen in kleine Stücke schneiden. Im Topf in kochendem Salzwasser in etwa 3 Minuten al dente garen, herausheben und abtropfen lassen.
Den Kaninchenrücken häuten und entsehnen. Mit einem spitzen Messer kleine Einschnitte entlang des Rückgrats machen, damit sich der Rücken während des Bratens nicht wölbt. Anschließend den Rücken mit Salz und frisch gemahlenem Pfeffer würzen.
In der Kasserolle 30 g Butter erhitzen und den Kaninchenrücken mit der Bauchseite nach oben einlegen. Auf mäßigem Feuer in 3 Minuten leicht bräunen. Danach wenden und nochmals 3 Minuten weiterbraten.
Anschließend in den 180 Grad heißen Ofen schieben und 18–20 Minuten weiterbraten, dabei des öfteren mit dem Bratfond begießen, damit das Fleisch nicht austrocknet. Gegen Ende der Bratzeit eine Garprobe machen: Mit einer Metallnadel ins helle Fleisch stechen. Wenn der heraustretende Fleischsaft noch rosa ist, den Rücken noch einige Minuten länger garen.
Anschließend den Kaninchenrücken aus der Kasserolle nehmen und warm halten.
Die Bratbutter abgießen und die Kasserolle wieder auf den Herd setzen. Den Staudensellerie hineingeben, kurz sautieren und anschließend mit dem Weißwein ablöschen. Die Flüssigkeit völlig einkochen lassen, danach die Geflügelbrühe zugießen und auf 2/3 reduzieren. Anschließend die Sahne einrühren, leicht einkochen lassen und die restliche Butter flockenweise einschwenken. Zuletzt das Olivenpüree einrühren.
Den warm gehaltenen Kaninchenrücken mit der Bauchseite nach unten auf ein Tranchierbrett setzen. Parallel zum Rückgrat die beiden Filetstränge auslösen und in 1/2 cm dicke Querscheiben schneiden. Die beiden Nieren von der Innenseite ebenfalls auslösen und halbieren.
Auf zwei vorgewärmte Teller einen Saucenspiegel gießen und darauf die Filetscheiben und die halbierten Nieren gefällig plazieren.
Dazu kann man al dente gekochte Bandnudeln servieren, die man in der Kasserolle mit der restlichen Sauce vermischt und auch in der Kasserolle aufträgt.

Entenbrust mit süss-sauren Perlzwiebeln und Orangenschale

Zutaten für 2 Personen

1 Ente von etwa 1600 g
30 g Butter
1 große unbehandelte Orange
20 cl Entenfond
10 cl Rotweinessig
30 g Zucker
5 cl Weißwein
Salz, frisch gemahlener weißer Pfeffer

Für die Perlzwiebeln

160 g Perlzwiebeln
20 cl Rotweinessig
10 cl kaltes Wasser
3 g Salz
50 g Zucker

Kochutensilien

1 flache Henkelkasserolle
2 Stielkasserollen
1 Spitzsieb

Zubereitung der Perlzwiebeln

Die Perlzwiebeln werden abgezogen und in einer Schicht in eine der Kasserollen gelegt. Den Rotweinessig sowie das Wasser zugießen und etwas Salz zufügen. Zugedeckt zum Kochen bringen und über mäßiger Hitze 15 Minuten garen. Danach mit dem Zucker bestreuen und die Perlzwiebeln unter ständigem Rühren glacieren. Anschließend warm halten.

Zubereitung der Entenbrust

Die ausgenommene Ente abflämmen und mit der Pinzette die in der Haut verbliebenen Federkiele herausziehen. Die Flügel und den Hals abschneiden und daraus den Entenfond bereiten.
Die Schenkel abtrennen und anderweitig verwenden. Das Brustbein vorsichtig auslösen.
Inzwischen die unbehandelte Orange heiß abwaschen. Die Schale hauchdünn abschälen und in feine Streifen schneiden. Mit etwas kaltem Wasser in einer Stielkasserolle zum Kochen bringen, das Wasser abgießen und die Streifen warm halten.
In der anderen Stielkasserolle den Rotweinessig mit dem Zucker verrühren und zur sirupartigen Konsistenz einkochen. Anschließend den Orangensaft sowie den Entenfond einrühren. Leicht einkochen lassen, durch das Spitzsieb seihen und warm halten.
Die Entenbrust von allen Seiten mit Salz und frisch gemahlenem Pfeffer einreiben und mit der weichen Butter bestreichen.
Die flache Kasserolle erhitzen, die Entenbrust einlegen und von beiden Seiten je 5 Minuten braun braten. Danach in den 220 Grad heißen Ofen geben und noch weitere 10 – 12 Minuten braten.
Das Fleisch soll innen noch rosa bleiben.
Die Brust herausheben und warm halten.
Den Bratenfond entfetten, mit dem Weißwein ablöschen und auf dem Herd um 2/3 einkochen lassen. Danach die Orangensauce einrühren und warm halten.
Die beiden Brustfilets vom Knochen lösen und die Haut abziehen. Die Brusthälften auf einem Tranchierbrett schräg in dünne Scheiben schneiden.
Auf 2 vorgewärmte Teller einen Saucenspiegel gießen, darauf fächerförmig die Entenbrustscheiben plazieren und die glacierten Rotweinzwiebeln mit Streifen von Orangenschale danebenlegen.

Artischocken in der Kasserolle

Zutaten für 2 Personen

8 Artischocken
2 Knoblauchzehen
6 g feingeschnittene Petersilie
10 cl Olivenöl extra vergine
20 cl Wasser
Salz, frisch gemahlener weißer Pfeffer

Kochutensilien

1 flache Kasserolle

Zubereiten

Die Außenblätter der Artischocken – es sollen die länglichen italienischen sein – sowie das »Heu« aus dem Inneren entfernen. Anschließend mit einem scharfen Messer die Blätter bis auf 1 cm kürzen. Die Stiele abschneiden und von den Böden alle harten Teile abschälen. Die abgeschnittenen Stiele schälen und in kleine Scheiben schneiden.
Alle Zutaten – die geputzten Artischocken mit der Blattseite nach unten – in der kalten Kasserolle aufsetzen. Mit Salz und frisch gemahlenem weißem Pfeffer würzen und zugedeckt über mäßiger Hitze etwa 12 – 13 Minuten kochen lassen. Danach die beiden Knoblauchzehen entfernen. Die Artischocken auf 2 vorgewärmte Teller verteilen, mit dem Kochfond übergießen und auftragen.

Rinderfilet mit Geflügelleber in Madeirasauce

Zutaten für 4 Personen

120 g Geflügelleber aus der Terrine (siehe Seite 100)
4 Scheiben Rinderfilet von je 180 g
40 g Butter
4 cl Madeira
10 cl brauner Fond (siehe Seite 79)
Salz, frisch gemahlener Pfeffer

Kochutensilien

1 flache Henkelkasserolle

Zubereiten

Aus der Terrine 4 Scheiben Geflügelleber von insgesamt 120 g schneiden.
Die Rinderfiletscheiben mit etwas Salz und frisch gemahlenem Pfeffer würzen.
In der flachen Kasserolle die Butter erhitzen und darin die Filets – je nach gewünschtem Garpunkt etwas länger oder kürzer – von jeder Seite 5 Minuten braten. Anschließend herausheben und warm halten.
Die Bratbutter abgießen, den Bratensatz mit dem Madeira ablöschen und auf etwa 2/3 reduzieren. Den braunen Fond einrühren und erhitzen.
Die Filets auf 4 vorgewärmte Teller plazieren, mit der Geflügelleber belegen und etwa 1 Minute unter den Salamander schieben. Mit der Madeirasauce überziehen und servieren.

2

Pierre und Michel Troisgros

Lyoner Pfanne
Eier- und Crêpespfanne

Stielkasserolle
Cassolette

Die Lyoner Pfanne ist sehr alten Ursprungs. Die ersten Abbildungen ähnlicher Utensilien aus den Ausgrabungen von Pompeji werden bei Ceci (op. cit.) angeführt, und auch Apicius spricht in seinem Werk »De re coquinaria« schon von der »patella frixilis«. Im gesamten Mittelalter war sie das allgemein verwendete Gerät.
In ihrer heutigen Form geht die Lyoner Pfanne wahrscheinlich auf das siebzehnte Jahrhundert zurück, sie wurde schon damals aus Schmiedeeisen hergestellt.

Quadratische Eierpfanne mit langem Stiel und vier Einbuchtungen und Pfanne mit Ausgießer, Bronze. Funde aus Pompeji. (Lithographie aus C. Ceci, op. cit., Neapel 1858)

Im Vordergund eine Stielpfanne, wahrscheinlich aus Eisen, der heutigen Form sehr ähnlich. (Niederdeutscher Holzschnitt, sechzehntes Jahrhundert)

Die Lyoner Pfanne ist ein rundes flaches Kochgefäß aus Metall mit einem leicht geschwungenen Rand. Sie hat einen Stiel, dessen Länge normalerweise dem Durchmesser der Pfanne entspricht.

Die Eier- und Crêpespfanne hat dieselben Eigenschaften, besitzt jedoch einen weiter ausgestellten Rand. Sie wird immer in kleineren Ausführungen als die Lyoner Pfanne verwendet.

Typische Utensilien für die Kochtechniken des Bratens, Fritierens und Sautierens sind die Lyoner Pfanne sowie die Eier- und Crêpespfanne.
Die Technik des Bratens und Fritierens (vgl. III, iv) besteht darin, daß die Speisen in ein Fettbad von hoher Temperatur eingetaucht werden, bis sie eine knusperige Konsistenz und eine schöne goldbraune Färbung erhalten.
Die Pfannen eignen sich besonders für einige Kochvorgänge durch Sautieren, für das Anbraten verschiedener Speisen, für Omeletts, für Lyoner oder Bratkartoffeln – Kochtechniken, die je nach Art des Bratgutes auch in der flachen Henkelkasserolle ausgeführt werden können, wie im dritten Kapitel erläutert wird.

Interessant ist die Geschichte des Gebrauchs der Lyoner Pfanne. Während in der westeuropäischen Küche die Lyoner Pfanne immer für ihre Grundkochart, das Braten und Fritieren, benutzt wurde und nur selten für einige Zubereitungen durch Sautieren (Kartoffeln, Gemüse, Schnitzel), so hat sich ihre Verwendung in der mediterranen Küche seit Anfang des Jahrhunderts praktisch auf alle Kochvorgänge ausgeweitet, die durch Sautieren ausgeführt werden. Als Eisen, das noch immer als das ideale Material für alle Arten des Bratens gilt, für ihre Herstellung nicht mehr verwendet wurde, hat sich die Lyoner Pfanne in eine »normale« Pfanne verwandelt, die zunächst aus emailliertem Eisen gefertigt wurde, dann aus Aluminium und schließlich aus Edelstahl mit wärmeleitendem Sandwichboden. Sie ist somit das typische Utensil für das Sautieren von jeder Art Fleisch, Fisch und Gemüse geworden (Rinderfilet, Schweinekarbonade, Mailänder Schnitzel, Forelle auf Müllerinart etc.).

Braten von kleinen Fischen.

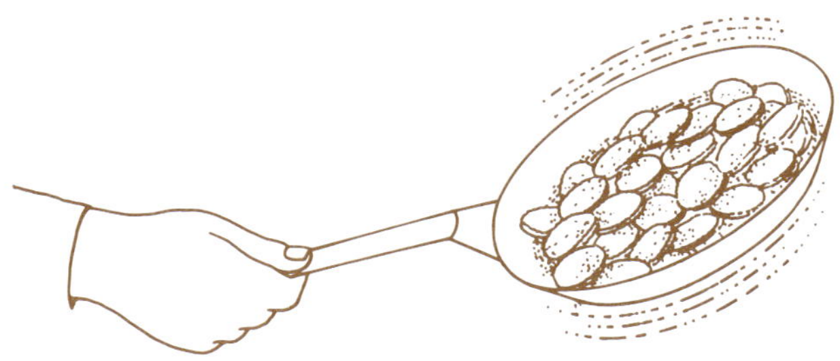

Kartoffeln auf Lyoner Art.

Die Köche, die uns beim Entwurf dieser beiden Pfannen beraten und diese in ihrer ultramodernen und superperfekten Küche in Roanne erprobt haben, sind Pierre Troisgros, einer der Väter der »nouvelle cuisine«, und sein Sohn Michel. Sie zählen mit Recht zu den berühmtesten Vertretern der Lyoner Kochtradition. Auf ihren Rat hin wurden die Pfannen aus Eisen hergestellt, dem Material, aus dem Pfannen ursprünglich stets gefertigt wurden und das noch immer als das ideale Material für alle Arten des Bratens gilt. Es muß nochmals daran erinnert werden, daß das Fritieren oder Ausbacken durch Eintauchen des Gargutes in kochendes Fett, im allgemeinen Öl, geschieht. Dabei ist es sehr wichtig, daß das kochende Fett nicht den »Rauchpunkt« erreicht. Denn wenn das Fett anfängt zu rauchen, beginnt es auch, sich zu zersetzen. Es bildet sich unter anderem Acrolein, ein Stoff, der den Magen reizt und der sehr schädlich ist. Wenn nun aber Eisen in einer gewissen Stärke (mindestens 2 mm) verwendet wird, wirkt es regulierend auf die von der Flamme ausgehende Wärme und verhindert ein plötzliches Ansteigen der Temperatur im Inneren der Pfanne und somit ein Überhitzen des Öls. Zusammen mit den Troisgros wurde auch der Krümmungsradius des Pfannenrandes bestimmt und vervollkommnet, der für ein gutes Gelingen einiger Kochtechniken unerläßlich ist wie zum Beispiel für das perfekte Zusammenrollen eines Omeletts.

In den folgenden Jahrhunderten fand sie weite geographische Verbreitung. Sie wurde aus den verschiedensten Metallen hergestellt und verlor – wahrscheinlich wegen ihrer weiten Verbreitung – bald ihre spezifischen Merkmale. Vor allem in neuerer Zeit erfuhr sie viele Abwandlungen. Eine ihrer Varianten ist die spanische Paella-Pfanne. Diese besteht aus Eisen, ist mit zwei Henkeln versehen und wird nach dem in ihr bereiteten Gericht benannt.

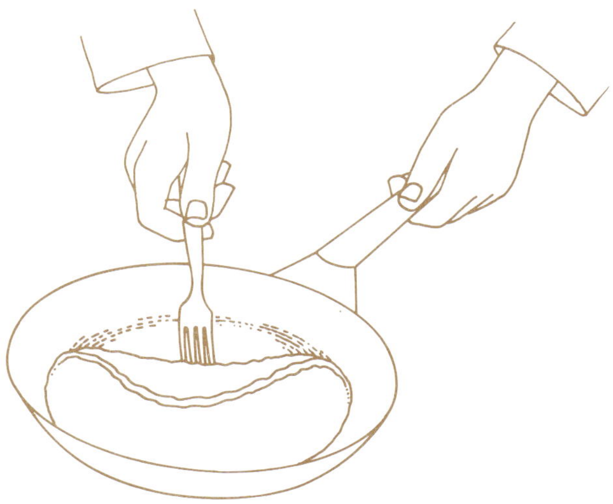

Ein wichtiges Detail: Der geschwungene Rand erleichtert das Zusammenrollen des Omeletts.

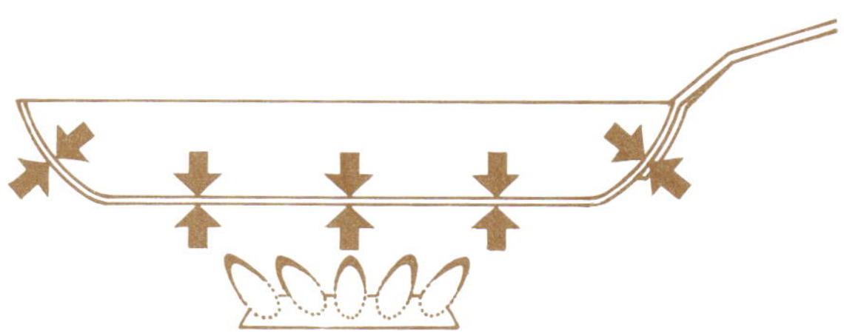

Im Gegensatz zu Kupfer leitet das Eisen nicht sofort die Wärme. Das Öl soll nicht den »Rauchpunkt« erreichen, da es sich sonst zersetzt.

Eisen- oder Gußeisenpfanne. (Werbebild für eine Seife zum Reinigen von Metall, »Monkey Brand«)

Zwei Varianten des gleichen Grundtyps. (Aus einem Katalog von Arthur Krupp, Berndorf, 1894)

Interessante italienische Variante der Grillpfanne. (Titelblatt einer Werbebroschüre der Firma Melior aus dem Jahre 1934)

»Padella ovata«, deren Stiel mit einem Haken versehen ist. (Kupferstich aus B. Scappi, op. cit., Venedig 1570)

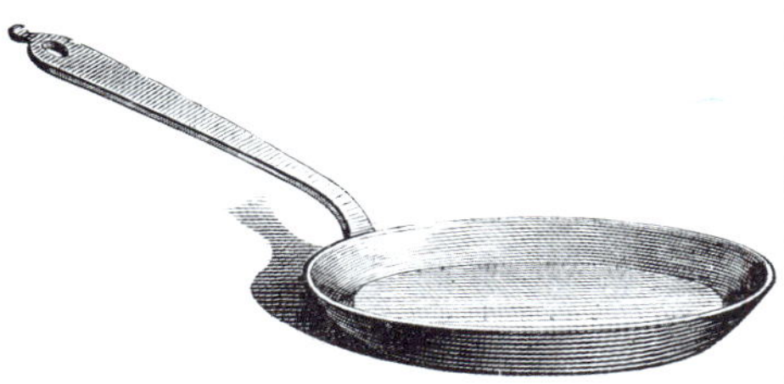

Die klassische »poêle à crêpes« in Schwarzeisen. (Abbildung aus J. Gouffé, op. cit., 1881)

Auch die Lyoner Pfanne wird, wie andere mit einem langen Stiel versehene Kochutensilien, normalerweise an einem Nagel oder Haken außerhalb der Küchenschränke aufgehängt. Zu diesem Zweck ist das Stielende der Pfanne mit einer Öffnung versehen worden.
Das Pfännchen für Eier und Crêpes ist ein kleines überaus nützliches Utensil, das für sehr viele Kochvorgänge Verwendung findet: für Spiegeleier, für Crêpes, Eierkuchen und Omeletts, für alle Arten von Soufflés, aber auch für Schnitzel von Foie gras. – Noch immer denken wir an die sautierte Foie gras, die wir bei François Bise in Talloires während der ersten Erprobungsphase der Pfanne gegessen haben, und an die bereits klassischen »Lachsschnitzel in Sauerampfersauce« von Jean und Pierre Troisgros, deren Rezept auf den nächsten Seiten mitgeteilt wird.

Die folgenden bisher unveröffentlichten Rezepte wurden eigens kreiert, um die Anwendung der beiden Pfannen zu veranschaulichen. Vater und Sohn Troisgros beweisen hier abwechselnd ihr hohes Können sowohl mit auserlesenen Rezepten der »nouvelle cuisine« wie auch mit nostalgischen Rezepten der »cuisine du terroir«.

Die Eierpfanne mit einem Durchmesser von 18 Zentimetern hat genau die richtige Größe für zwei Eier.

Die ausgestellten Wände der Pfanne ermöglichen ein schwungvolles Wenden der Crêpes: Man muß es probieren, um es zu glauben.

»La pêche.« (Dreifarbendruck von Trenet, Paris 1890)

Hinweise für den ersten Gebrauch der Pfannen aus Eisen:

Bevor die Pfannen aus Eisen zum erstenmal benutzt werden, sollen sie folgendermaßen vorbehandelt werden:

1. Die Pfannen bis zu 3/4 ihrer Höhe mit Speiseöl füllen.
2. Das Öl auf etwa 100 Grad erhitzen, in der Pfanne abkühlen und 24 Stunden stehen lassen.
3. Danach das Öl abgießen und die Pfanne mit Küchenpapier sorgfältig auswischen.

Hinweise zur Reinigung der Pfannen aus Eisen:

Nach dem Gebrauch die Pfanne in warmem Wasser mit einem milden Reinigungsmittel abwaschen. Mit klarem Wasser nachspülen und sorgfältig abtrocknen. Anschließend etwas Speiseöl in die Pfanne geben. Die Pfanne leicht erhitzen und das Öl durch Schwenken so verteilen, daß auch die Wände der Pfanne eingefettet werden. Danach die Pfanne mit Küchenpapier auswischen.

Unserer Meinung nach ist dies die beste Methode, um Eisenpfannen zu säubern. Es ist jedoch auch üblich – vor allem bei professionellen Köchen –, Eisenpfannen nicht auszuwaschen, sondern nur mit Küchenpapier auszuwischen und von Zeit zu Zeit mit etwas Salz auszureiben.

OMELETT MIT ZWIEBELN UND RINDERMARK

VORBEREITUNGSZEIT: 20 MINUTEN

KOCHZEIT: 20 MINUTEN

ZUTATEN FÜR 2 PERSONEN

40 g Rindermark
1 Zwiebel
5 Eier
30 g Butter
1 Knoblauchzehe
Salz, frisch gemahlener Pfeffer

KOCHUTENSILIEN

1 Lyoner Pfanne
1 Eier- oder Crêpespfanne
1 Stielkasserolle von 10 cm Durchmesser

VORBEREITEN

Am Vortag 1 Stück Rindermark in kaltes Wasser legen und über Nacht wässern. Danach das Rindermark in 1 cm große Würfel schneiden ❶ und in der kleinen Stielkasserolle in gesalzenem Wasser kurz blanchieren ❷.
Die Zwiebel schälen, halbieren, in dünne Scheiben schneiden und in der kleinen Pfanne in der Butter hell anschwitzen ❸.
Die Eier trennen, das Eigelb verrühren, das Eiweiß schlagen ❹, ❺.
Anschließend miteinander verrühren ❻ und mit Salz und frisch gemahlenem Pfeffer würzen.

ZUBEREITEN

In der Bratpfanne 30 g Butter erhitzen ❼ und die Eimasse hineingeben ❽. Mit einem Spatel immer wieder die gestockte Eimasse vom Rand her zur Mitte ziehen, damit das Omelett gleichmäßig gart.
Nach der halben Garzeit die gedünstete Zwiebel sowie die blanchierten Rindermarkwürfel zufügen ❾.
Einige Markwürfel für die Garnitur zurückbehalten ❿.
Die Pfanne leicht schütteln, damit die Eimasse gleichmäßig stockt und nicht am Boden anhängt. Das Innere des Omeletts muß jedoch noch weich und saftig sein.

❶

❷

❸

❹

Eine runde vorgewärmte Servierplatte mit der halbierten Knoblauchzehe ausreiben und darauf das fertige Omelett gleiten lassen ⓫, ⓬.
Das Omelett mit dem Spatel vorsichtig in eine runde Form bringen ⓭ und mit den restlichen Markwürfeln garnieren.

LACHSSCHNITZEL IN SAUERAMPFERSAUCE

VORBEREITUNGSZEIT: 15 MINUTEN

KOCHZEIT:

Für den Lachs: 40 Sekunden
Für die Sauce: 10 Minuten

ZUTATEN FÜR 4 PERSONEN

900 g frischer Lachs
80 g Sauerampfer
2 Schalotten
etwas Fischfond
8 cl Weißwein (Sancerre)
4 cl Vermouth
40 cl Sahne
40 g Butter
3 cl Erdnußöl
Salz, frisch gemahlener Pfeffer
Saft von 1/2 Zitrone

KOCHUTENSILIEN

1 Lyoner Pfanne
1 Stielkasserolle von 14 cm Durchmesser

VORBEREITUNG DER LACHSSCHNITZEL

Die beiden Filets von der Mittelgräte eines großen Lachses ablösen und anschließend enthäuten ❶❷. Die Filets sorfältig nach noch im Fleisch verbliebenen feinen Gräten abtasten, indem man mit dem Daumen gegen den Strich über die Filets fährt.
Mit einer Pinzette die feinen Gräten herausziehen.
Die abgezogenen Filets quer halbieren ❸.
Die flachen Bauchlappen abschneiden ❹, um gleichmäßig dicke Stücke zu erhalten.
Diese anschließend waagerecht in dünne Schnitzel schneiden ❺❻.
Anschließend die dünnen Schnitzel zwischen 2 Blätter Pergamentpapier legen und behutsam mit einem Fleischklopfer gleichmäßig flachdrücken.

VORBEREITUNG DER SAUCE

Den gewaschenen Sauerampfer entstielen und mit der Hand in kleine Streifen reißen.
Die Schalotte fein schneiden.
In der Stielkasserolle den Fischfond zusammen mit dem Weißwein, dem Vermouth und den fein zerschnittenen Schalotten zum Kochen bringen und zur sirupartigen Konsistenz einreduzieren. Anschließend

die Sahne einrühren und alles zu einer sämigen Sauce einkochen lassen. Den Sauerampfer zufügen, nur 25 Sekunden kochen lassen und anschließend abseits vom Feuer die Butter einschwenken. Möglichst ohne Rührbesen, um die Sauerampferblätter nicht zu zermusen.
Mit Salz, Pfeffer und etwas Zitronensaft abschmecken.

ZUBEREITEN

In der Bratpfanne nur ganz wenig Erdnußöl erhitzen. Die Lachsschnitzel auf der weniger schönen Seite mit Salz und frisch gemahlenem Pfeffer bestreuen und mit der gewürzten Seite nach unten in die Pfanne geben. Nur 25 Sekunden braten, danach wenden ❼ und auf der anderen Seite nur 15 Sekunden weiterbraten ❽. Da die Lachsschnitzel sehr dünn geschnitten sind, darf man sie nur ganz kurz anbraten, damit sie zart und saftig bleiben.

ANRICHTEN

Die vorgewärmten Teller mit der Sauce ausgießen ❾. Die Sauerampferstreifen auf dem Teller verteilen ❿ und die Lachsschnitzel in die Mitte des Tellers auf die Sauce plazieren ⓫ ⓬.

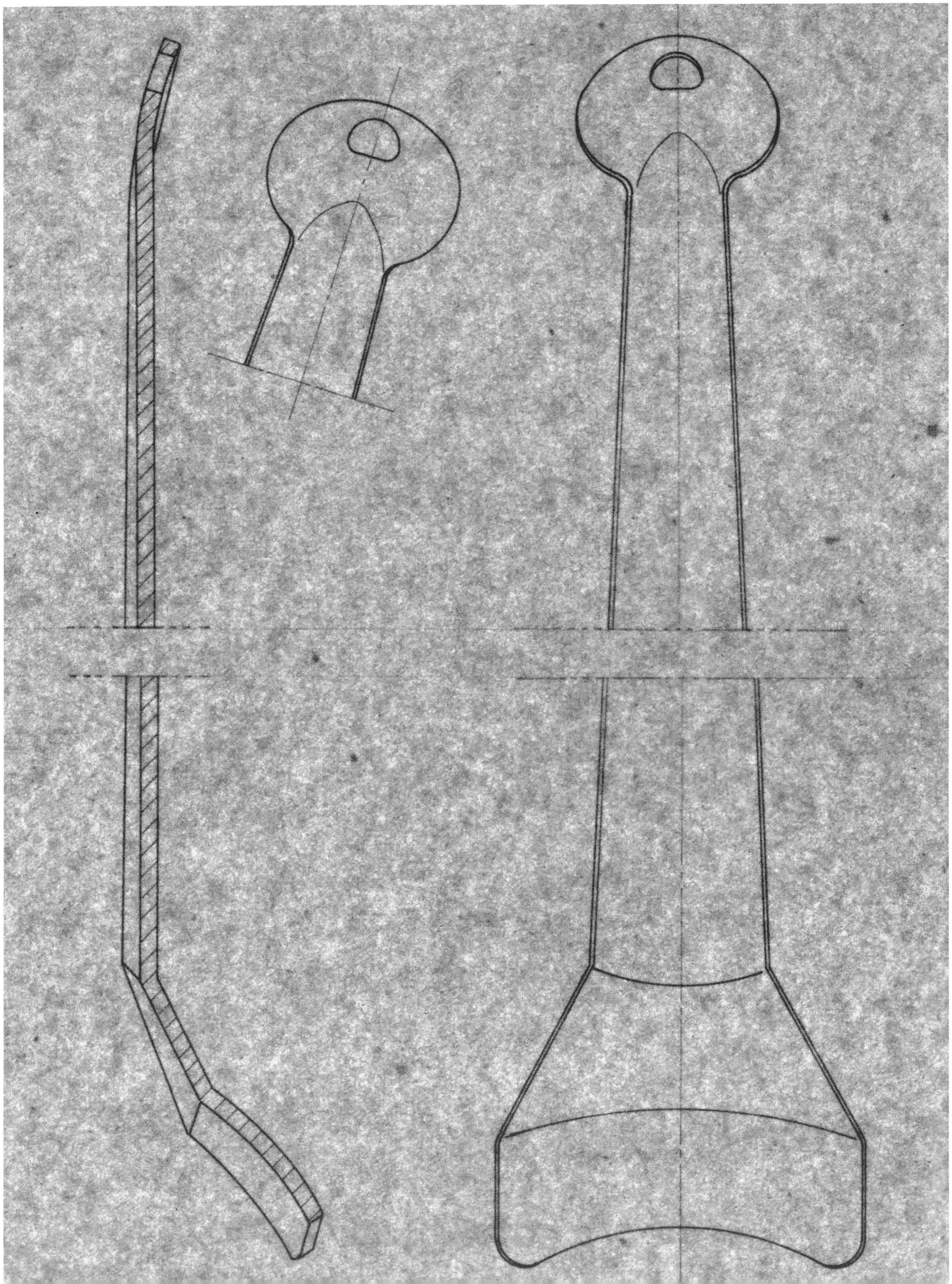

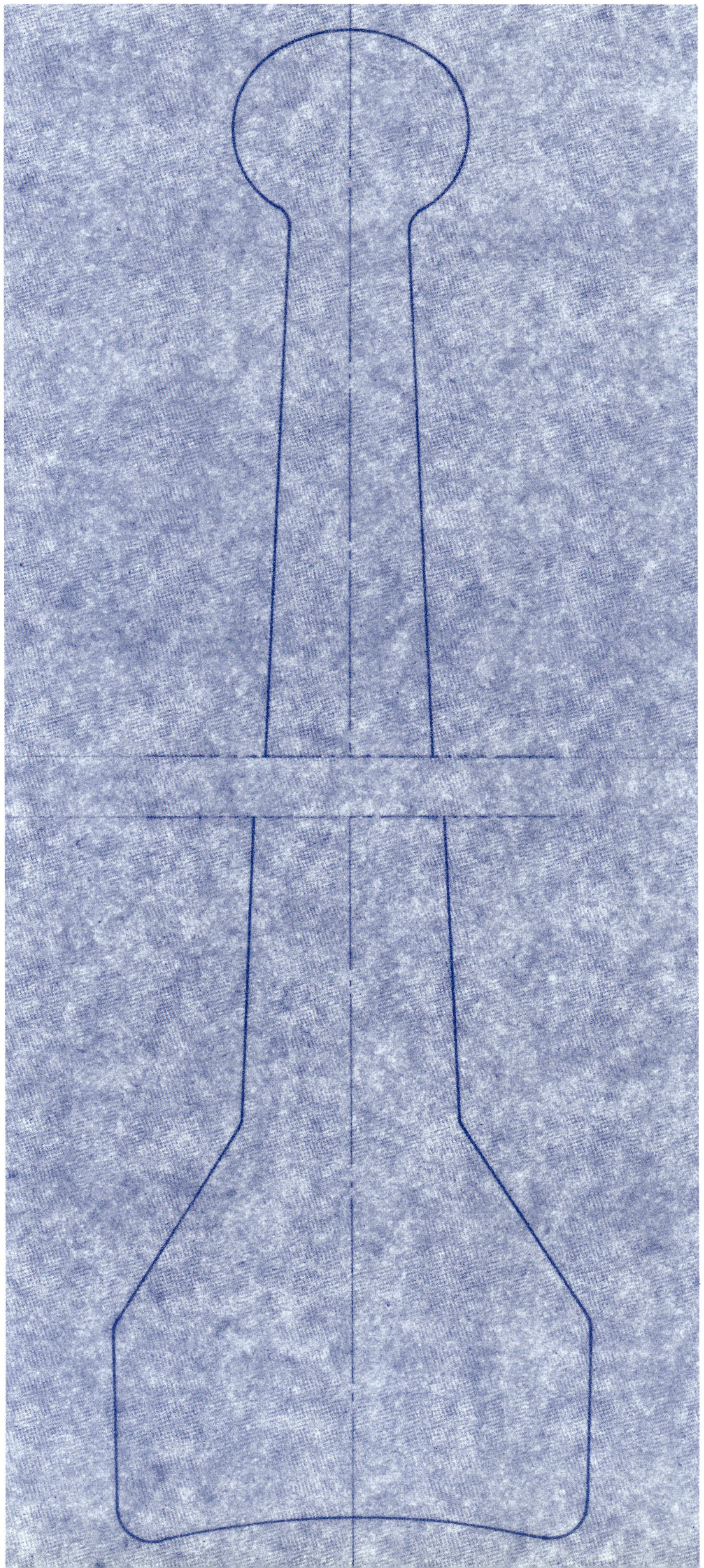

Aufsicht und Querschnitte des Stiels der Lyoner Pfanne

DOPPELTE CRÊPES MIT ANANAS

VORBEREITUNGSZEIT: 40 MINUTEN

KOCHZEIT: 20 MINUTEN

ZUTATEN

1 mittelgroße Ananas
4 cl Rum
80 g Puderzucker
etwas Zitronensaft

FÜR DEN TEIG

80 g Mehl
2 Eier
20 g Zucker
1 Prise Salz
20 cl Milch
40 g Butter

KOCHUTENSILIEN

2 kleine Crêpespfannen
1 Stielkasserolle von 10 cm Durchmesser
1 Spitzsieb

VORBEREITEN

Von der Ananas mit einem Sägemesser die Blattkrone abschneiden ❶. Die Ananas aufrecht auf ein Schneidbrett stellen und so schälen, daß keine braunen Schuppen mehr im Fruchtfleisch verbleiben ❷.
Aus der Mitte der Frucht 4 dünne Scheiben schneiden und den holzigen Mittelstrang herausstechen ❸.
Anschließend die Ananasscheiben eine Zeitlang in den mit Zucker, Zitronensaft und etwas Wasser vermischten Rum legen ❹.
Für die Crêpes werden in einer Schüssel das Mehl, die beiden Eier, der Zucker und 1 Prise Salz miteinander verrührt ❺.
Die Milch zugießen und mit dem Rührbesen in den Teig einarbeiten ❻.
Anschließend den Teig durch das Spitzsieb treiben.
Die Butter in der kleinen Stielkasserolle schmelzen und in den Crêpeteig einrühren ❼.

ZUBEREITEN

Zum leichteren Ausbacken der Crêpes zwei Pfannen benutzen. Diese werden mit Butter ausgestrichen und erhitzt.
Etwa 1/5 der Teigmasse in die Pfanne geben ❽. Die Pfanne neigen, damit sich der Teig gleichmäßig verteilt. Wenn die Masse gestockt ist, wird eine oder auch mehrere der marinierten Ananasscheiben daraufgelegt ❾. Sie wurden zuvor mit Küchenpapier trockengetupft.
Die Ananasscheiben mit einem Löffel Teig überziehen und diesen leicht stocken lassen. Die zweite Pfanne darüberdecken und beide Pfannen umdrehen, so daß der Crêpe umgewendet in der zweiten Pfanne liegt, in der er fertig gebacken wird.
Dieser Vorgang wird viermal wiederholt.
Wenn alle 4 Crêpes ausgebacken sind, werden sie auf vorgewärmte Teller gelegt, mit Puderzucker bestäubt und aufgetragen.

KIRSCHSOUFFLÉ IM PFÄNNCHEN

VORBEREITUNGSZEIT: 20 MINUTEN

KOCHZEIT: 7 MINUTEN

ZUTATEN FÜR 2 PERSONEN

20 g Kirschen
2 Eiweiß
20 g feiner Zucker
15 cl Crème pâtissière (siehe Seite 133)
20 g Butter
Puderzucker zum Bestäuben

KOCHUTENSILIEN

2 Eier- oder Crêpespfannen
1 Stielkasserolle von 14 cm Durchmesser

VORBEREITEN

Die gewaschenen und entstielten Kirschen in einem Zuckersirup (von 18° Baumé) in der Stielkasserolle aufkochen. Die Kirschen abkühlen lassen, zur Hälfte einschneiden und die Kerne auslösen.
Das Eiweiß zu Schnee schlagen, den Zucker einrühren und den Eischnee vorsichtig unter die Crème pâtissière heben.

ZUBEREITEN

Die beiden kleinen Pfannen heiß werden lassen und darin je 10 g Butter zerlassen ❶. Die Soufflémasse gleichmäßig auf die Pfännchen verteilen ❷. Auf dem Herd knapp 2 Minuten backen. Danach die halbierten Kirschen in die Soufflémasse drücken ❸, ❹, ❺ und die Soufflés im 200 Grad heißen Ofen fertig backen.

ANRICHTEN

Die Soufflés mit Puderzucker bestäuben und in den Pfännchen auftragen. Die Gäste darauf hinweisen, daß die Pfännchen sehr heiß sind.

1
2
3
4
5

Omelett mit Chiffonnade von Brunnenkresse

ZUTATEN FÜR 2 PERSONEN

4 Eier
250 g Brunnenkresse
1 kleine Schalotte
40 g Butter
1/2 Knoblauchzehe
Salz, frisch gemahlener Pfeffer

KOCHUTENSILIEN

1 Lyoner Pfanne
1 Stielkasserolle
1 Schüssel

ZUBEREITEN

Für die Chiffonade die Brunnenkresse waschen, abtropfen lassen und die groben Stiele entfernen. Etwa 12 Blättchen für die Garnitur beiseite legen.
In der Stielkasserolle die feingeschnittene Schalotte auf kleinster Flamme in 20 g Butter andünsten und die Brunnenkresse zufügen. Mit etwas Salz und frisch gemahlenem Pfeffer würzen. Zugedeckt etwa 20 Minuten über geringer Hitze schwitzen lassen. Anschließend ausdrücken, auf ein Schneidbrett legen und mit einem Messer grob zerschneiden.
In der Stielkasserolle 10 g Butter erhitzen und die zerschnittene Kresse wieder zufügen. Mit einer Gabel, auf die eine halbierte Knoblauchzehe gespießt ist, die Chiffonnade umrühren. Nochmals abschmecken.
Für das Omelett die Eier in eine Schüssel aufschlagen, mit Salz und frisch gemahlenem Pfeffer würzen und 5 g weiche Butter in kleinen Flocken mit dem Rührbesen einrühren.
Die restliche Butter in der bereits erhitzten Bratpfanne aufschäumen lassen und die Eimasse hineingießen. Die Masse ständig mit einer Gabel durchrühren und die bereits gestockten Ränder immer wieder in die noch weiche Mitte ziehen, damit das Omelett gleichmäßig stockt. Dabei die Pfanne leicht hin und her schwenken, damit das Omelett nicht am Boden anhängt. Die Eimasse soll gestockt, aber weich und saftig bleiben. Die Pfanne schließlich am Stiel hochheben und durch eine geschickte Drehbewegung das Omelett wenden.

ANRICHTEN

Die Chiffonnade auf das Omelett geben, dieses falten und auf eine Servierplatte gleiten lassen. Das Omelett mit etwas Butter überglänzen, mit den vorher blanchierten Kresseblättchen garnieren und sofort auftragen.

»Grillons« von Kalbsbries, wie sie Jean Troisgros liebte

ZUTATEN FÜR 4 PERSONEN

650 g Kalbsbries
200 g frischer Spinat
200 g Champignons
3 Schalotten
20 cl Weißwein
5 cl Rotweinessig
10 cl Kalbsfond
200 g Butter
Salz, frisch gemahlener Pfeffer

KOCHUTENSILIEN

1 Stielkasserolle
1 Stielbratpfanne
1 Henkelkasserolle

VORBEREITEN

Das Bries 3 Stunden in kaltes Wasser legen, um die Blutreste herauszuziehen. Anschließend in der Stielkasserolle in reichlich kaltem Wasser langsam zum Kochen bringen und 5 Minuten pochieren. Danach kalt abschrecken und abtropfen lassen. Haut und knorpelige Teile mit der Hand entfernen und das Bries in nußgroße Stückchen zerpflücken.
Die Spinatblätter waschen, entstielen und in der Henkelkasserolle etwa 3 Minuten im kochenden Salzwasser blanchieren. Herausnehmen, kalt abschrecken und abtropfen lassen. Die überflüssige Feuchtigkeit ausdrücken. Anschließend in 20 g Butter anschwitzen, salzen und warm halten.
Die Champignons putzen, mit Salz und frisch gemahlenem Pfeffer würzen und – falls nötig – zerschneiden. In etwas Öl und 20 g Butter sautieren. Erst zuletzt eine fein gewürfelte Schalotte einstreuen und anschließend warm halten.

ZUBEREITEN

Das zerpflückte Bries mit Salz und frisch gemahlenem Pfeffer würzen. In der Bratpfanne in 50 g Butter etwa 10 Minuten braten. Das Bries soll außen knusprig, innen aber noch weich sein. Herausnehmen, mit dem Bratfond übergießen und warm halten. Inzwischen in der Bratpfanne die beiden restlichen fein geschnittenen Schalotten anschwitzen. Mit dem Essig ablöschen, dann den Weißwein angießen und stark einkochen lassen. Anschließend den Kalbsfond zugießen und aufkochen. Abseits vom Herd die restiche Butter flockenweise einschwenken, um die Sauce zu binden.

ANRICHTEN

Mit dem Spinat 4 vorgewärmte Teller auslegen und darüber das Bries verteilen. Mit den Champignons garnieren und erst unmittelbar vor dem Servieren mit der Sauce überziehen.

HINWEIS

Kalbsbries besteht aus 2 Teilen: der runden Nuß, die eine festere Konsistenz hat, und einem länglichen Stück, das sich leichter zerpflücken läßt. Letzteres sollte man für dieses Gericht verwenden.

Schweinekotelett mit Zitrusfrüchten

ZUTATEN FÜR 4 PERSONEN

4 Zitronen
6 Orangen
4 Schweinekoteletts von je 180 g
120 g Butter
2 cl Weinessig
10 cl Kalbsfond
Zucker, Salz, frisch gemahlener Pfeffer

KOCHUTENSILIEN

1 Lyoner Pfanne
1 Stielkasserolle
1 Spitzsieb

VORBEREITEN

Die unbehandelten Zitronen heiß abwaschen, in Scheiben schneiden und die Kerne entfernen.
In einem Zuckersirup von 30° Baumé etwa 2 Stunden auf kleiner Flamme kochen lassen. Danach noch einen Tag im Sirup ziehen lassen.
Zwei Orangen auspressen. Die restlichen schälen und in Filets zerlegen.

ZUBEREITEN

Die Koteletts mit Salz und frisch gemahlenem Pfeffer würzen und in der Stielbratpfanne in 40 g Butter etwa 5 – 6 Minuten anbraten, danach wenden. Auf mäßiger Hitze zu Ende braten. Anschließend auf einer Servierplatte warm halten.
Für die Sauce den Bratfond entfetten und anschließend mit dem Essig ablöschen.
4 Eßlöffel vom Zitronensirup einrühren und karamelisieren lassen.
Danach den Saft der beiden Orangen sowie den Kalbsfond zufügen und auf reichliche 4 Eßlöffel reduzieren.
Die Sauce durchseihen und die restlichen 80 g Butter mit dem Rührbesen einschwenken.
Mit Salz und frisch gemahlenem Pfeffer abschmecken.
Die Sauce soll sämig sein, sie soll süß-sauer und pfefferig schmecken.
Für die Garnitur werden die Orangenfilets im Ofen vorsichtig erwärmt.

ANRICHTEN

Die Koteletts mit den kandierten Zitronenscheiben garnieren, mit den Orangenfilets umlegen und im Ofen aufwärmen. Mit der Sauce umgießen und auftragen.

SPIEGELEIER PAOLI IM PFÄNNCHEN

ZUTATEN FÜR 2 PERSONEN

4 Eier
15 cl Sahne
30 g roher Schinken
10 g Butter
Salz

KOCHUTENSILIEN

2 Eier- und Crêpespfannen
1 Schüssel

VORBEREITEN

Die Eier nacheinander aufschlagen.
Das Eiweiß in eine Schüssel und je 2 Eigelb auf zwei Teller geben.
Die Sahne zum Eiweiß gießen, etwas Salz zufügen und alles etwa 30 Sekunden mit dem Schneebesen verschlagen. Den rohen Schinken in feine Würfel schneiden und in die Eiweißmasse rühren.

ZUBEREITEN

Die beiden Pfännchen erwärmen und je 5 g Butter darin zerlassen.
Anschließend die Eiweißmischung auf die beiden Pfännchen verteilen und diese für 1 Minute in den 200 Grad heißen Ofen geben. Ohne die Pfännchen aus dem Ofen zu nehmen, in jedes zwei Eigelb setzen und darüber etwas Pfeffer aus der Mühle geben, jedoch nicht salzen.
Nur noch 2 weitere Minuten im Ofen garen lassen, da die Eier im Pfännchen serviert werden und deren Hitze ein Weitergaren bewirkt. Die Eier sollten deshalb erst kurz vor dem Servieren bereitet werden.

EIER »FINO DE OFFET«

ZUTATEN FÜR 4 PERSONEN

300 g magerer Speck
700 g geschälte Kartoffeln
1 Gemüsezwiebel
1 Knoblauchzehe
1/2 l leichter Rotwein
100 g Butter
Thymian, Lorbeerblatt, Rosmarin
Salz, frisch gemahlener Pfeffer

KOCHUTENSILIEN

1 Eier- und Crêpespfanne
1 ovale Kasserolle

VORBEREITEN

Den Speck in in 4 × 2 cm große Stücke schneiden. Die Kartoffeln in 2 mm dünne Scheiben schneiden und pfeffern.
Die Zwiebel und die Knoblauchzehe fein schneiden.

ZUBEREITEN

In der ovalen Kasserolle den Speck und die Zwiebel in 50 g Butter anschwitzen, ohne zu bräunen. Die Kartoffelscheiben, den Knoblauch sowie die Kräuter zufügen und zugedeckt über mäßiger Hitze etwa 20 Minuten garen. Dabei des öfteren umrühren. Anschließend den Rotwein zugießen und zum Kochen bringen.
Vom Feuer nehmen und 10 Minuten am Herdrand ruhen lassen. Anschließend abschmecken.
Erst unmittelbar vor dem Servieren die Eier in die ausgefettete Pfanne schlagen, mit Salz und frisch gemahlenem Pfeffer würzen, stocken lassen und dann wie ein Omelett wenden.
Die Kartoffeln in 4 vorgewärmte tiefe Teller geben und darüber je 1 gebratenes Ei plazieren.

HINWEIS

Fino ist der Name eines bäuerlichen Gerichts, das sehr beliebt bei den Holzfällern und Fuhrknechten in der Gegend um Roanne ist.

Auch für die Stielkasserolle finden sich Beispiele aus sehr weit zurückliegenden Epochen. In ihrer heutigen Form ist sie jedoch relativ neuen Ursprungs und geht ebenso wie die Henkelkasserolle auf die neoklassische Zeit zurück (vgl. Kap. VI, 2).
Es gab Stielkasserollen aus Eisen, aus verzinntem Eisen, aus verzinntem Kupfer, aus Silber, aus emailliertem Eisen, aus Aluminium, aus vernickeltem Neusilber, aus feuerfestem Porzellan und natürlich aus Edelstahl. Während des ganzen zwanzigsten Jahrhunderts war und ist die Stielkasserolle, vor allem in kleinerer Ausführung, eines der am häufigsten benutzten Utensilien in der Küche.

Die Stielkasserolle ist gewöhnlich ein zylindrisches Gefäß mit einem langem Stiel und einem Deckel. Ihre Höhe beträgt – wie bei der Henkelkasserolle – etwa die Hälfte ihres Durchmessers.

Wie bereits in der Beschreibung der Henkelkasserolle erwähnt, kann die Stielkasserolle als eine Variante der letzteren betrachtet werden. Vor allem in der größeren Ausführung ist sie für den professionellen Gebrauch besonders geeignet. Wie die Henkelkasserolle wird auch sie für die Techniken des Schmorens und Dünstens besonders bei kleinen Portionen verwendet. Die Speisen können im

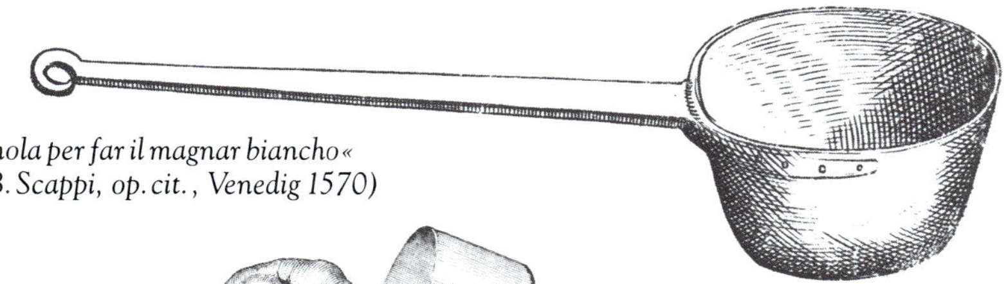

»Casola alla spagnola per far il magnar biancho«
(Kupferstich aus B. Scappi, op. cit., Venedig 1570)

Das Legieren der Sauce.
(Abbildung aus J. Gouffé, op. cit., Paris 1881)

Stielkasserolle mit Porzellaneinsatz für das Garen im Wasserbad.
(Werbedruck der Pâtisserie Parisienne von Roux-Trouillet in Noyon)

In der Stielkasserolle rührt man nicht mit dem Rührbesen, sondern mit einem Kochlöffel aus Holz die Tomatensauce

… und die Bologneser Sauce.

eigenen Saft oder in einer aromatischen Flüssigkeit gegart werden, wobei dies im allgemeinen im geschlossenen Topf geschieht (vgl. III, 1 und 2). Die Stielkasserolle ist außerdem der Sauteuse vorzuziehen, wenn Tunken und Saucen zubereitet werden, die nicht aufgeschlagen oder ständig gerührt werden müssen, für die also kein Rührbesen benötigt wird, oder für Saucen, die langsam im geschlossenen Topf gekocht werden – Tomatensaucen und Fleischtunken wie die Bologneser Sauce.

Im Wasserbad wird zum Beispiel die Butter geklärt.

Da man in der Stielkasserolle ähnliche Kochtechniken wie in der Henkelkasserolle ausführen kann – nämlich solche, die eine optimale Wärmezufuhr benötigen –, wurde auch für dieses Utensil das spezielle Verbundmaterial aus Kupfer und Edelstahl verwendet, das schon für die vorher besprochenen Kochgeschirre benutzt wurde, wie in Kapitel III, 2 ausführlich beschrieben wird. Der lange Stiel, der Deckel und der Deckelgriff bestehen auch bei ihr aus rostfreiem Stahl.

Auch die Stielkasserolle wurde ebenso wie die Eisenpfannen in Zusammenarbeit mit Pierre und Michel Troisgros vervollkommnet. Sie haben uns dabei auf die Wichtigkeit des Ausgießers hingewiesen, der darauf von Sapper so konstruiert wurde, daß er nicht nachtropft. Dadurch kann die kleine Stielkasserolle von 10 cm Durchmesser auch als Sauciere verwendet werden.

Wegen ihres nicht tropfenden Ausgießers kann man die kleine Stielkasserolle auch als Saucière benutzen.

Die Anwendung der kleinen Stielkasserolle demonstriert Michel Troisgros an den folgenden Rezepten. Die Fotos zeigen ihn bei dessen Ausführung in der Küche des Restaurants »Troisgros« in Roanne an der Loire.

Vom achtzehnten Jahrhundert an kann man eine ins Gewicht fallende Herstellung von feingearbeiteten Stielkasserollen aus Silber mit Ebenholzstielen beobachten.
Man kann sie als Variante des Haupttypus ansehen, und sie wurden je nach Größe entweder als Cognac-Wärmer oder zum Zubereiten verschiedener feiner Saucen verwendet. Im letzteren Fall war die Wand der Kasserolle leicht ausgestellt.
Dieser Typus ist der Prototyp der konischen Kasserolle oder Sauteuse.

»Les domestiques, la cuisinière« (Stich aus dem neunzehnten Jahrhundert von Pierre Vidal)

Wunderschönes Exemplar einer Stielkasserolle mit Deckel aus der französischen Küchenbatterie der Mitte des neunzehnten Jahrhunderts. (Abbildung aus: J. Gouffé, op. cit., Paris 1881)

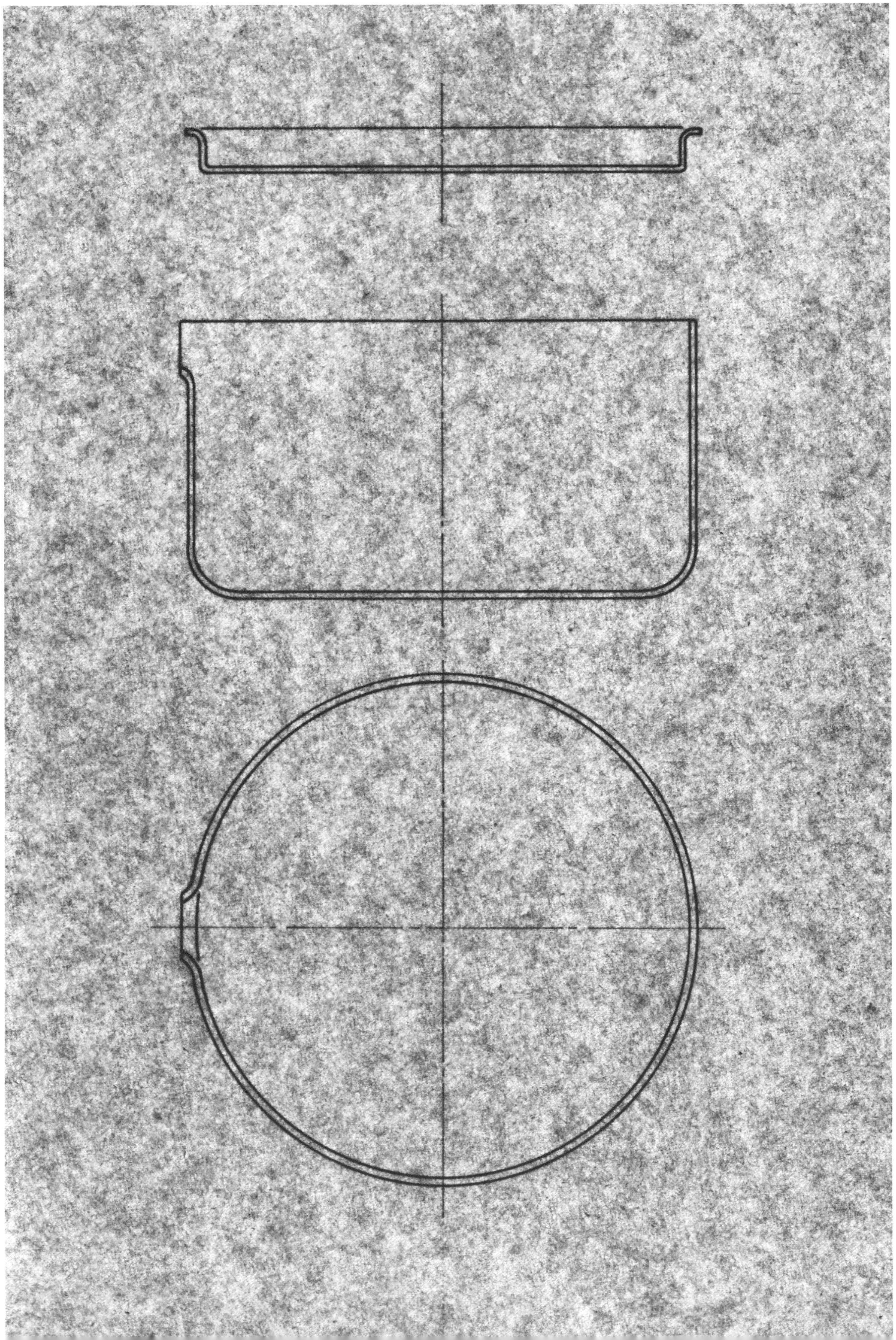

Aufriß und Querschnitt des Korpus der Stielkasserolle und Querschnitt des Deckels

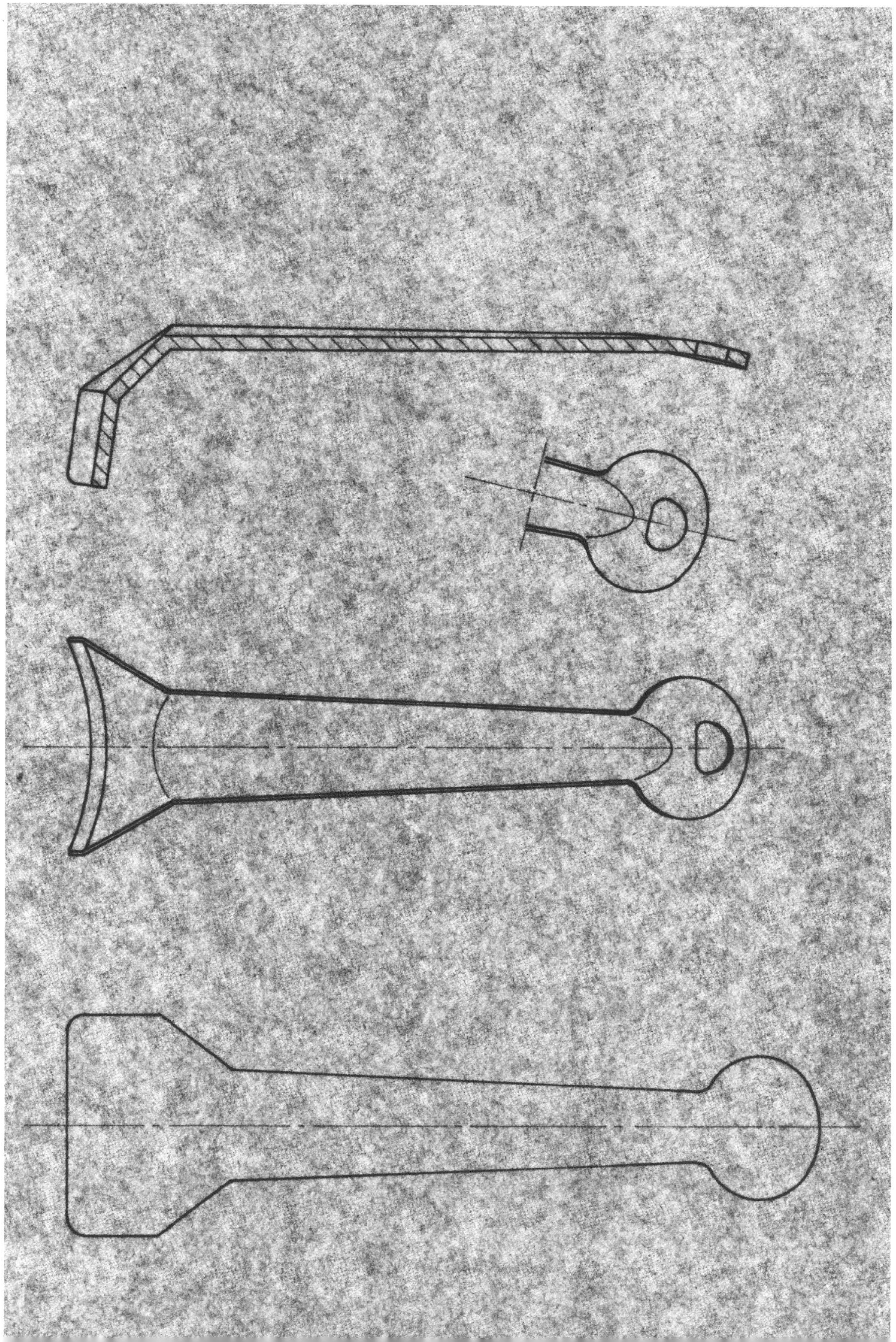

Aufsichten und Querschnitt des Griffs der Stielkasserolle

GEDÜNSTETE KALBSHACHSE IN WEISSER SAUCE

VORBEREITUNGSZEIT: 20 MINUTEN

KOCHZEIT: 1 STUNDE 15 MINUTEN

ZUTATEN FÜR 1 PERSON

1 Scheibe von der Kalbshachse
125 g Kartoffeln
2 kleine Zwiebeln
2 kleine Karotten
50 g feine Erbsen
2 kleine Gewürzgurken
5 cl trockener Weißwein
1/2 Zitrone
1 Bouquet garni
Salz, frisch gemahlener Pfeffer

FÜR DIE SAUCE

1 Eigelb
7 cl Sahne

KOCHUTENSILIEN

1 Stielkasserolle von 14 cm Durchmesser
1 Topf von 20 cm Durchmesser
1 Henkelkasserolle von 16 cm Durchmesser
1 Spitzsieb

VORBEREITEN

Die Kartoffeln schälen und würfeln.
Die Karotten putzen und ebenfalls würfeln.
Die beiden kleinen Zwiebeln schälen und fein schneiden. Die ausgehülsten frischen Erbsen in Salzwasser kurz blanchieren, in das Spitzsieb schütten und kalt abschrecken ❶, ❷.
Die Gewürzgürkchen in Scheiben schneiden ❸.
Für die Sauce das Eigelb mit der Sahne in einer kleinen Schüssel verrühren.

ZUBEREITEN

Die Kalbshachsenscheibe in die Stielkasserolle einlegen ❹, mit dem Weißwein übergießen ❺ und so viel Wasser anschütten, daß das Fleisch gerade eben bedeckt ist ❻.
Zum Kochen bringen, abschäumen und leicht salzen.
Nach etwa der Hälfte der Kochzeit die Karottenwürfel, die fein geschnittenen Zwiebeln sowie das Bouquet garni

hineingeben. Nach etwa 3/4 der Kochzeit die gewürfelten Kartoffeln zufügen ❼ und über mäßiger Hitze fertig garen ❽. Danach das Fleisch sowie das Gemüse herausheben ❾ und in der kleinen Henkelkasserolle warm halten.
Das Bouquet garni entfernen und den Kochfond auf etwa 4 – 5 Eßlöffel einreduzieren.
Zur Fertigstellung der Sauce etwa 1/3 der Kartoffelwürfel mit einer Gabel zerdrücken und mit diesem Püree die Sauce andicken ❿. Anschließend das Ei-Sahne-Gemisch in die Sauce einquirlen, damit diese homogen und sämig wird. Mit Salz, frisch gemahlenem weißem Pfeffer sowie dem Saft von 1/2 Zitrone abschmecken.

ANRICHTEN

Das Fleisch auf einen vorgewärmten Teller legen und mit der Sauce überziehen, mit den Kartoffel- und Karottenwürfeln sowie den Erbsen und den Gurkenscheibchen bestreuen.

HINWEIS

Natürlich kann dieses Gericht auch für mehr als 1 Person zubereitet werden. In diesem Falle sollte man das Fleisch in einer Henkelkasserolle der entsprechenden Größe garen.

RAGOUT VOM KALBSKOPF MIT FEINEN WÜRSTCHEN

VORBEREITUNGSZEIT: 40 MINUTEN

KOCHZEIT: 75 MINUTEN

ZUTATEN FÜR 2 PERSONEN

350 g Kalbsbacke
6 kleine Würstchen (rohe Krakauer oder rohe Frankfurter)
16 grüne Oliven
1/2 Karotte
1/2 Zwiebel
1/2 Knoblauchzehe
2 cl Cognac
etwas Olivenöl
10 cl Weißwein
1 TL Tomatenmark
1 TL Senf
1 Bouquet garni
etwas Petersilie
Salz, frisch gemahlener Pfeffer

KOCHUTENSILIEN

1 Stielkasserolle von 14 cm Durchmesser
1 Topf von 20 cm Durchmesser
1 Spitzsieb

VORBEREITEN

Die vom Metzger vorbereitete Kalbsbacke in 3 cm große Würfel schneiden ❶.
Die Würfel in den Kochtopf geben ❷ und die Würstchen (anstelle französischer Saucisses kann man rohe Frankfurter oder Krakauer Würste verwenden) zufügen ❸.
Mit kaltem Wasser bedecken, zum Kochen bringen und einige Minuten kochen lassen. Danach die Kalbskopfwürfel und die Würstchen abtropfen lassen ❹.
Das Würzgemüse bereiten: Dazu Karotte und Zwiebel fein würfeln. Die Oliven entkernen und überbrühen. Den Knoblauch klein schneiden und das Bouquet garni zusammenbinden.

ZUBEREITEN

Die Stielkasserolle erhitzen und darin die Kalbskopfwürfel im Olivenöl anbraten. Den Bratensatz, der sich auf dem Boden der Kasserolle bildet, dabei ständig mit einem Spatel ablösen ❺. Anschließend den

1

2

3

5

4

6

7

8

zerkleinerten Knoblauch und das Tomatenmark einrühren ❻ und das Bouquet garni sowie das Röstgemüse zufügen ❼. Alles leicht anrösten. Mit Cognac ablöschen ❽, anschließend den Weißwein zugießen und einreduzieren. Danach so viel kaltes Wasser angießen, daß die Fleischwürfel bedeckt sind, und zum Kochen bringen. Leicht salzen und zugedeckt über milder Hitze etwa 1 1/4 Stunde kochen lassen.

ANRICHTEN

Nach Ende der Garzeit das Bouquet garni herausnehmen, die Oliven sowie die Würstchen zufügen und 1 Teelöffel Senf und die feingeschnittene Petersilie einrühren. Mit Salz und frisch gemahlenem Pfeffer abschmecken und auftragen.

HINWEIS

Michel Troisgros hält den vorderen Teil der Kalbsbacke, das sogenannte Kalbsmaul, für das delikateste Stück des Kalbskopfes. Er verwendet es nicht für eine feine Sülze, sondern für ein kräftiges Ragout. Für dieses Ragout können aber auch andere Stücke des Kalbskopfes verwendet werden.

GEMÜSESUPPE MIT HARTGEKOCHTEN EIERN

ZUTATEN FÜR 2 PERSONEN

2 Stangen Porree
1 Stange Sellerie
2 Karotten
1 kleine weiße Rübe
3 Eier
8 cl Sahne
10 g Butter
50 cl Geflügelbrühe oder Wasser
Saft von 1/4 Zitrone
Salz, frisch gemahlener Pfeffer

KOCHUTENSILIEN

1 Stielkasserolle

VORBEREITEN

Das Gemüse putzen und in dünne Streifen schneiden. Am besten bereits am Vortag die Sahne mit dem Saft von 1/4 Zitrone verrühren. Die Eier in kochendem Wasser 9 Minuten lang kochen, danach kalt abschrecken und pellen.

ZUBEREITEN

In der Stielkasserolle das in Streifen geschnittene Gemüse in der Butter anschwitzen, ohne zu bräunen.
Anschließend die Geflügelbrühe – oder nur Wasser – zufügen und 20 Minuten über milder Hitze kochen lassen.
Danach die Zitronensahne einrühren, die Suppe mit Salz und frisch gemahlenem Pfeffer abschmecken.

ANRICHTEN

Die aus der Schale gepellten Eier in Scheiben schneiden und auf 2 vorgewärmte tiefe Teller verteilen. Darüber die Gemüsesuppe gießen.

HINWEIS

Diese einfache, aber delikate Suppe kann man mit getrockneten Pilzen, zum Beispiel Morcheln, anreichern. Die Pilze werden eingeweicht, geviertelt und 5 Minuten in der Suppe mitgekocht.

BEURRE FONDUE

ZUTATEN FÜR 2 PERSONEN

100 g sehr frische Butter
5 EL Wasser
Salz
Saft von 1/2 Zitrone

KOCHUTENSILIEN

1 Stielkasserolle
1 Rührbesen

ZUBEREITEN

In der Stielkasserolle etwa 5 EL kaltes Wasser zum Kochen bringen und leicht salzen. Die Hälfte der sehr frischen Butter, etwa 50 g, zufügen, nochmals aufkochen und vom Feuer nehmen.

Abseits vom Herd die restliche Butter flockenweise mit dem Rührbesen einschlagen. Anschließend nach Belieben den Zitronensaft einrühren. Die Beurre fondue wird in der Stielkasserolle aufgetragen.

HINWEIS

Diese zerlassene Butter ist eine vorzügliche Sauce für Fische und Krustentiere, seien sie gedünstet, gebraten oder gegrillt.
Aber auch zu Spargel, Porree, Blumenkohl, Broccoli oder Artischocken schmeckt sie köstlich.

DEMI-GLACE

ZUTATEN FÜR 1/2 LITER

1 l brauner Fond (siehe Seite 79)
1/2 EL Tomatenmark
1 frische Tomate
1/2 kleine Karotte
1/4 Zwiebel
1/2 Stange Sellerie
5 Pfefferkörner
2 cl Erdnußöl
2 Petersilienstiele

KOCHUTENSILIEN

1 Stielkasserolle
1 Spitzsieb

ZUBEREITEN

In der Stielkasserolle die fein gewürfelte Karotte und die fein geschnittene Zwiebel in Erdnußöl anschwitzen, ohne zu bräunen. Das Tomatenmark sowie die gewürfelte Tomate einrühren. Danach den in kleine Stücke geschnittenen Sellerie und die beiden Petersilienstiele zufügen und den braunen Kalbsfond zugießen.
Auf kleinster Flamme etwa 1 Stunde kochen lassen, dabei von Zeit zu Zeit abschäumen und, falls nötig, etwas kaltes Wasser zugießen.
Ungefähr 10 Minuten vor Ende der Kochzeit die leicht zerdrückten Pfefferkörner einstreuen. Nach 1 Stunde soll der Fond auf etwa 1/2 l eingekocht sein.
Die Demi-glace durch das Spitzsieb abgießen und im Kühlschrank aufbewahren.

FROSCHSCHENKEL IN KRÄUTERSAUCE

ZUTATEN FÜR 4 PERSONEN

32 Froschschenkel
etwas Mehl
200 g Brunnenkresse
100 g entstielter Spinat
50 g Petersilie
50 g Kerbel
50 g Basilikum
50 g Schalotten
1/2 Knoblauchzehe
Saft von 1/2 Zitrone
20 cl Sahne
50 g Butter
Salz, frisch gemahlener Pfeffer

KOCHUTENSILIEN

1 Topf
1 Stielkasserolle
1 Stielbratpfanne

VORBEREITEN

Die Froschschenkel mit einem kleinen spitzen Messer entbeinen.
Etwa 20 schöne Blätter Brunnenkresse in mit Eiswürfeln versetztem Wasser bereithalten. Erst unmittelbar vor dem Anrichten herausnehmen und trockentupfen.
Die Spinatblätter, die von den groben Stielen gezupfte Brunnenkresse und die restlichen Kräuter etwa 2 Minuten im Topf in kochendem Salzwasser blanchieren. Herausheben, kalt abschrecken und das Wasser ausdrücken. Danach im Mixer zu einer homogenen Masse mixen.

ZUBEREITEN

In der Stielkasserolle die Sahne leicht reduzieren und das Kräuterpüree einrühren. Danach die Sauce mit Zitronensaft, Salz und frisch gemahlenem Pfeffer abschmecken.
Die Froschschenkel salzen und in etwas Mehl wenden. In der Bratpfanne die Butter erhitzen und darin die Froschschenkel von allen Seiten goldbraun anbraten.
Vom Feuer nehmen und mit dem kleingeschnittenen Knoblauch bestreuen.

ANRICHTEN

4 vorgewärmte Teller mit der grünen Sauce ausgießen und darüber die Froschschenkel plazieren. Mit den Kresseblättern garnieren und auftragen.

HINWEIS

Wir haben das bekannte belgische Rezept »Anguille au Vert« unserem Geschmack angepaßt und die Aale durch Froschschenkel ersetzt.

WEISSE PFIRSICHE IN ROTWEINGELEE

ZUTATEN FÜR 4 PERSONEN

8 weißfleischige Pfirsiche
10 cl Rotwein (Burgunder)
3 cl Himbeerpüree
Saft von 1/2 Zitrone
5 Blatt Gelatine

FÜR DIE SAUCE

10 cl Rotwein (Burgunder)
Saft von 1/2 Orange
Saft von 1/2 Zitrone
5 cl Johannisbeergelee

KOCHUTENSILIEN

1 Stielkasserolle
1 rechteckige Terrine
1 Schüssel

ZUBEREITEN

Für die Pfirsichterrine reife, aber noch festfleischige weiße Pfirsiche wählen. Diese werden kurz in kochendem Wasser blanchiert, kalt abgeschreckt und vorsichtig geschält.
Anschließend halbieren, die Kerne auslösen und das Fruchtfleisch in Schnitze teilen. In eine Porzellanschüssel legen und mit der Mischung aus Rotwein, Himbeerpüree und Zitronensaft begießen. Mit Frischhaltefolie abdecken und im Kühlschrank etwa 2 Stunden durchziehen lassen.
Anschließend die Flüssigkeit in die Stielkasserolle gießen und erhitzen.
Die vorher eingeweichte und gut ausgedrückte Blattgelatine einrühren und darin auflösen.
Die leicht abgekühlte Gelatine mit den Pfirsichschnitzen vermischen und alles in eine rechteckige Terrinenform füllen. Zugedeckt im Kühlschrank in etwa 2 Stunden fest werden lassen.
Für die Sauce die unbehandelten Zitrusfrüchte waschen und hauchdünn abschälen. Die Schale in winzige Streifchen schneiden und in die Stielkasserolle geben.
Den Himbeergelee und den Zitronensaft einrühren und diese Sauce bis zur Weiterverwendung im Kühlschrank durchkühlen.

ANRICHTEN

Vor dem Anrichten die Terrine kurz in heißes Wasser tauchen und vorsichtig stürzen. Mit einem Sägemesser in 1/2 cm dicke Scheiben schneiden und auf gutgekühlte Teller legen.
Mit der eiskalten Sauce übergießen und servieren.

HINWEIS

Dies ist die moderne Variante eines bekannten französischen Desserts, der »Pêches au vin d'antan«.

CRÈME PÂTISSIÈRE

ZUTATEN FÜR 4 PERSONEN

25 cl Milch
2 Eier
100 g Zucker
40 g Mehl

KOCHUTENSILIEN

1 Stielkasserolle
1 Spitzsieb

ZUBEREITEN

In der Stielkasserolle die Milch zum Kochen bringen.
Die Eier in eine Schüssel aufschlagen, den Zucker und das Mehl zufügen und alles mit dem Rührbesen gründlich vermischen.
Die kochende Milch in dünnem Strahl zugießen und mit dem Rührbesen einschlagen.
Anschließend die Masse in die Stielkasserolle geben und zum Kochen bringen. 2–3 Minuten kochen lassen, bis sie bindet. Dabei ständig mit dem Rührbesen weiterschlagen, damit sie nicht ansetzt.
Die fertige Crème durch ein feines Spitzsieb treiben und bis zur Weiterverwendung warm stellen.

APFELKÜCHLEIN »GOLDEN CAKE«

ZUTATEN FÜR 8 PERSONEN

4 Äpfel (Golden Delicious)
40 g Butter
15 cl Wasser
2 EL Honig
5 cl Armagnac
Saft von 1 Zitrone und 1 Orange
neutrales Speiseöl zum Einfetten von 16 Tarteletteförmchen

FÜR DEN TEIG

250 g Mehl
3 Eier
60 cl Milch
1 EL Zucker
1 Prise Salz
Schale von 1 Orange und 1 Zitrone

KOCHUTENSILIEN

1 Stielkasserolle
1 Lyoner Pfanne
16 Tartelettеförmchen

VORBEREITEN

Den Teig mindestens 1 Stunde vor dem Backen zubereiten.
In einer Schüssel das gesiebte Mehl und die Eier mit dem Rührbesen verrühren. Nach und nach mit der Milch verdünnen und 1 Eßlöffel Zucker sowie 1 Prise Salz zufügen.
Die hauchdünn abgeschälte Orangen- und Zitronenschale fein zerschneiden und zum Schluß in den Teig einarbeiten.
Die Äpfel schälen und das Kerngehäuse entfernen. Das Fruchtfleisch in 1 cm große Würfel schneiden.
In der Stielbratpfanne die Apfelwürfel in der Hälfte der Butter schnell anbräunen und anschließend warm halten.
Für die Sauce 15 cl Wasser mit dem Honig, dem Armagnac und dem Orangen- und Zitronensaft in der Stielkasserolle verrühren.
Zum Kochen bringen und die restliche Butter flockenweise einschwenken.
Mit reichlich Speiseöl 16 Tartelettеförmchen ausfetten, auf ein Blech setzen und im 250 Grad heißen Backofen erhitzen.
Wenn das Öl heiß ist, den Teig einfüllen.
Bei 250 Grad etwa 15 Minuten vorbacken.
Danach bei abgeschalteter Hitze zu Ende backen.

ANRICHTEN

Die warmen Tartelettes mit den Apfelwürfeln füllen und mit der warmen Sauce überziehen. Pro Person 2 Tartelettes servieren.

HINWEIS

Unter Orangen- und Zitronenschale versteht man nur die hauchdünne obere Schale, die die ätherischen Öle enthält. Die darunterliegende dicke weiße Schicht ist bitter und wird nicht verwendet.
Das Rezept für dieses Dessert ist eine einfache Abwandlung des englischen Yorkshire-Puddings.

Die Cassolette ist ein zylindrisches Gefäß mit niedrigem Rand. Sie hat nur einen geringen Durchmesser und ist mit einem langen Stiel versehen.

Dieses Gefäß kann als kleine Variante des Sautoir oder der flachen Stielkasserolle angesehen werden. In ihr kann man kleine Portionsgerichte nach den Techniken des Sautierens und des Dünstens zubereiten (kleine Froschschenkelragouts, Scampi, Flußkrebse, Weichtiere, Bries, Hirn, Nieren). Außerdem eignet sich die Cassolette ideal für das Anrichten und Servieren verschiedener überbackener Gerichte (Nudelgratins, Kartoffelgratins, Fisch- und Gemüsegratins, Risotti, Soufflés). Die Cassolette kann dem Gast auf einem Porzellanteller vorgesetzt werden, der dann auch direkt daraus essen sollte.

Auch wenn es nicht an kleinen Gefäßen zum Kochen und Servieren mangelt, die zeitlich vor der Cassolette erschienen – man denke nur an Schnecken- oder Eierpfännchen –, so kann die Cassolette trotzdem zu Recht als Neuerung der »nouvelle cuisine« bezeichnet werden, denn sie paßt vorzüglich zu deren raffinierten und originellen Leckerbissen.

Wie die anderen Kochgefäße, die eine perfekte Wärmeleitung auf der gesamten Oberfläche verlangen, besteht die Cassolette aus einer sehr dicken äußeren Kupferschicht und einer sehr dünnen Stahlauskleidung, die durch eine dünne Aluminiumschicht miteinander verbunden sind. Ihr Stiel besteht aus rostfreiem Stahl.

Die Idee zu diesem Kochutensil stammt von Michel, dem Sohn von Pierre Troisgros. Er hat auch die folgenden Rezepte kreiert und ausgeführt. Die Fotos dazu entstanden ebenfalls in der Küche von Troisgros in Roanne.

Scampiragout für eine Person

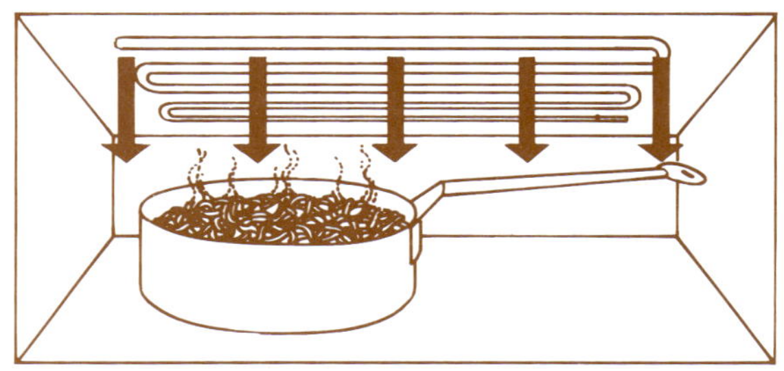

Die Cassolette als Portionspfännchen für kleine Gratins.

Servierbeispiel

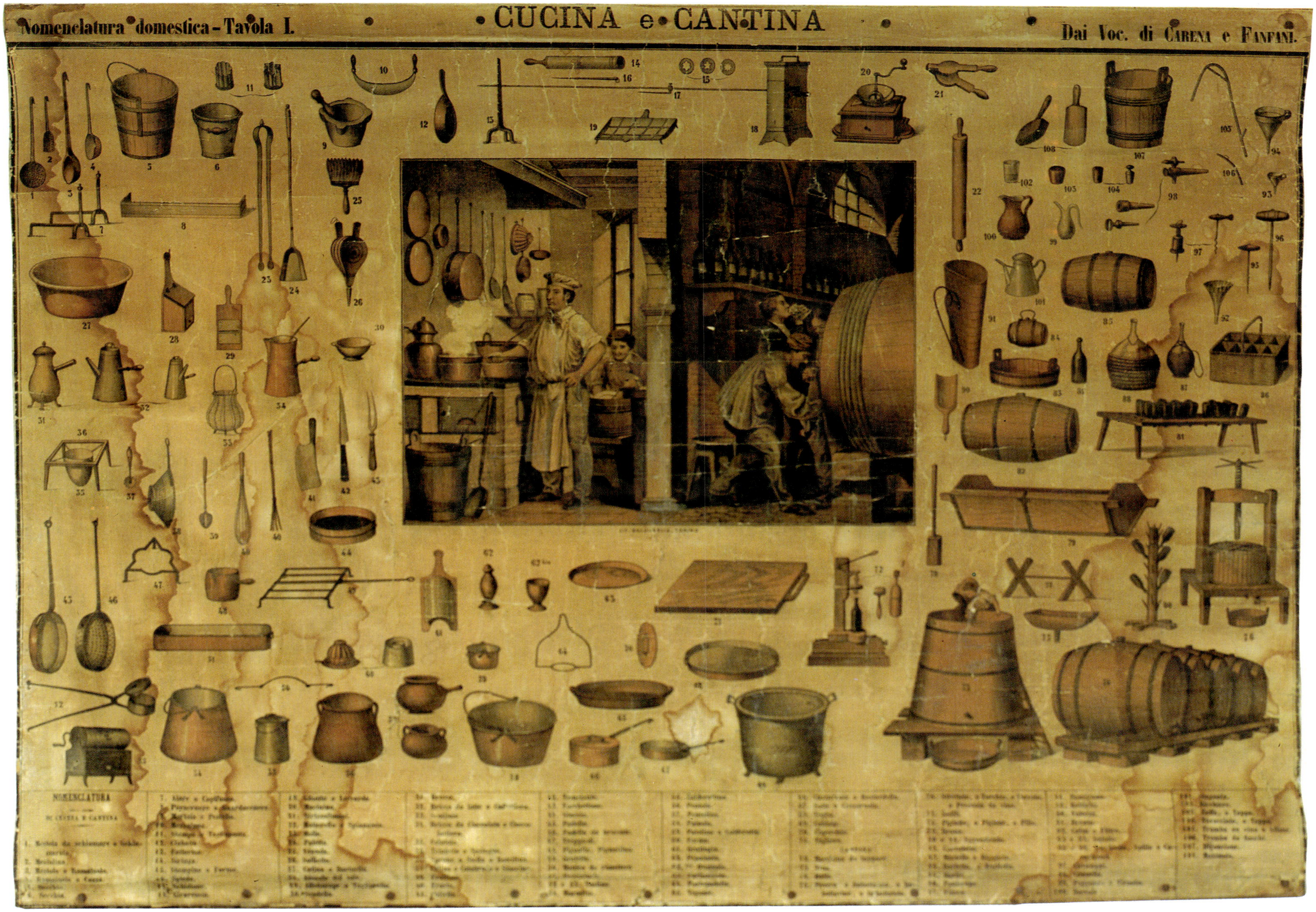

*Die italienische Küchenbatterie gegen Ende des neunzehnten Jahrhunderts.
(Schautafel aus: »Tavole murali a colori di nomenclatura domestica... per gli asili e le scuole elementari«, Turin, Paravia)*

FROSCHSCHENKEL-FRIKASSEE MIT ZUCCHINI

VORBEREITUNGSZEIT: 20 MINUTEN

KOCHZEIT: 15 MINUTEN

ZUTATEN FÜR 2 PERSONEN

24 Froschschenkel
60 g Auberginen
80 g Zucchini
20 g grüne Paprikaschote
1 Tomate
1 kleine Zwiebel
1/2 Knoblauchzehe
etwas Mehl
etwas Butter
Olivenöl
Basilikum
etwas Zitrone
Salz, frisch gemahlener Pfeffer

KOCHUTENSILIEN

2 Cassolettes
1 Eier- und Crêpespfanne

ZUBEREITEN

Das vorbereitete Gemüse würfeln. Die Froschschenkel entbeinen und mit Salz und frisch gemahlenem Pfeffer würzen ❶. In Mehl wenden ❷. In schäumend heißer Butter in der Pfanne anbraten ❸. Etwas Olivenöl in die Cassolettes geben ❹, heiß werden lassen und darin die Auberginen-, Zucchini-, Paprika- und Zwiebelwürfel hell anbraten ❺. Anschließend die abgezogene, entkernte und gewürfelte Tomate sowie etwas Basilikum und den Knoblauch zugeben. Einige Minuten kochen lassen ❻. Das Ratatouille mit ein paar Tropfen Zitronensaft sowie mit Salz und frisch gemahlenem Pfeffer würzen.

ANRICHTEN

Die gut angebräunten Froschschenkel auf das Ratatouille plazieren. Die Cassolettes auf Porzellanteller setzen und auftragen. Dieses Gericht sollte direkt aus den Pfännchen gegessen werden.

1

2

6

3

4

5

WACHTELN AUF GRÜNEN LINSEN IN DER CASSOLETTE

VORBEREITUNGSZEIT: 30 MINUTEN

KOCHZEIT FÜR DIE WACHTELN:

ETWA 20 MINUTEN

ZUTATEN FÜR 1 PERSON

3 kleine Wachteln
25 g Butter
50 g grüne Linsen
1 Karotte
1/2 Zwiebel
1 kleines Bouquet garni
3 cl Sahne
30 cl Geflügelbrühe
etwas Schnittlauch
etwas Zitronensaft
Salz, frisch gemahlener Pfeffer

KOCHUTENSILIEN

1 Cassolette
1 Stielkasserolle von 14 cm Durchmesser

ZUBEREITEN

Die Wachteln abflämmen, ausnehmen und bridieren.
Mit Salz und frisch gemahlenem Pfeffer würzen und mit der Butter in die Cassolette geben ❶. Die in kleine Würfel geschnittene Karotte und Zwiebel sowie das Bouquet garni zufügen. Die Wachteln auf kleiner Flamme etwa 15 Minuten braten, dabei ständig mit der Bratbutter begießen ❷.
Die Wachteln anschließend herausnehmen und warm halten.
Die Linsen zu dem Röstgemüse in die Cassolette geben ❸ und mit dem Geflügelfond bedecken ❹. Auf mäßiger Hitze weichkochen. (Die Kochzeit variiert je nach Art und Alter der Linsen.)
Danach 2 Eßlöffel weichgekochte Linsen abnehmen und für die Garnitur zurückbehalten. Die restlichen Linsen pürieren.
Anschließend die Sahne in der Stielkasserolle aufkochen und das Linsenpüree sowie etwas Zitronensaft einrühren.
Falls nötig, noch etwas Geflügelbrühe zufügen, damit die Sauce nicht zu dickflüssig wird.

ANRICHTEN

Die Bridierfäden von den Wachteln entfernen. Die Wachteln mit der Sauce überziehen und mit den zurückbehaltenen Linsen bestreuen. Mit Salz und frisch gemahlenem Pfeffer abschmecken ❺ und mit fein geschnittenem Schnittlauch bestreuen ❻. In der Cassolette auftragen.

HINWEIS

Es gibt verschiedene Arten von Linsen – braune, gelbe und grüne. Die grünen französischen aus Puy sind nach Meinung von Michel Troisgros die besten und vorzüglich für dieses Gericht geeignet.

TOURNEDOS ROSSINI

ZUTATEN FÜR 1 PERSON

1 Scheibe Rinderfilet von 150 g
50 g frische Gänsestopfleber
10 g schwarze Trüffel
2 cl Trüffelfond
1 cl Cognac
1 cl Madeira
30 g Butter
6 cl Demi-glace (siehe Seite 132)
Salz, frisch gemahlener Pfeffer

KOCHUTENSILIEN

2 Cassolettes

VORBEREITEN

Den Tournedos schön rund formen und mit Küchenzwirn umwickeln, damit es während des Bratens nicht flach auseinanderfällt.
Die Trüffel in dünne Scheiben schneiden. In den Monaten Januar und Februar sollte man versuchen, frische schwarze Trüffel zu bekommen.

ZUBEREITEN

Das Tournedos mit Salz und frisch gemahlenem Pfeffer würzen und in 10 g heißer Butter in der Cassolette braten. Um noch rosa gebraten zu sein, braucht es von der einen Seite 6, von der anderen 5 Minuten. Das Tournedos herausnehmen und einige Minuten ruhen lassen, damit sich der Saft im Fleisch verteilt und nicht beim ersten Anschneiden herausläuft.
Die Bratbutter in das zweite Pfännchen abgießen.
Für die Sauce den Bratensatz mit Cognac ablöschen, dann den Madeira zufügen und einreduzieren. Anschließend die Demi-glace einrühren und auf etwa die Hälfte einkochen lassen. Den Trüffelfond sowie den Fleischsaft, der aus dem Tournedos ausgetreten ist, einrühren. Abseits vom Feuer die restlichen 20 g Butter mit einer Gabel einrühren.

ANRICHTEN

In der zweiten Cassolette das Tournedos nochmals in der heißen Bratbutter erhitzen. Ebenfalls die Gänseleber von beiden Seiten nur kurz erhitzen.
Das Tournedos auf einen vorgewärmten Teller plazieren und mit der Gänseleber sowie den Trüffelscheiben belegen. Mit der Sauce überziehen und servieren.

HINWEIS

Warum eigentlich nicht dieses köstliche Gericht, das leider aus der Mode gekommen und nicht mehr auf den Speisekarten zu finden ist, wiederaufleben lassen? Michel Troisgros hat hier diesen nostalgisch-luxuriösen Leckerbissen rehabilitiert.

KREBSSCHWÄNZE IN DER CASSOLETTE

ZUTATEN FÜR 2 PERSONEN

40 Flußkrebse
1 l Kochsud für Fisch und Krustentiere (siehe Seite 90)
8 cl Weißwein (Sancerre)
35 g Butter
Saft von 1/4 Zitrone
etwas fein geschnittener Estragon
1 Petersilienstiel
Salz, frisch gemahlener Pfeffer

KOCHUTENSILIEN

2 Cassolettes
1 Stielkasserolle

VORBEREITEN

Die gesäuberten Flußkrebse etwa 3 Minuten in sprudelnd kochendem Sud (aus Karotten- und Selleriestreifen, Zwiebelringen, 1 Bouquet garni, Pfefferkörnern, etwas Peperoncino, Salz und Wasser) abkochen. Herausnehmen, etwas abkühlen lassen, die Schwänze abdrehen, das Schwanzfleisch auslösen und die dunklen Darmstränge entfernen.
Die Karotten- und Selleriestreifen sowie die Zwiebelringe aus dem Sud nehmen, abtropfen lassen und in die Stielkasserolle geben. Den Weißwein zugießen und schnell auf die Hälfte einkochen lassen. Die Butter flockenweise einschwenken.
Wenn die Sauce bindet, wird sie vom Herd genommen und mit Salz und frisch gemahlenem Pfeffer sowie etwas Zitronensaft abgeschmeckt. Den fein geschnittenen Estragon einrühren und die Krebsschwänze hineinlegen. Auf dem Ofen etwa 2 Minuten ziehen, aber nicht mehr kochen lassen, damit das Krebsfleisch nicht zäh und trocken wird.

ANRICHTEN

Die Krebsschwänze auf die beiden Cassolettes verteilen, mit der Sauce überziehen und mit etwas abgezupfter Petersilie bestreuen. Die heißen Cassolettes auf Porzellanteller setzen und auftragen.

GRATINIERTES KREBSFLEISCH

ZUTATEN FÜR 4 PERSONEN

4 Taschenkrebse von je 700 g
1 l Kochsud für Fisch und Krustentiere (siehe Seite 90)
10 cl Weißwein
20 cl Fischfond
1 Schalotte
2 Tomaten
2 Eigelb
200 g Butter
20 g Sahne
Salz, frisch gemahlener Pfeffer

KOCHUTENSILIEN

4 Cassolettes
1 Stielkasserolle
1 Topf
1 Sauteuse

VORBEREITEN

Die Taschenkrebse – es sollen die größeren weiblichen Tiere sein – in einen großen Topf voll sprudelnd kochenden Kochsud für Fische und Krustentiere geben und auf reduzierter Hitze zugedeckt etwa 12 Minuten kochen lassen. Anschließend abkühlen lassen. Danach die Scheren und Beine abtrennen und das Fleisch auslösen.
Den Panzer von der Unterseite her aufbrechen und das Körperfleisch samt der delikaten Leber mit einem Löffel auslösen.
Die grob zerschnittenen Tomaten in der Stielkasserolle in etwas Butter etwa 20 Minuten dünsten, salzen, durch ein Passiersieb streichen und bis zur Weiterverwendung beiseite stellen.
Eine Sauce Hollandaise aus den beiden Eigelb und 200 g Butter aufschlagen und im Wasserbad warm halten.
In der Sauteuse den Fischfond mit dem Weißwein und der fein geschnittenen Schalotte aufkochen und zu einem kräftigen Saucenfond reduzieren. Anschließend die Sahne sowie das Tomatenpüree einrühren und alles zu einer sämigen Sauce einkochen lassen. Mit Salz und reichlich frisch gemahlenem Pfeffer abschmecken und abseits vom Feuer die Sauce Hollandaise einrühren.

ZUBEREITEN

Das ausgelöste Krebsfleisch in die 4 Cassolettes verteilen und mit der Sauce überziehen.
Unterm Salamander goldbraun überbacken.

ANRICHTEN

Die heißen Portionspfännchen auf Porzellanteller setzen und auftragen. Das gratinierte Krebsfleisch sollte direkt aus den Pfännchen gegessen werden.

HINWEIS

Statt Krebsfleisch kann für dieses Gericht auch Hummer-, Langusten- oder Scampifleisch verwendet werden.
Als Vorspeise rechnet man etwa 80 g ausgelöstes Fleisch pro Person.

ÜBERBACKENE AUBERGINEN

ZUTATEN FÜR 2 PERSONEN

2 Auberginen von 150 g
150 g Fleischtomaten
etwas Olivenöl
50 g geriebener Gruyère-Käse
Salz, frisch gemahlener Pfeffer

KOCHUTENSILIEN

2 Cassolettes
1 Eier- und Crêpespfanne

VORBEREITEN

Eine der beiden Auberginen längs halbieren und in das Fruchtfleisch quer Einschnitte machen, damit die Gewürze tiefer eindringen können.
Mit Salz und frisch gemahlenem Pfeffer bestreuen.
Etwa 30 Minuten ruhen lassen, danach den ausgetretenen bitteren Saft abspülen und die beiden Hälften trockentupfen.
Die andere Aubergine sowie die Fleischtomate in 1/2 cm dicke Scheiben schneiden und mit etwas Salz und frisch gemahlenem Pfeffer bestreuen.

ZUBEREITEN

Die Auberginenhälften in etwas Olivenöl in der Pfanne anbraten. Mit der Schnittfläche nach unten etwa 10 Minuten weiterdünsten.
Danach die Auberginenhälften – diesmal mit der Schnittfläche nach oben – in die beiden Cassolettes einlegen.
Inzwischen die Auberginenscheiben in der Pfanne in etwas Olivenöl anbraten.
Etwas später die Tomatenscheiben zufügen.
Anschließend die Auberginenhälften abwechselnd mit je 1 Tomaten- und Auberginenscheibe belegen.
Etwas Olivenöl darübergießen und mit dem geriebenen Gruyère-Käse bestreuen.
In den 200 Grad heißen Ofen geben und goldbraun überbacken.
Vor dem Servieren einige Minuten warm gestellt ruhen lassen.

ANRICHTEN

Die heißen Cassolettes auf Porzellanteller stellen und auftragen. Die überbackenen Auberginen werden aus den Pfännchen gegessen.

HINWEIS

Für dieses Rezept sollten unbedingt Fleischtomaten verwendet werden. Sie sind fest und wenig wäßrig. Ideal wäre die italienische Sorte San Marzano. Nach Belieben kann man das Rezept mit etwas Knoblauch oder frischen Kräutern abwandeln.

KARTOFFELGRATIN GASTROPHANES

ZUTATEN FÜR 4 PERSONEN

5 längliche Kartoffeln
20 cl Sahne
etwas Knoblauch und Thymian
grobes Meersalz und feines Tafelsalz

KOCHUTENSILIEN

4 Cassolettes

VORBEREITEN

Die Kartoffeln schälen, waschen und trockentupfen. Die Enden abschneiden, damit man daraus 1 cm dicke Scheiben von gleichem Durchmesser schneiden kann. Die Scheiben einzeln sorgfältig trockentupfen und mit der halbierten Knoblauchzehe einreiben.
Anschließend mit etwas Salz bestreuen.
In jedes der Pfännchen 1 Eßlöffel Sahne gießen und die Kartoffelscheiben in einer Schicht hineinlegen.
Mit der restlichen Sahne übergießen und mit etwas fein gehacktem Thymian bestreuen. Auf jede Scheibe etwa 4 Körner grobes Salz legen.

ZUBEREITEN

Unterm Grill etwa 20 Minuten backen, bis die Kartoffeln die Sahne aufgesogen haben und goldbraun geworden sind.

ANRICHTEN

Die heißen Cassolettes auf Porzellanteller stellen und auftragen. Die gratinierten Kartoffeln werden aus den Pfännchen gegessen.

HINWEIS

Der Phantasie des einzelnen bleibt überlassen, wie er die Gewürze für dieses Gericht variiert. Statt Thymian könnte man frischen Rosmarin, statt grobem Salz grünen Pfeffer verwenden oder die Kartoffelscheiben einfach mit Scheibchen von Gruyère-Käse belegen.

APFELFLAN

ZUTATEN FÜR 4 PERSONEN

4 Äpfel (Golden Delicious)
8 frische oder eingemachte Aprikosen
50 g Sultaninen
16 Walnußkerne
2 Eier
150 g Butter
25 cl Milch
75 g Puderzucker

KOCHUTENSILIEN

4 Cassolettes
1 Stielbratpfanne

VORBEREITEN

Die gewaschenen Sultaninen über Nacht in eine Zuckerlösung von 30° Baumé legen.
Die Äpfel schälen, das Kerngehäuse ausstechen. Die Äpfel in 2 cm große Würfel schneiden. Die Aprikosen halbieren, entsteinen und vierteln. Die Walnußkerne grob zerhacken.
Für die Flanmasse die Milch mit den beiden Eiern und 25 g Zucker in einer Schüssel gut verrühren.

ZUBEREITEN

In der Stielbratpfanne 100 g Butter zerlassen. Die Apfelwürfel und Aprikosenviertel zufügen und mit 50 g Puderzucker bestäuben. Unter ständigem Rühren karamelisieren lassen.
Anschließend die Sultaninen und die gehackten Walnüsse einrühren und lauwarm abkühlen lassen.
Danach die Früchte in die 4 Cassolettes verteilen und darüber die Flanmasse geben. In ein heißes Wasserbad setzen und im Ofen bei 180 Grad etwa 15 Minuten pochieren.
Die Cassolettes herausnehmen. Die Oberfläche der Flans mit Puderzucker bestäuben und unter dem heißen Grill karamelisieren lassen.

HINWEIS

Ein Clafoutis erhält man, wenn man diese Flans – anstatt in der Cassolette auf einem blind gebackenen Mürbeteigboden bäckt.

3

Raymond Thuilier / Jean-André Charial

Ovale Kasserolle

Auch die Ursprünge der ovalen Kasserolle liegen weit zurück, wie das traditionell für sie verwendete Material, Gußeisen, und der Brauch, sie in die Glut des Kamins zu stellen, vermuten lassen. Bereits Scappi erwähnt sie als »stufator ovato«.
Die ovale Kasserolle ist für langsames Garen bestimmt. Sie wurde deshalb seit jeher bevorzugt aus Metallen wie Eisen und Gußeisen hergestellt, auch wenn es nicht an Exemplaren aus gebranntem Ton und Kupfer fehlt. Besonders im vorigen Jahrhundert wurde sie häufig aus

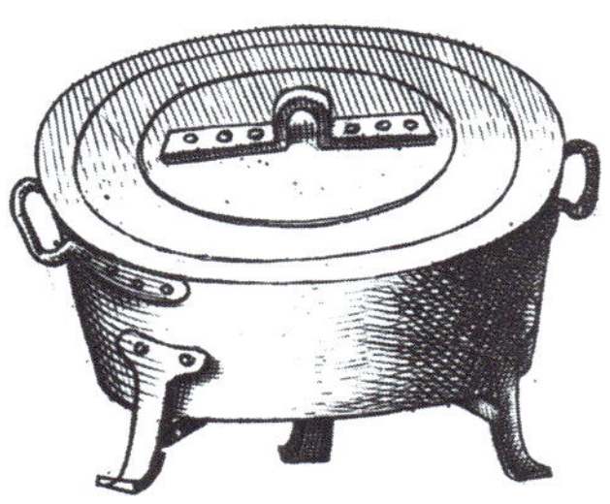

Dreifüßiger »forno« zum Kochen in der Glut. (Kupferstich aus B. Scappi, op. cit., Venedig 1570)

Im Vordergrund: Schmortöpfe der Renaissance aus Eisen. (Kupferstich des siebzehnten Jahrhunderts)

Die ovale Kasserolle ist ein Kochgeschirr von ovaler Form mit geraden oder nur sehr leicht ausgestellten Wänden. Sie hat einen abgerundeten Übergang von der Wand zum plan aufliegenden Boden und ist mit zwei Henkeln und einem schweren Deckel versehen.

Die ovale Kasserolle ist das maßgebliche Utensil für alle Kochvorgänge, die nach der Methode des Schmorens ausgeführt werden. Dabei wird das Gargut, wie bereits im Kapitel III beschrieben, zunächst auf allen Seiten in Fett angebraten. Danach fügt man entweder nur kleingeschnittenes Röstgemüse zu, oder man taucht das Gargut zur Hälfte seiner Höhe in eine aromatische Flüssigkeit – wie Brühe, Wein oder klaren Fond – und läßt es bei gelinder und regelmäßiger Temperatur langsam garen.
Die langsamen Kochvorgänge bewirken eine allmähliche Erweichung der Fasern und einen Austausch der Säfte und Aromen zwischen Gargut und Garflüssigkeit. Sie eignen sich besonders für dunkle Fleischsorten und weniger teure Fleischteile (Rindfleisch aus der Hüfte für Sauerbraten und für Schmorbraten nach provenzalischer Art), aber auch die besseren Stücke und zarteres Fleisch profitieren von dieser Methode – Coq au vin, Canard à l'orange, die mit Trüffeln und Gänseleber gefüllte Poularde Suwarow, das Matrosengericht von Aal in Rotwein.
Die ovale Kasserolle wird auch als Alternative zur Stielkasserolle für einige Kochvorgänge nach der Technik des Dünstens verwendet. Das Dünsten ist eine Variante des Schmorens. Es ist dadurch gekennzeichnet, daß kein vorheriges Anbraten erfolgt und daß nur wenig Fett oder Flüssigkeit verwendet wird – wie bei Frikassee oder Gulasch. Außerdem eignet sich die ovale Kasserolle ausgezeichnet zum Braten von großen Stücken – besonders von Poularden, Perlhühnern, Enten und von großen Stücken Thunfisch oder Seeteufel.

Wichtige Anregungen zu diesem Utensil hat Raymond Thuilier gegeben, der mit seinem Neffen Jean-André Charial in seiner kulinarischen Hochburg in Les-Baux-de-Provence die große Tradition der klassischen Küche von Escoffier und Curnonsky weiterführt.
Die ovale Kasserolle hat Raymond Thuilier an die saftigen

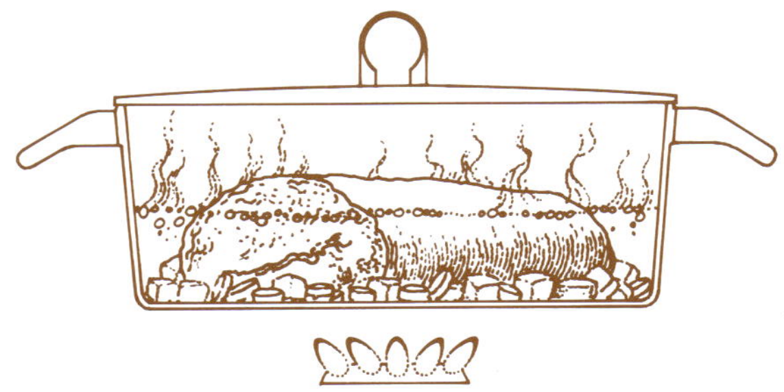

Ein Beispiel für einen langsamen Kochvorgang: Rinderschmorbraten in Rotwein.

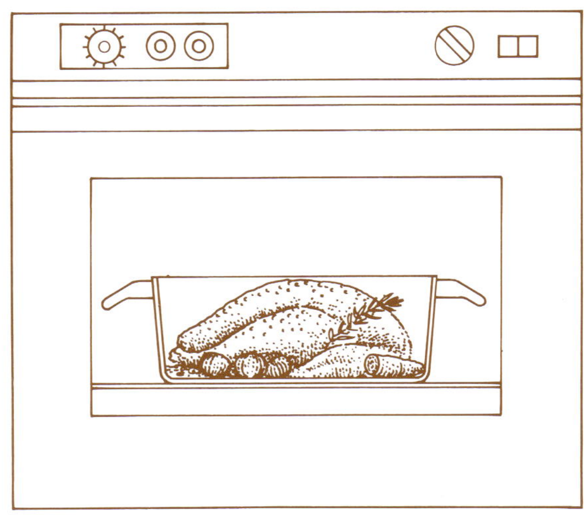

Die ovale Form der Kasserolle eignet sich besonders gut zum Braten von Geflügel im Ofen.

Schmorgerichte seiner Kindheit in Savoyen erinnert, die am Herdrand bei »feu doux« langsam gegart wurden. Deshalb gab er den Rat, nicht Kupfer, sondern Gußeisen zu verwenden, das aufgrund seiner besonderen Eigenschaften, die nebenstehend aufgeführt sind, die besseren Voraussetzungen mitbringt. Die Kasserolle ist besonders dickwandig, um den Effekt des Gußeisens als Wärmestabilisator noch zu steigern. Die ovale Kasserolle ist schwarz emailliert.

Die folgenden illustrierten Anwendungsbeispiele bestehen aus unveröffentlichen Rezepten von Raymond Thuilier und Jean-André Charial. Sie verdeutlichen den Gebrauch der ovalen Kasserolle und zeigen die beiden Autoren bei der praktischen Ausführung der Rezepte in der Küche des Restaurants »Oustau de Baumanière« in Les-Baux-de-Provence.

verzinntem Kupfer hergestellt, und es finden sich viele Beispiele von solchen Braisieren in rechteckiger Form mit abgerundeten Ecken und einem fast hermetisch schließenden Deckel.
Es ist wohlbekannt, daß Eisen und Gußeisen mittelmäßige Wärmeleiter sind. Werden sie jedoch in großer Stärke angewandt, entfalten sie eine interessante Wirkung: Sie regulieren die Übertragung der Wärme auf Speisen, die lange bei mäßiger und kontrollierter Temperatur garen müssen. Dem gleichen Zweck dienten auch die Deckel. Da sie fast hermetisch schlossen, aus dickem Material gearbeitet und sehr schwer waren, konnte beim Kochen kein Dampf entweichen. Die Speisen wurden bei feuchter Wärme gegart, und ihr Aroma blieb erhalten.

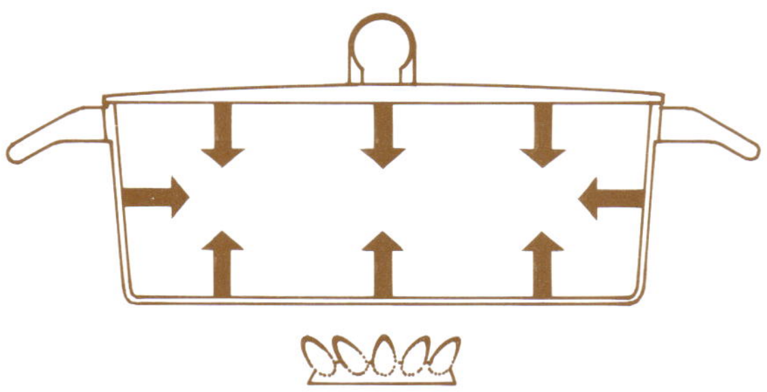

In diesem Querschnitt zeigen die Pfeile die Verteilung der Wärme an. Dank des sehr schweren Deckels entsteht im Inneren der Kasserolle ein ofenähnlicher Effekt.

»Daubière« oder Schmortopf aus Ton aus dem neunzehnten Jahrhundert. (Société Folklorique de Champagne).

Französische »braisière« oder rechteckige Schmorpfanne aus verzinntem Kupfer mit dichtschließendem Deckel. (Abbildung aus: J. Gouffé, op. cit., Paris 1881)

Kasserolle aus Gußeisen, neunzehntes Jahrhundert. (Musée populaire comtois, Besançon)

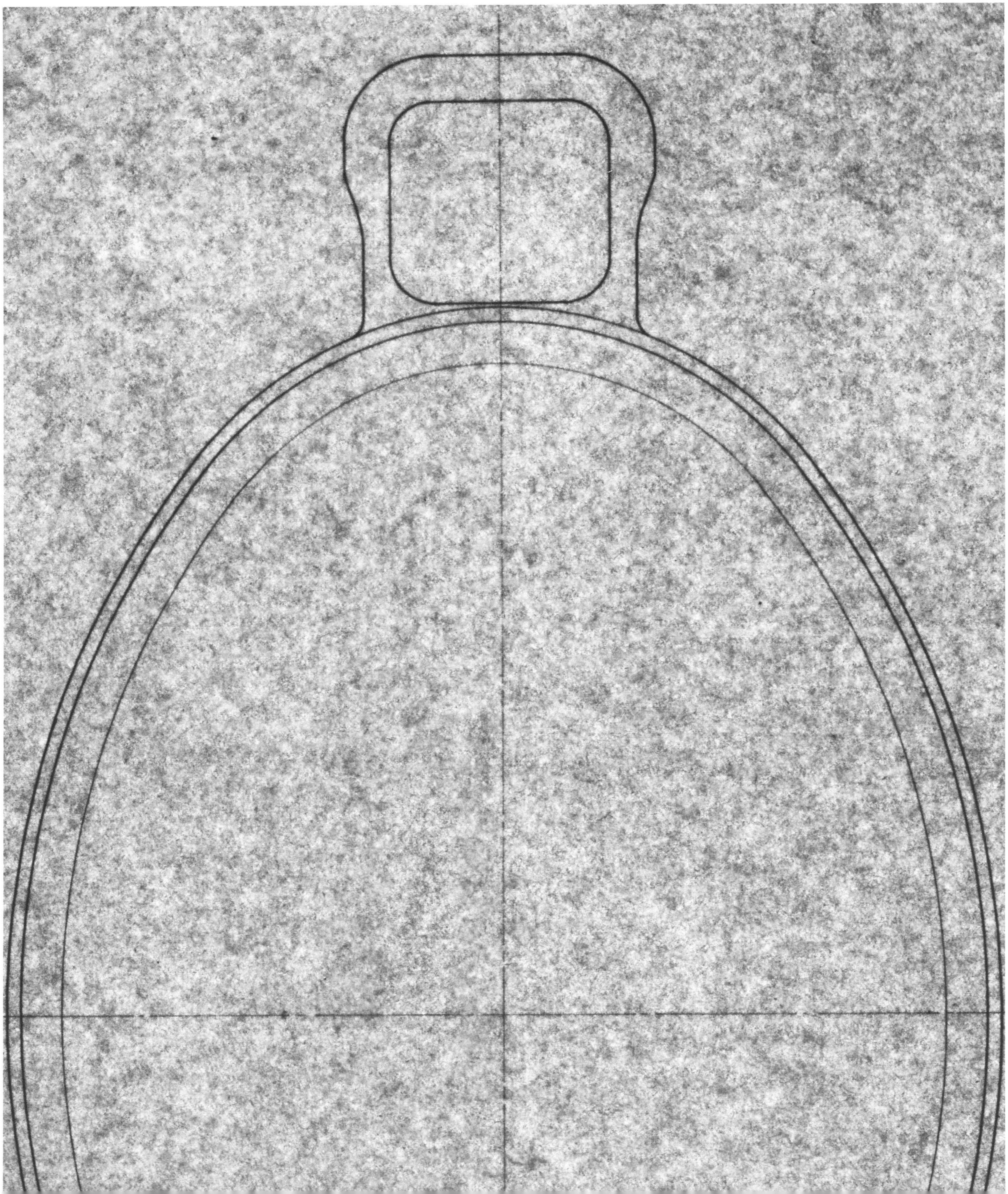

Ovale Kasserolle: Aufriß und Querschnitt für die Gießerei

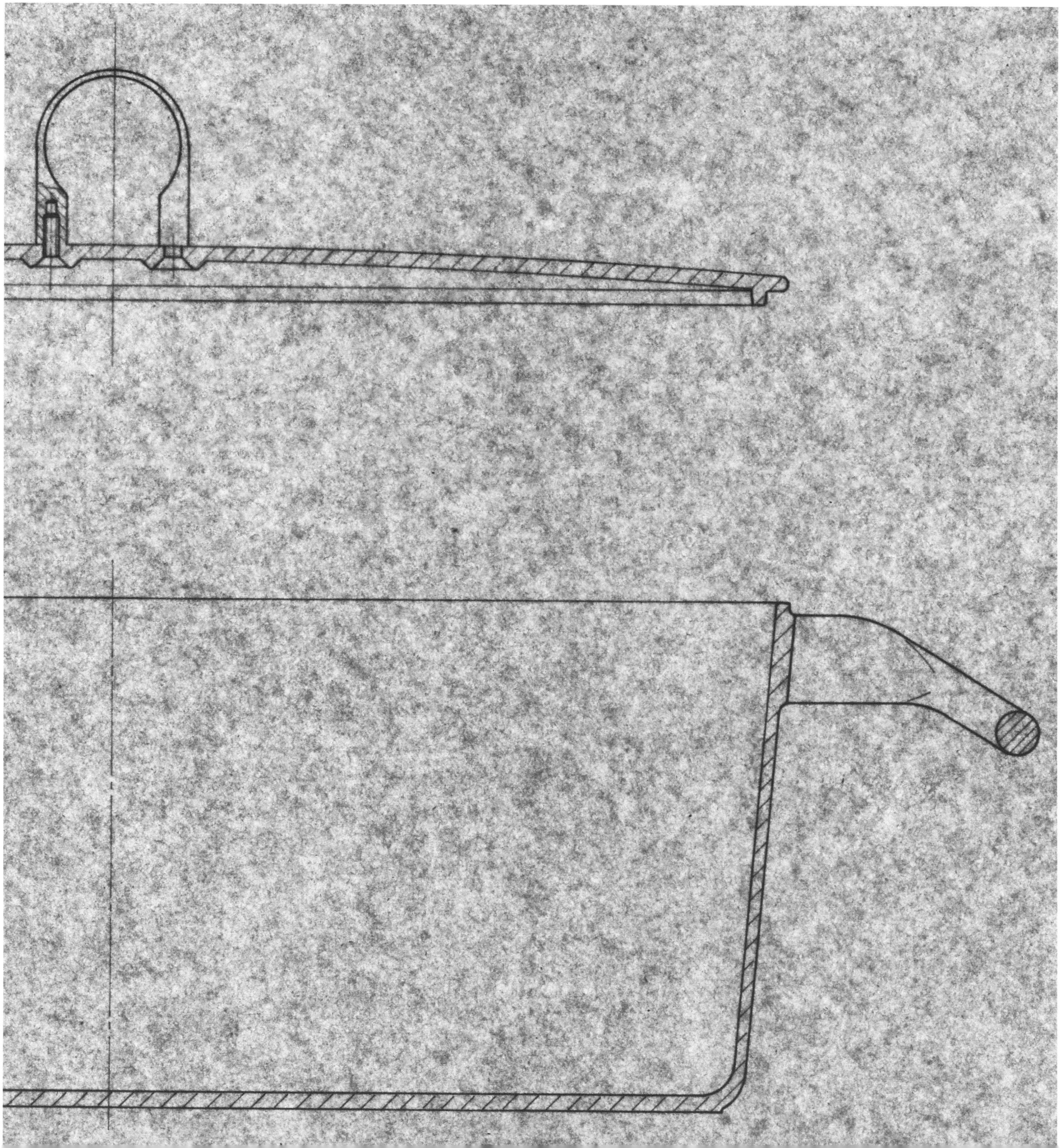

HUILE D'OLIVE VIERGE
L'OUSTE AU DE BAUMANIERE

RINDERSCHMORBRATEN IN ROTWEINSAUCE

VORBEREITUNGSZEIT: 40 MINUTEN

MARINIERZEIT: 4-5 STUNDEN

KOCHZEIT: 6 STUNDEN

ZUTATEN FÜR 4 PERSONEN

1 Stück Rinderschmorfleisch
(Blume oder Schwanzstück)
fetter Speck zum Spicken
10 cl Cognac
1 Flasche Rotwein
(Côtes du Rhône)
3 Gewürznelken
450 g Tomaten
2 Zwiebeln
200 g Champignons
2 Karotten
schwarze Oliven
1 Bouquet garni
125 g Speck
1 Stück getrocknete Orangenschale
200 g Speckschwarte
Kapern
Salz, frisch gemahlener Pfeffer

KOCHUTENSILIEN

1 Topf von 20 cm Durchmesser
1 ovale Kasserolle

VORBEREITEN

Das Fleisch, ein schönes Stück zum Schmoren aus der Blume oder dem Schwanzstück, quer zur Faser in dicke Scheiben schneiden und mit dem rohen Speck, der in Streifen geschnitten und einige Zeit in Cognac mariniert wurde, spicken.
In einer Schüssel mit dem Wein übergießen und die Gewürznelken einstreuen.
4-5 Stunden kühlgestellt marinieren ❶.
Die Tomaten brühen, abziehen, halbieren und die Kerne ausdrücken.
Das Fruchtfleisch grob zerschneiden.
Die geschälten Zwiebeln und die gewaschenen Champignons in kleine Würfel, die Karotten in kleine Scheiben schneiden.
Die Oliven entkernen, das Bouquet garni zusammenbinden und den mageren Speck würfeln.

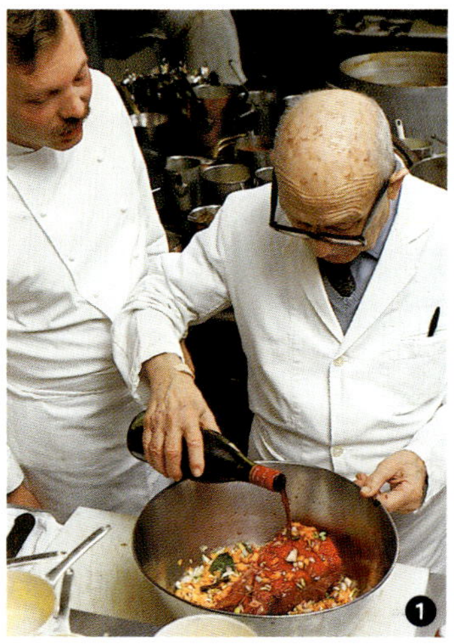

ZUBEREITEN

Im Kochtopf die in dünne Streifen geschnittene Speckschwarte in kochendem Wasser überwallen ❷. Herausheben und abtropfen lassen. Anschließend die Schwartenstreifen zusammen mit dem gewürfelten Speck auf den Boden der Kasserolle legen. Darüber nun das aus der Marinade gehobene Rindfleisch plazieren ❸. Mit Salz und frisch gemahlenem Pfeffer würzen und mit den Gemüsewürfeln, den Oliven, Kapern sowie der Orangenschale bestreuen. Das Bouquet garni zufügen. Den Cognac und den Rotwein der Marinade angießen ❹ und die Kasserolle mit dem Deckel verschließen ❺.

Auf dem Herd bei geringer Hitze etwa 1 Stunde schmoren lassen. Danach im mäßig warmen Ofen bei 130 Grad etwa 5 Stunden weiterschmoren.
Anschließend das Bouquet garni herausnehmen und den Schmorbraten über Nacht abkühlen lassen. Danach die erkaltete Fettschicht von der Oberfläche abheben.

ANRICHTEN

Am nächsten Tag wird der Schmorbraten wieder erwärmt und in der Kasserolle aufgetragen.

SEETEUFEL IN DER OVALEN KASSEROLLE

VORBEREITUNGSZEIT: 20 MINUTEN

KOCHZEIT: 40 MINUTEN

ZUTATEN FÜR 4 PERSONEN

1 kg Seeteufelschwanz (in einem Stück)
3 Karotten
3 Porreestangen
3 Stiele Staudensellerie
8 cl Olivenöl
10 cl trockener Weißwein
10 cl Fischfond
50 cl Sahne
Salz, frisch gemahlener Pfeffer

KOCHUTENSILIEN

1 ovale Kasserolle
1 Topf von 20 cm Durchmesser
3 Dämpfeinsätze
1 Stielkasserolle von 14 cm Durchmesser
1 Spitzsieb

VORBEREITEN

Den Seeteufelschwanz vom Fischhändler abziehen und sauber parieren lassen. Die Karotten putzen, vom Porree nur das Weiße verwenden und die Fäden vom Sellerie – wie beim Rhabarber – abziehen.
Das Gemüse waschen, abtropfen lassen und in dünne Streifen schneiden.
Die Karotten kann man auch würfeln.
Das Gemüse getrennt in die 3 Dämpfeinsätze des Kochtopfes geben.

ZUBEREITEN

Den parierten Seeteufelschwanz in die kalte ovale Kasserolle legen. Mit dem Olivenöl beträufeln und mit Salz und frisch gemahlenem Pfeffer bestreuen. Auf großer Flamme von allen Seiten schön goldbraun anbraten.
Anschließend den Weißwein und den Fischfond, der zuvor in der Stielkasserolle erhitzt wurde, zugießen.
Den Deckel auf die Kasserolle legen und sie für etwa 20 Minuten in den mäßig warmen Ofen geben. Anschließend den Fisch herausnehmen und warm halten.
Die Kasserolle auf den Herd stellen und in den Schmorfond 40 cl Sahne rühren. Unter ständigem Rühren mit einem Holzlöffel zu einer sämigen Konsistenz einkochen.

Die Sauce durch das Spitzsieb passieren, mit der restlichen Sahne verrühren und nochmals leicht reduzieren. Danach abschmecken. Die Sauce soll sämig-samtig sein. Gleichzeitig das Gemüse leicht salzen und in den Dämpfeinsätzen über Dampf im Kochtopf von 20 cm Durchmesser garen.

ANRICHTEN

Eine vorgewärmte Servierplatte mit der Sauce ausgießen und darauf den Fisch plazieren. Mit den Gemüsestreifen garnieren und auftragen.

GESCHMORTES TÄUBCHEN MIT PROVENZALISCHEM HONIG

VORBEREITUNGSZEIT: 30 MINUTEN

KOCHZEIT: 25 MINUTEN

ZUTATEN FÜR 4 PERSONEN

4 Täubchen
je 1 EL Koriander- und Pfefferkörner
6 EL provenzalischer Honig (Alpilles)
20 g Butter (zum Braten)
10 g Butter (zum Legieren der Sauce)
10 cl trockener Weißwein
5 cl Tauben- oder Geflügelbrühe

KOCHUTENSILIEN

1 ovale Kasserolle
1 Stielkasserolle von 10 cm Durchmesser

VORBEREITEN

Die Koriander- und Pfefferkörner zermahlen und anschließend gut mit dem Honig vermischen.
Die Täubchen abflämmen und Kopf, Füße und Flügelspitzen abschneiden.
Die Täubchen ausnehmen. Innen und außen salzen, danach bridieren.

ZUBEREITEN

In der ovalen Kasserolle die Butter aufschäumen lassen und darin die Täubchen in etwa 5-6 Minuten anbraten.
Nachdem sie gut gebräunt sind ❶, nimmt man die Kasserolle vom Feuer und bestreicht die Täubchen mit Hilfe eines Pinsels mit der Honigmischung ❷ ❸.
Den Deckel auf die Kasserolle legen ❹ und die Täubchen über geringer Hitze noch weitere 15 Minuten schmoren lassen ❺, sie dabei wenden und öfter mit dem Bratfond übergießen.
Anschließend die Täubchen herausnehmen, aufschneiden und warm halten.
Inzwischen den Bratfond mit dem trockenen Weißwein ablöschen.
Die Geflügelbrühe einrühren, leicht einreduzieren und abseits vom Feuer die kalte Butter flockenweise einschwenken, um die Sauce zu binden.

Die zerlegten Täubchen in die Kasserolle zurückgeben und in der Sauce nochmals 2 Minuten vorsichtig erhitzen, jedoch nicht mehr kochen lassen.

ANRICHTEN

Man sollte die Honigtäubchen in der Kasserolle auftragen.

GESCHMORTE KANINCHENFILETS MIT GRÜNEN OLIVEN

VORBEREITUNGSZEIT: 20 MINUTEN

KOCHZEIT: 1 STUNDE

ZUTATEN FÜR 4 PERSONEN

4 Kaninchenrücken
4 Tomaten
24 Oliven
4 große Schalotten
2 EL Olivenöl
1 EL Mehl
etwas frischer Rosmarin
40 cl trockener Weißwein
12 kleine Gewürzgurken
Salz, frisch gemahlener Pfeffer

KOCHUTENSILIEN

1 ovale Kasserolle
1 Henkelkasserolle von 20 cm Durchmesser

VORBEREITEN

Die Tomaten brühen, schälen und halbieren. Den Stielansatz entfernen, die Kerne ausdrücken und das Fruchtfleisch in grobe Stücke schneiden.
Die Oliven entkernen und in der Henkelkasserolle in kochendem Wasser, das zweimal gewechselt wird, blanchieren.
Die Schalotten schälen und würfeln.

ZUBEREITEN

Das Olivenöl in der ovalen Kasserolle erhitzen und die ausgelösten Filetstränge sowie die Schalotten hineingeben. Über mäßiger Hitze das Fleisch von allen Seiten anbraten. Die gut gebräunten Filets salzen und pfeffern. Mit dem Mehl bestäuben.
Die Tomaten, die Oliven und den frischen Rosmarin zufügen sowie den Weißwein einrühren. Zum Kochen bringen und zugedeckt über mäßiger Hitze etwa 40 Minuten schmoren. Anschließend die in feine Scheiben geschnittenen Gewürzgürkchen einstreuen und weitere 5 Minuten über milder Hitze ziehen lassen.

ANRICHTEN

Die Kaninchenfilets in der Kasserolle auftragen.

Aalragout in Rotweinsauce

VORBEREITUNGSZEIT: 40 MINUTEN

KOCHZEIT: 90 MINUTEN

ZUTATEN FÜR 4 PERSONEN

750 g Aal
1 Bouquet garni (Thymian, Porree, Sellerie, Petersilienstiele, Lorbeerblatt)
200 g Perlzwiebeln
4 Knoblauchzehen
200 g kleine feste Champignons
5 cl Olivenöl
1 EL Mehl
2 Flaschen Rotwein (Côtes du Rhône)
150 g gewürfelter Räucherspeck
24 Flußkrebsschwänze
Salz

FÜR DEN KOCHSUD ZUM ABKOCHEN DER KREBSE

150 g Staudensellerie
400 g Karotten
1 ganze Knoblauchknolle
2 Zwiebeln
1 Thymianzweig
1 Lorbeerblatt
einige Pfefferkörner
einige Korianderkörner
Salz

KOCHUTENSILIEN

1 ovale Kasserolle
1 Eier- oder Crêpespfanne
1 Topf von 20 cm Durchmesser
1 Spitzsieb

VORBEREITEN

Den Aal vom Fischhändler abziehen und filetieren lassen. Die Aalfilets anschließend in etwa 8 cm große Stücke schneiden und die noch vorhandenen Gräten mit einer Pinzette herausziehen.
Die Perlzwiebeln und die Knoblauchzehen schälen. Die Champignons unter fließendem Wasser waschen und danach vierteln.

ZUBEREITEN

In der ovalen Kasserolle die Aalstücke in heißem Olivenöl anbräunen, die Zwiebeln zufügen und salzen.

Die Knoblauchzehen und das Bouquet garni einlegen und 1 EL Mehl einrühren.
Danach den Rotwein zugießen, aufkochen lassen und 30 Minuten auf kleiner Flamme weiterschmoren.
Inzwischen den in 1 cm große Würfel geschnittenen Speck in der Pfanne anbraten.
Einen Fischsud zum Abkochen der Flußkrebse aus den angegebenen Zutaten in 3 Liter Wasser ansetzen und 30 Minuten kochen lassen.
In dem sprudelnd kochenden Sud die Krebse 3 Minuten kochen lassen, um sie abzutöten.
Anschließend im Spitzsieb ablaufen und abkühlen lassen. Danach das Schwanzfleisch ausbrechen und den dunklen Darmstrang daraus entfernen.
Inzwischen die Aalstücke aus der Kasserolle heben und die Sauce in der geschlossenen Kasserolle noch weitere 30 Minuten auf kleiner Flamme kochen lassen. Anschließend das Bouquet garni entfernen und die Aalstücke wieder hineinlegen.
Die geviertelten Champignons, die gebratenen Speckwürfel und die Krebsschwänze zufügen. Über milder Hitze etwa 10 Minuten schmoren lassen.
Das Ragout sollte in der Kasserolle aufgetragen werden.

THUNFISCH »À L'ÉTUVÉE«

VORBEREITUNGSZEIT: 30 MINUTEN

KOCHZEIT 60 MINUTEN

ZUTATEN FÜR 4 PERSONEN

1 kg Thunfisch (in einem Stück)
8 Sardellenfilets
8 Perlzwiebeln
200 g kleine Champignons
schwarze Oliven
2 Tomaten
5 cl Olivenöl
10 g Butter
10 cl trockener Weißwein
1 Thymianzweig
etwas frischer Estragon
Salz, frisch gemahlener Pfeffer

KOCHUTENSILIEN

1 ovale Kasserolle
1 Stielkasserolle von 14 cm Durchmesser

VORBEREITEN

Den Thunfisch mit den gewässerten und trockengetupften Sardellenfilets spicken.
Die Zwiebeln schälen und die Champignons schnell unter fließendem Wasser waschen, abtropfen lassen und vierteln. Die Oliven entsteinen.
Die Tomaten wie folgt abziehen:
Mit einem kleinen spitzen Messer rund um den Stielansatz fahren und diesen keilförmig herausschneiden. Kreuzweise die Haut am anderen Ende einschneiden und die Tomaten etwa 12 Sekunden in die Stielkasserolle in kochendes Wasser tauchen, herausnehmen und 15 Sekunden in kaltes Wasser geben. Die Haut läßt sich dann ganz leicht abziehen. Anschließend die Tomaten halbieren und die Kerne herausdrücken. Nur das Fruchtfleisch wird verwendet.

ZUBEREITEN

In der ovalen Kasserolle das Olivenöl zusammen mit der Butter auf großer Flamme erhitzen. Den Thunfisch einlegen, mit Salz und frisch gemahlenem Pfeffer würzen und von beiden Seiten anbräunen.
Anschließend bei reduzierter Hitze etwa 15 Minuten in der offenen Kasserolle schmoren. Danach den trockenen Weißwein zugießen und mit einem Holzlöffel den Bratensatz vom Boden der Kasserolle ablösen.
Die Tomaten, die Champignons, die Zwiebeln, die Oliven sowie den Thymianzweig und etwas frischen Estragon zufügen. Den Deckel auflegen und bei reduzierter Hitze weitere 30 Minuten schmoren lassen.
Anschließend eine Garprobe machen und die Sauce abschmecken.

ANRICHTEN

Den Thunfisch auf eine vorgewärmte Servierplatte plazieren und mit der Sauce überziehen.

KANINCHENPFEFFER

ZUTATEN FÜR 4 PERSONEN

1 junges Kaninchen
etwas frisches Kaninchenblut
250 g Champignons
etwas Butter
250 g magerer Räucherspeck
etwas Olivenöl
1 kleines Glas Aquavit
1/2 TL Essig
1 Bouquet garni
1 Gewürznelke
1 Knoblauchzehe
1 Zwiebel
1 EL Mehl

FÜR DIE MARINADE

1 Karotte
1 Knoblauchzehe
25 Pfefferkörner
3 Zwiebeln
1 kleiner Zweig Thymian
2 Lorbeerblätter
etwas Petersilie
1 Flasche Rotwein

KOCHUTENSILIEN

1 ovale Kasserolle
1 Spitzsieb
1 flache Henkelkasserolle

VORBEREITEN

Zuerst eine Marinade aus dem Rotwein und den kleingeschnittenen Würzzutaten bereiten. Das Kaninchen in 8 Stücke zerteilen. Die Leber beiseite legen und etwas Essig in das frische Blut rühren, damit es nicht gerinnt.
Die Kaninchenteile für mindestens 3 Stunden in die Marinade legen. Kurz vor dem Zubereiten die Champignons waschen und vierteln sowie die Zwiebel schälen und würfeln.

ZUBEREITEN

In der flachen Henkelkasserolle den in schmale Streifen geschnittenen Räucherspeck in etwas Butter anbraten. Anschließend noch etwas Butter und das Olivenöl zufügen und die trockengetupften Kaninchenteile, das Bouquet garni, den Knoblauch, die Zwiebelwürfel, die Gewürznelke und die gebratenen Speckstreifen zufügen. Mit etwas Salz und frisch gemahlenem Pfeffer bestreuen.
Auf großer Flamme schnell anbraten, dabei die Kaninchenteile mit einem Holzlöffel wenden und darauf achten, das sich nichts am Boden ansetzt.
Sobald das Fleisch eine schöne Farbe hat, mit dem Aquavit übergießen und flambieren. Mit der zuvor durch das Spitzsieb geseihten Marinade ablöschen.
Die Flüssigkeit einige Minuten einkochen lassen.
Inzwischen in einer Schüssel das Mehl mit dem Blut verquirlen und anschließend in den Saucenfond rühren. Zugedeckt auf ganz kleiner Flamme etwa 2 – 3 Stunden schmoren lassen, dabei von Zeit zu Zeit umrühren.
Die Kaninchenteile nach beendeter Garzeit herausheben und warm halten.
Die Sauce mit der pürierten Kaninchenleber sowie 50 g Butter binden und danach durch das Spitzsieb passieren. Die in etwas Butter gedünsteten Champignons in die Sauce geben und diese nochmals vorsichtig erhitzen, aber nicht kochen. Getrennt zum Kaninchen reichen.

COQ AU VIN

ZUTATEN FÜR 4 PERSONEN

1 Hähnchen von 1250 g
100 g magerer Räucherspeck
2 Knoblauchzehen
70 g Perlzwiebeln
40 g Butter
1 Gläschen Cognac
1 l Rotwein (Châteauneuf-du-pape)
1 kleiner Thymianzweig
1 Lorbeerblatt
150 g Champignons
20 g Mehl
Salz, frisch gemahlener Pfeffer

KOCHUTENSILIEN

1 ovale Kasserolle
1 Stielkasserolle
1 flache Henkelkasserolle
1 Spitzsieb

VORBEREITEN

Das Hähnchen – es soll aus einer Freilandhaltung stammen – zerlegen, indem man zuerst die Schenkel und die Flügel abtrennt und anschließend die Brust auslöst. Alle Teile halbieren.
Den Räucherspeck in Streifen von 3 cm Länge schneiden. Die Knoblauchzehen und die Perlzwiebeln schälen. Die Champignons waschen, abtropfen lassen und in dünne Scheibchen schneiden.

ZUBEREITEN

In der Stielkasserolle die Speckstreifen etwa 2 Minuten in kochendem Wasser blanchieren. Danach mit dem Spitzsieb herausheben und abtropfen lassen. In der flachen Henkelkasserolle die Speckstreifen sowie die Perlzwiebeln in etwas Butter anbraten.
Etwas Butter in der ovalen Kasserolle erhitzen und die Hähnchenteile von allen Seiten darin gut anbräunen. Anschließend mit Salz und frisch gemahlenem Pfeffer würzen.
Danach die angebratenen Speckstreifen und Perlzwiebeln zufügen, mit dem Cognac übergießen und flambieren.
Mit dem Rotwein auffüllen und die Knoblauchzehen sowie den Thymianzweig und das Lorbeerblatt zufügen. Zugedeckt auf kleiner Flamme etwa 1 Stunde schmoren lassen.
Etwa 10 Minuten vor Ende der Kochzeit die Champignons in ganz wenig Butter andünsten.
Unterdessen in einer kleinen Schüssel das Mehl mit der restlichen Butter zu einer »Beurre manié« verrühren.
Kurz vor dem Anrichten den Thymianzweig und das Lorbeerblatt entfernen und die »Beurre manié« einrühren, um die Sauce zu binden.

SALMIS VON DER WILDENTE

ZUTATEN FÜR 2 PERSONEN

1 Wildente
1 Karotte
1 Zwiebel
2 Schalotten
45 g Butter
2 EL feines Speiseöl
2 Glas trockener Weißwein
1 Glas Madeira
1 Lorbeerblatt
1 kleiner Thymianzweig
30 g Mehl
Salz, frisch gemahlener Pfeffer

KOCHUTENSILIEN

1 ovale Kasserolle
1 Spitzsieb

VORBEREITEN

Die Wildente abflämmen, Kopf, Hals und Beine abschneiden und die Ente ausnehmen. Das Innere mit Salz und frisch gemahlenem Pfeffer würzen, danach die Ente bridieren.
Die Leber fein hacken, die Karotte in Scheiben, die Zwiebel und die Schalotten in feine Würfel schneiden.

ZUBEREITEN

30 g der Butter und das Öl in der ovalen Kasserolle erhitzen und darin die Wildente in 20 Minuten unter häufigem Wenden anbraten, damit sie gleichmäßig bräunt.
Anschließend die Ente herausnehmen, erst die Schenkel, die noch sehr rosa sein sollen, dann die Flügel abtrennen und die Brust auslösen. Auf einen Teller legen, mit Alufolie bedecken und im 60 Grad heißen Ofen warm halten.
Die Entenkarkasse auf einem Schneidbrett grob zerhacken. In die Kasserolle zurückgeben und zusammen mit dem zerkleinerten Würzgemüse etwa 5 Minuten anrösten.
Den Weißwein, den Madeira und zusätzlich noch 2 Gläser Wasser anschütten und den Bratensatz mit einem Holzlöffel vorsichtig vom Kasserollenboden ablösen.
Den Thymianzweig und das Lorbeerblatt zufügen und alles etwa 30 Minuten auf mäßiger Flamme kochen lassen.
Aus der restlichen Butter und dem Mehl eine »Beurre manié« bereiten und zusammen mit der fein gehackten Leber in den Saucenfond rühren. Noch etwa 10 Minuten kochen lassen. Danach die Sauce durch das Spitzsieb passieren und abschmecken.
Die Ententeile in der Sauce etwa 5 Minuten erhitzen.

ANRICHTEN

In der ovalen Kasserolle zu Tisch geben und nach Belieben ein Selleriepüree dazu reichen.

4

Alain Chapel

Konische Kasserolle oder Sauteuse

Der Ursprung dieses Kochgefäßes in seiner heutigen Form und Funktion geht auf die französische Küche des achtzehnten Jahrhunderts zurück, auch wenn sich Beispiele ähnlicher Art schon in den Ausgrabungsfunden von Pompeji nachweisen lassen.

Versilberte Bronzekasserolle mit Herstellermarke. Fund aus Pompeji. (Lithographie aus: C. Ceci, op. cit., Neapel 1858)

Die konische Kasserolle oder Sauteuse ist ein kegelstumpfförmiges Gefäß mit einem abgerundeten Übergang von der Wand zum plan aufliegenden Boden. Sie ist mit einem langen Stiel versehen.

Aufgrund ihrer spezifischen Eigenschaften ist die konische Kasserolle oder Sauteuse besonders geeignet für alle Kochvorgänge, bei denen die Speisen gleichzeitig erwärmt und gerührt werden müssen – etwa empfindliche und instabile Emulsionen auf Butter-, Sahne- oder Eibasis wie Sauce Hollandaise, Sauce Béarnaise, Sauce Mousseline, Zabaione sowie alle Arten von Cremes. Darüber hinaus ist die Sauteuse dank ihrer ausgestellten Wände hervorragend geeignet für die Zubereitung von Pürees, aber auch zum Sautieren.

Ursprünglich wurde die Sauteuse aus schwerem Kupfer mit verzinntem Inneren gefertigt und war mit einem Stiel aus geschmiedetem Eisen versehen. Sie ist ein interessantes Zeugnis für die analytische Aufmerksamkeit, die die französischen Köche den Gerätschaften schenkten, mit denen sie Tag für Tag arbeiteten. Dabei haben sie auch die kleinsten funktionalen Details bedacht. Die Ausweitung des Gefäßkörpers nach oben hin und der abgerundete Boden haben nämlich ihren Sinn darin, daß man beim Vermischen der Ingredienzen den Spatel oder den Rührbesen im Inneren der Sauteuse schnell und mühelos bewegen kann.

»Sauteuse évasée« und »sauteuse à dégré« aus Nickel: zwei sehr ähnliche Utensilien, die heute zu einem verschmolzen sind. (Aus einem Katalog der Firma Arthur Krupp, Berndorf, 1894)

Das Rühren einer Sauce mit dem Rührbesen.

Das Durcharbeiten eines Pürees mit dem Holzlöffel.

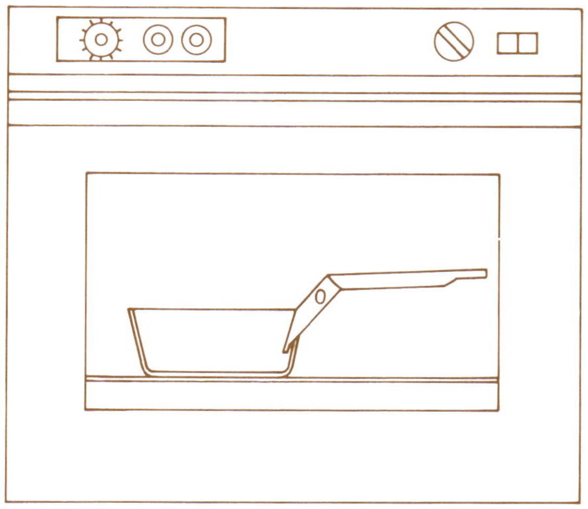

Der Stiel aus Gußeisen ermöglicht die Benutzung im Ofen.

Eine der ersten Darstellungen der heutigen Sauteuse. (Französische Lithographie aus dem frühen neunzehnten Jahrhundert)

Umherziehender Topfhändler.
(Stich aus dem achtzehnten Jahrhundert in farblithographischer Reproduktion als Werbedruck der Firma Breland, Lyon, aus dem frühen zwanzigsten Jahrhundert)

Das Metall, aus dem der Gefäßkörper hergestellt ist, ein besonders dickes Kupferblech, macht es aufgrund seiner hohen Wärmeleitfähigkeit möglich, die gewünschte Temperatur genau und schnell zu erreichen und eine gleichmäßige Erwärmung der gesamten Oberfläche des Gefäßes herbeizuführen. Diese Temperatur kann je nach den Erfordernissen der Kochphase schnell variiert werden. Am langen Stiel hat man das Gefäß beim Rühren fest im Griff.

Zwar ist die Sauteuse in der heutigen Küche weniger gebräuchlich als in der Küche des vorigen Jahrhunderts, aber die hier herausgestellten Eigenschaften zeigen ihren hohen Nutzen und Gebrauchswert. Sie muß daher unbedingt in die zeitgemäße moderne Küchenbatterie aufgenommen werden.
Bei der Projektierung der Sauteuse hat Alain Chapel, ein eminenter Vertreter der »nouvelle cuisine« und einer der besten Sauciers überhaupt, die Größe, die Proportionen des Gefäßkörpers und den Ausstellwinkel der Wände angegeben, wie sie seiner Erfahrung nach am besten geeignet sind. Das Gefäß ist überdies aus Kupfer in einer Stärke von ungefähr 2,5 mm hergestellt worden, also in einer Stärke, die eine perfekte Wärmeleitung garantiert, ohne daß das Gefäß ein zu hohes Gewicht bekommt. Dies bietet die Möglichkeit, vor allem zarte Soßen und Cremes, die sonst gewöhnlich im Wasserbad gerührt werden, mit ein wenig Übung direkt über der Wärmequelle zuzubereiten.

Eine nicht alltägliche Verwendung der Sauteuse.
(Satirische Postkarte von Hugo Spindler, 1914)

Der Querschnitt zeigt, wie die ausgestellten Wände das Rühren mit dem Rührbesen erleichtern.

Im Inneren ist die Verzinnung, die vom hygienischen Standpunkt sehr schädlich ist und regelmäßig erneuert werden muß, durch eine dünne Edelstahlschicht in der Legierung 18/10 ersetzt worden, die aufgrund ihrer minimalen Stärke die perfekte Wärmeleitung des Kupfers nicht beeinträchtigt und gleichzeitig größte Hygiene, leichtes Reinigen und lange Lebensdauer garantiert. Kupfer und Stahl sind durch eine Aluminiumschicht miteinander verbunden, die beim Formen des Gefäßkörpers die verschiedenen Spannungen der beiden Metalle ausgleicht. Eine weitere bedeutsame Neuerung stellt der Stiel dar: Er besteht aus in der Kokille gegossenem Stahl und ist so konstruiert, daß das Gefäß angenehm zu handhaben ist und eine Überhitzung vermieden wird.

Die folgenden Rezepte von Alain Chapel liefern einige Beispiele der Vielseitigkeit dieses Utensils. Es kann mit großem Erfolg auch für das Sautieren und für das Kochen im Ofen verwendet werden. Es sei besonders auf das Rezept für die sautierte Poularde mit Knoblauch hingewiesen: Dadurch daß sich die Wärme gleichmäßig in Wand und Boden verteilt und dadurch daß die häufig zu wendenden Poulardenteile dank des abgerundeten Bodens schnell und glatt gewendet werden können, erfordert das Sautieren nur ein Minimum an Zeit. Eine andere Anwendungsart wird bei der Schüsselpastete von der Barbarie-Ente demonstriert: Die Pastete kann, anders als in den üblichen flachen Formen, besonders hoch geformt werden und dank der ausgestellten Wände besonders leicht aus der Form genommen werden. Dabei kann die Sauteuse im Ofen benutzt werden, denn ihr metallener Stiel verträgt auch hohe Temperaturen. Die folgenden Rezepte sind unveröffentlicht, und Alain Chapel wurde bei ihrer praktischen Ausführung in seiner Küche in Mionnay fotografiert.

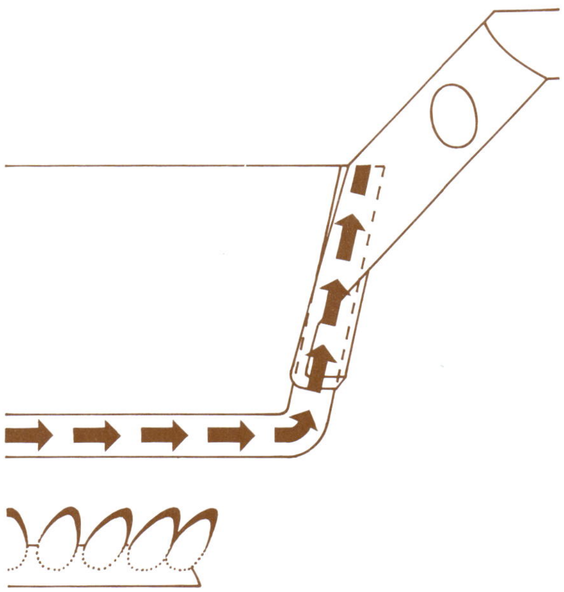

Auch bei der Sauteuse ist der Korpus aus dickwandigem Kupfer hergestellt. Die Wärme steigt schnell vom Boden in die Wände – unerläßlich für empfindliche Saucen und Cremes, die in diesem Gefäß zubereitet werden.

»Kochschule für junge Frauen«. (Englischer Stich aus dem späten neunzehnten Jahrhundert)

Maurice Edmond Sailland, genannt Curnonsky, Journalist und großer französischer Gastronom der »Belle Époque«. (Aus: »Larousse gastronomique«, op. cit.)

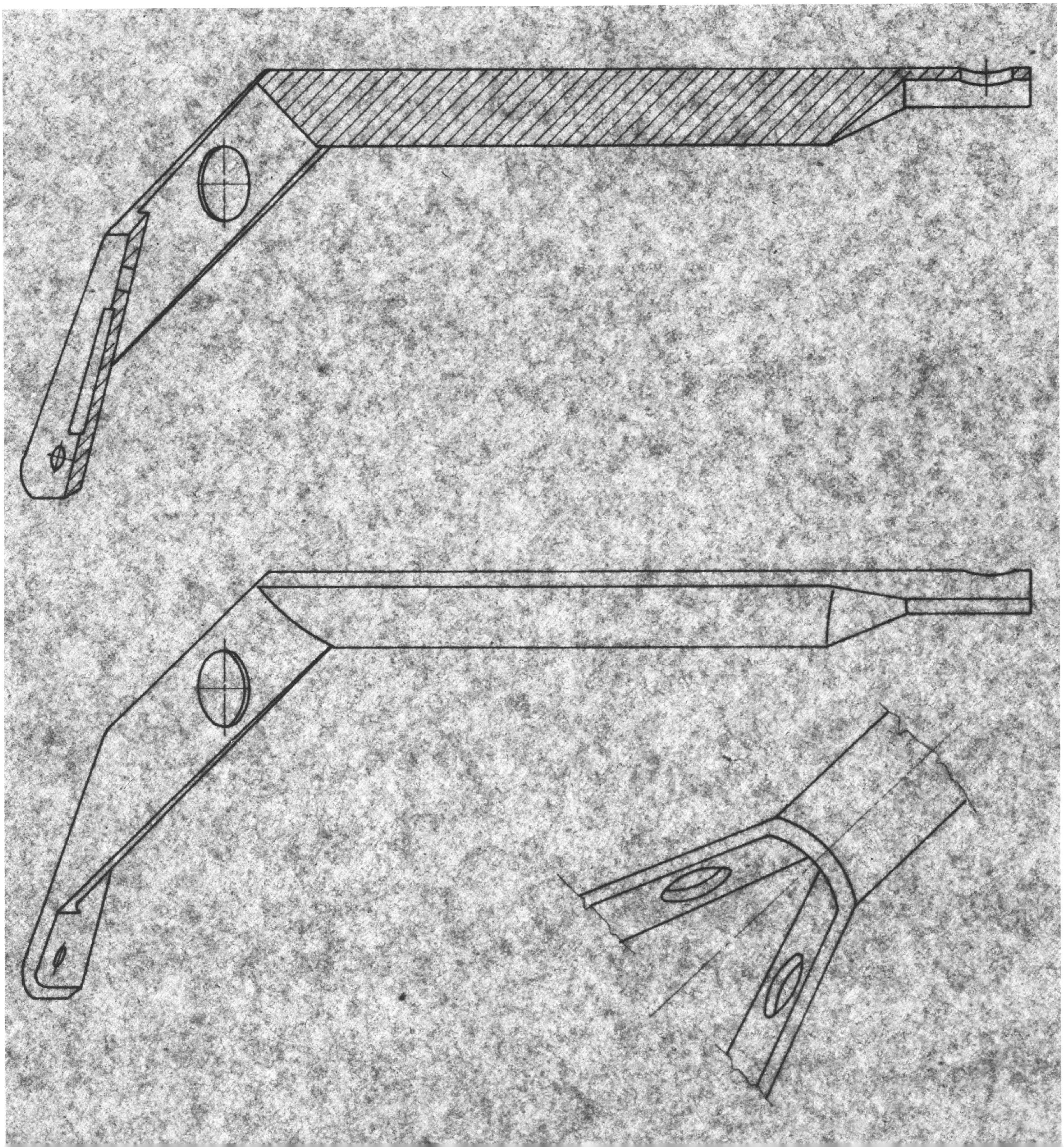

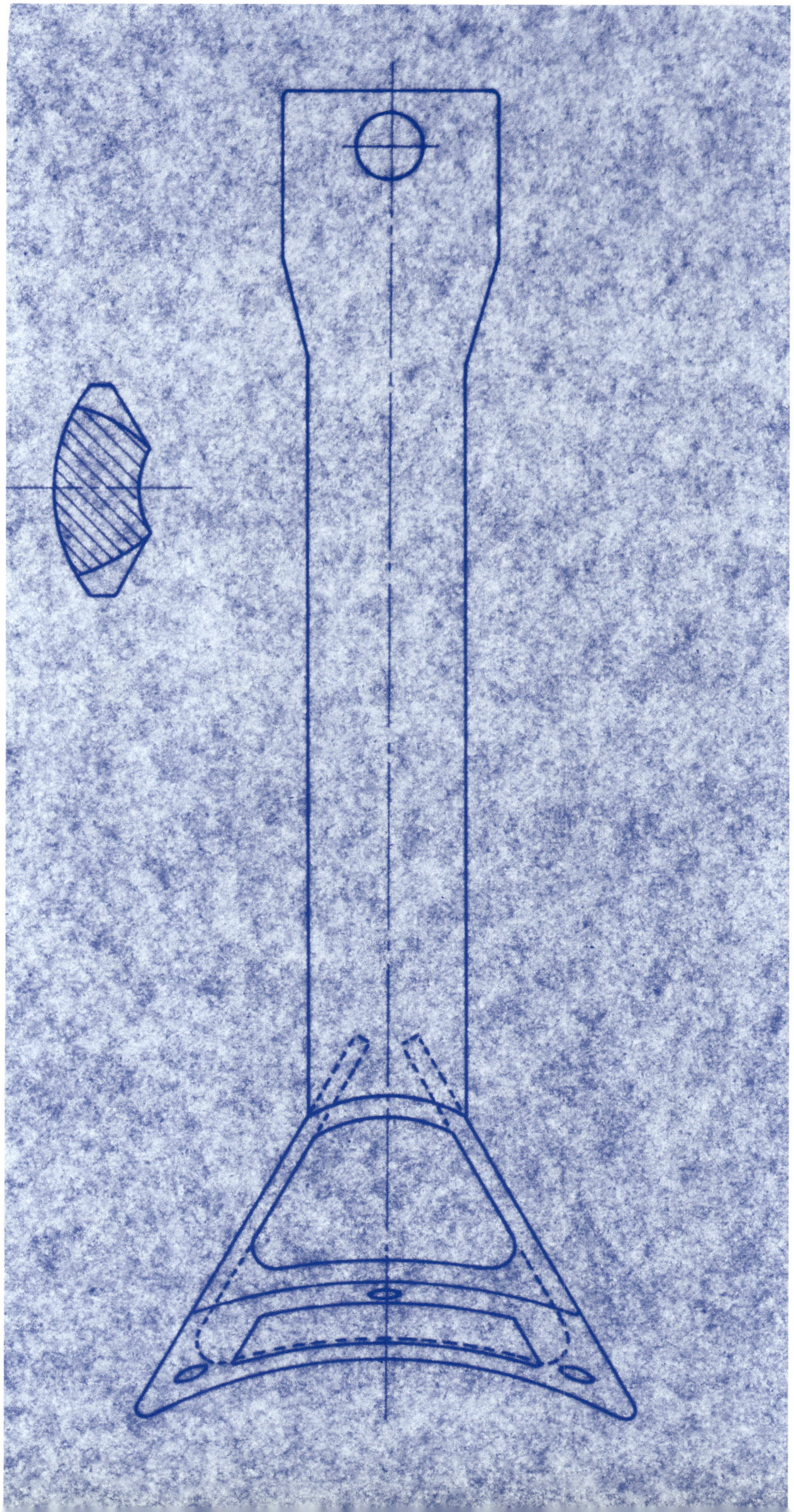

Konische Kasserolle oder Sauteuse: Aufsichten und Querschnitte des Stiels

SAUCE AMUSANTE FÜR NUDELN UND SALATE

VORBEREITUNGSZEIT: 20 MINUTEN

ZUBEREITUNGSZEIT: 30 MINUTEN

ZUTATEN FÜR 4 PERSONEN

Für den Langustenfumet:
1 kleine Languste von 500 g oder
8 rohe Scampischwänze
1 Karotte
1 Zwiebel
1 Knoblauchzehe
1 EL Olivenöl
Salz, frisch gemahlener Pfeffer

Für die Sauce:
2 reife Tomaten
1 noch feste Tomate
etwas Kerbel
etwas Schnittlauch
4 Knoblauchzehen
6 EL Olivenöl (davon je 1 EL für den Knoblauch und die Krustentiere)
3 EL Aceto balsamico
150 g schwarze Oliven aus Nizza (in Thymian und Rosmarin eingelegt)
Salz, frisch gemahlener Pfeffer

KOCHUTENSILIEN

2 Sauteusen
1 Spitzsieb
1 Stielkasserolle von 14 cm Durchmesser
1 Eier- und Crêpespfanne

VORBEREITEN

Für den Langustenfumet die Karotten und die Zwiebeln in nicht zu kleine Würfel schneiden. Die gesäuberte Languste einige Minuten in sprudelnd kochendem Wasser abkochen, um sie abzutöten. Danach den Schwanz abdrehen, das Schwanzfleisch auslösen und den dunklen Darmstrang entfernen. Bei Verwendung von rohen Scampischwänzen diese auslösen und ebenfalls die Darmstränge entfernen.
Die Panzer zerkleinern, zusammen mit 1 EL Olivenöl in der Sauteuse auf starker Flamme anrösten. Danach die Karotten- und Zwiebelwürfel sowie die ungeschälte Knoblauchzehe zufügen. Zugedeckt auf kleiner Flamme etwa 2 Minuten anschwitzen.

Anschließend den Deckel abheben, die Hitze verstärken und das Röstgemüse goldbraun ansautieren. Mit 2 Gläsern kaltem Wasser ablöschen und 15 Minuten kochen lassen.
Zuletzt den Fond durch das Spitzsieb abseihen und die Rückstände gründlich ausdrücken.

ZUBEREITEN

Den Stielansatz der Tomaten herausschneiden, die Tomaten 10 Sekunden in kochendes Wasser tauchen ❶, kalt abschrecken, die Haut abziehen und das Fruchtfleisch in kleine Stücke schneiden.
Den Kerbel fein schneiden, vom Schnittlauch nur die Spitzen verwenden und mit der Küchenschere in 2 cm Länge abschneiden.
Die 4 Knoblauchzehen schälen und den Keim entfernen. Die Zehen längs in blättrige Scheiben schneiden und in der kleinen Pfanne in 1 EL Olivenöl vorsichtig, damit sie nicht verbrennen, knusprig braten.
Den Langustenschwanz quer in dünne Scheiben schneiden. Falls Scampischwänze verwendet werden, diese im Ganzen belassen. In 1 EL Olivenöl in der Sauteuse schnell ansautieren.
Inzwischen den Fumet in der anderen Sauteuse wieder erhitzen und die Langustenscheiben oder die Scampischwänze, die Tomatenstücke sowie die schwarzen Oliven ❷ hineingeben. Die restlichen 4 EL Olivenöl ❸ einrühren und die Sauce mit Salz und frisch gemahlenem Pfeffer abschmecken. Danach den Aceto balsamico zufügen ❹ und die Sauce eine kurze Zeit durchziehen lassen ❺.
Anschließend die Kräuter einstreuen ❻ und die Sauce vorsichtig durchrühren ❼ und nochmals abschmecken ❽.

ANRICHTEN

Die Sauce amusante paßt ausgezeichnet zu feinen Nudeln, aber auch zu gemischten Salaten aus grünen Bohnen, Römersalat, Rauke – wie man sie im Sommer besonders schätzt. Den knusprig gerösteten Knoblauch getrennt dazureichen.

CHAMPAGNER-SABAYON FÜR FISCHGERICHTE

VORBEREITUNGSZEIT: 15 MINUTEN

ZUBEREITUNGSZEIT: 30 MINUTEN

ZUTATEN FÜR 6 PERSONEN

50 g Butter
1 Karotte
1 Zwiebel
2 Knoblauchzehen
Kopf und Gräten von 2 Lachsforellen
3 Petersilienstiele
2 kleine Thymianzweige
1 Glas Champagner
2 Eigelb
100 g Butter
Salz, frisch gemahlener weißer Pfeffer

KOCHUTENSILIEN

1 Sauteuse
1 Rührbesen
1 Henkelkasserolle von 20 cm Durchmesser
1 Spitzsieb

VORBEREITEN

Die Henkelkasserolle erhitzen und darin 50 g Butter schmelzen. Die in Scheiben geschnittene Karotte, die in Ringe geschnittene Zwiebel sowie die ganzen ungeschälten Knoblauchzehen zufügen und goldgelb anschwitzen ❶.
Anschließend die Gräten und Köpfe der Lachsforellen einlegen ❷, leicht ansautieren und abschmecken.
Die Kräuter zufügen. Wenn sich die Aromen aller Zutaten verbunden haben, mit dem Champagner übergießen ❸ und flambieren.
Auf kleiner Flamme auf 1/3 der Flüssigkeitsmenge einkochen lassen, dabei von Zeit zu Zeit den Fond abschäumen.
Anschließend den Fond durch das Spitzsieb vorsichtig – ohne zu pressen – ablaufen lassen ❹. Den Fond erkalten lassen, er soll dabei leicht gelieren, und anschließend vollständig entfetten.

FERTIGSTELLUNG DER SAUCE

Den gelierten Fischfond zurück in die Sauteuse geben, auf kleiner Flamme wieder flüssig werden lassen und das Eigelb einrühren. Über mäßiger Hitze mit dem Rührbesen zu einer Emulsion aufschlagen ❺, ❻ und 100 g Butter flockenweise einschlagen. Zuletzt nochmals abschmecken.

HINWEIS

Der Champagner-Sabayon wird im Wasserbad warm gehalten. Er eignet sich vorzüglich für Fische und Krustentiere sowie für zarte über Dampf gegarte oder pochierte Fischfilets.

POULARDE MIT KNOBLAUCH SAUTIERT

VORBEREITUNGSZEIT: 25 MINUTEN

ZUBEREITUNGSZEIT: 35 MINUTEN

ZUTATEN FÜR 4 PERSONEN

1 junge Poularde von etwa 1,6 kg
1 1/2 große Knoblauchknollen
100 g Butter
5 cl trockener Weißwein
1/2 Glas Geflügelbrühe
1 Bund Petersilie
Salz, frisch gemahlener Pfeffer

KOCHUTENSILIEN

1 Sauteuse

VORBEREITEN

Die Poularde – Frühjahrspoularden sind die besten – in 8 Teile zerlegen ❶, ❷ und mit Salz und frisch gemahlenem Pfeffer würzen. Die Petersilie waschen und trockentupfen.

ZUBEREITEN

In der Sauteuse 2/3 der Butter zerlassen und die Poulardenteile einlegen ❸.
Über mäßiger Hitze anbraten, bis die Poulardenteile eine schöne goldbraune Farbe haben.
Die in einzelne Zehen zerpflückte Knoblauchknolle ungeschält zufügen ❹.
Darauf achten, daß die Butter nicht zu dunkel wird. Gegebenenfalls abgießen und frische Butter zufügen.
Nach etwa 10 Minuten die Hälfte der Bratbutter abgießen und die restliche Butter hinzufügen. Den Weißwein angießen ❺ und den Deckel auflegen. Nach etwa 3 Minuten nochmals etwas Weißwein angießen und wieder zudecken.
Anschließend den Deckel abheben, die Hitze verstärken und die Poulardenteile bräunen ❻. Danach zwei oder drei Mal mit der Geflügelbrühe übergießen ❼.
Wenn sich ein klarer Bratfond gebildet hat, die Poulardenteile unter ständigem Wenden und wiederholtem Übergießen weitersautieren. Zuletzt mit der feingeschnittenen Petersilie bestreuen.

ANRICHTEN

Das köstliche Aroma wird am besten bewahrt, wenn die Poularde gleich in der Sauteuse aufgetragen wird. Ansonsten die Poulardenteile auf eine vorgewärmte Platte legen, mit dem Bratfond übergießen und servieren.

WARME PASTETE VON DER BARBARIE-ENTE

VORBEREITUNGSZEIT:

1 STUNDE 10 MINUTEN

BACKZEIT: 45 MINUTEN

ZUTATEN FÜR 8 PERSONEN

1 Barbarie-Ente von etwa 1900 g
200 g ungesalzener Bauchspeck
400 g Schweinefilet
250 g Hühnerleber
25 g Salz
4 g grobgemahlener Pfeffer
1 Glas Madeira oder Marsala
1/3 Glas Cognac
3 ganze Eier
3 cl Olivenöl
200 g Blätterteig

KOCHUTENSILIEN

1 Sauteuse
1 Schüssel
1 Stielkasserolle von 10 cm Durchmesser

VORBEREITEN

Die Ente entbeinen, Sehnen und Fett entfernen. Aus der Karkasse einen Entenfond bereiten und für die begleitende Sauce verwenden.
Mit einem Messer das Entenfleisch, den mageren ungeräucherten Bauchspeck, das Schweinefilet sowie die Hühnerleber grob hacken.
In einer Schüssel alles miteinander vermengen. Nach und nach das Salz, die gemahlenen Pfefferkörner, den Madeira oder Marsala, den Cognac und die 3 Eier einrühren.
Anschließend die Oberfläche der Masse glätten und mit etwas Olivenöl bestreichen.
Zugedeckt etwa 24 – 48 Stunden im Kühlschrank ruhen lassen.
Den Blätterteig teilen und in 2 gleich große runde Platten ausrollen.
Den Boden der Sauteuse mit gefettetem Pergamentpapier auslegen. Darauf eine der beiden Blätterteigplatten ausbreiten ❶ und an der Topfwand hochziehen.
Die Farce einfüllen ❷, die Teigränder darüberschlagen ❸ und mit etwas verquirltem Ei bepinseln ❹.

Mit einem spitzen Messer die Deckplatte verzieren ❺ und diese vorsichtig über die Farce legen ❻.
Mit Daumen und Zeigefinger – oder einem Teigkneifer – den Rand der Deckplatte und der Bodenplatte zusammenkneifen, um die Pastete zu versiegeln ❼.
In die Mitte der Deckplatte ein kleines Luftloch schneiden, damit der Dampf während des Backens entweichen kann.
Zuletzt die Oberfläche der Pastete mit etwas verquirltem Eigelb überglänzen.

ZUBEREITEN

Im mäßig warmen Ofen etwa 45 Minuten backen ❽, ❾.

ANRICHTEN

Die Pastete vorsichtig aus der Form heben und warm servieren. Dazu kann man eine Trüffelsauce oder einfach nur den Entenjus reichen.

CLAFOUTIS VON HIMBEEREN

VORBEREITUNGSZEIT: 45 MINUTEN

BACKZEIT: 30 MINUTEN

ZUTATEN FÜR 6 PERSONEN

600 g Himbeeren
100 g Zucker
1 EL Himbeergeist
2 EL Himbeerlikör
6 Eier
100 g weiche Butter
75 g Weizenmehl oder Reismehl
1 kleines Glas Milch

KOCHUTENSILIEN

1 Sauteuse
1 Schüssel
1 Rührbesen

VORBEREITEN

Die Himbeeren mit 20 g Zucker bestreuen und mit dem Himbeergeist sowie 1 EL Himbeerlikör übergießen ❶.
Die 3 Eier trennen ❷ und den restlichen Zucker mit dem Eigelb verrühren ❸.
Danach die weiche Butter ❹, das zuvor gesiebte Mehl ❺, die 3 ganzen Eier – eines nach dem anderen – ❻, den restlichen Himbeerlikör und die Milch einrühren.
Die Sauteuse ausbuttern ❼.
Auf den Boden der Sauteuse die marinierten Himbeeren verteilen ❽ und mit der Teigmasse bedecken ❾.

ZUBEREITEN

Die Sauteuse in den mäßig warmen Ofen (200 Grad) geben.
Nach 30 Minuten mit einer Messerspitze prüfen, ob das Clafoutis fertig ist.

ANRICHTEN

Dieses Dessert wird noch lauwarm auf einer Servierplatte serviert.

1

3

5

2

4

6

7

8

9

Poularde mit Weinessig sautiert

ZUTATEN FÜR 4 PERSONEN

1 Poularde von 1600 g
1 Tomate
2 Knoblauchzehen
100 g Butter
5 cl Sahne
4 EL Dijon-Senf
3 EL Tomatenmark
30 cl trockener Weißwein
Rotwein- und Weißweinessig

KOCHUTENSILIEN

1 Sauteuse
1 Spitzsieb
1 Stielkasserolle

VORBEREITEN

Je 1 kleine Flasche Rotwein- und Weißweinessig mit Korken versehen, die mit einem Messer vorher eingekerbt wurden.
Die Poularde zerlegen: Zuerst die Schenkel abtrennen und im Gelenk durchschneiden, danach die Flügel im Schultergelenk abtrennen – das ergibt 6 Teile.
Übrig bleiben die Brust, der Rücken und der Steiß, die wie für ein Frikassee zerschnitten werden.

ZUBEREITEN

Den Dijon-Senf, das Tomatenmark und den Weißwein mit dem Rührbesen zu einer nicht zu dickflüssigen Sauce verrühren.
Die Poulardenteile mit Salz und frisch gemahlenem Pfeffer würzen und zusammen mit den beiden ungeschälten Knoblauchzehen in der heißen Butter sautieren.
Nach etwa 5-6 Minuten, wenn die Poulardenteile bereits eine schöne Farbe haben, je einen kleinen Schuß Weißwein- und Rotweinessig zugießen. Die Teile darin wenden. Den Essig ganz einkochen lassen, was bei diesem Gericht ganz besonders wichtig ist. Die Sauteuse zudecken.
Nach kurzer Zeit wieder aufdecken, die Poulardenteile durchschwenken und wieder mit den beiden Essigsorten deglassieren.
Dieses 4-5 Male nacheinander wiederholen. Die Poulardenteile müssen gleichsam eine Essigkruste bekommen.
Danach die vorbereitete Senfsauce zugießen, zum Kochen bringen und das grobe Salz einstreuen.
Die Flügel und die Brustteile kurz vor Ende der Garzeit herausheben. Die übrigen Teile noch einige Minuten auf kleiner Flamme weitergaren.
Inzwischen die Tomate abziehen, die Kerne ausdrücken und das Fruchtfleisch würfeln. In der Stielkasserolle in etwas Butter andünsten und mit Salz und frisch gemahlenem Pfeffer würzen.
Kurz vor dem Anrichten die Flügel- und Brustteile nochmals kurz in der Sauteuse erhitzen. Danach die Poulardenteile herausheben und mit Alufolie bedecken. Im Ofen warm halten.
Die beiden Knoblauchzehen aus der Sauce entfernen und die Sauce durch das Spitzsieb passieren. Anschließend mit der Sahne verrühren und abschmecken.

ANRICHTEN

Die Poulardenteile auf eine vorgewärmte Servierplatte plazieren und mit der Tomaten-Senf-Sauce überziehen. Mit den gedünsteten Tomatenwürfeln bestreuen. Nach Belieben mit etwas fein geschnittener Petersilie garnieren und einen Pilaf oder einen Butterreis dazu reichen.

Sauce hollandaise

ZUBEREITUNGSZEIT: 10 MINUTEN

ZUTATEN FÜR 3 PERSONEN

2 Eigelb
150 g geklärte Butter
2 EL Wasser
1 Prise Salz

KOCHUTENSILIEN

1 Sauteuse
1 Rührbesen

ZUBEREITEN

Über geringer Hitze die beiden Eigelb mit 2 EL Wasser in der Sauteuse zu einer cremigen Konsistenz rühren. Die Prise Salz zufügen.
Unter stetem Weiterschlagen mit dem Rührbesen die geklärte Butter langsam einarbeiten.

HINWEIS

Die Butter wird auf folgende Weise geklärt. Man schmilzt sie im Wasserbad, wobei sich ein geringer Bodensatz bildet. Von diesem wird die flüssige und nun geklärte Butter vorsichtig abgegossen.

Lachsforelle auf Lattich mit Champagner-Sabayon

ZUTATEN FÜR 4 PERSONEN

4 Filets von je 100 g von einer fangfrischen Lachsforelle
Olivenöl zum Braten
8 kleine zarte Lattichköpfe
120 g Butter
2 EL Fischglace
100 g Erbsen und Puffbohnenkerne
Salz, frisch gemahlener Pfeffer

Für die Sauce:
1 reife Tomate
40 g Butter
2 Schalotten
5 Champignons
20 cl Champagner
15 cl Sahne
3 EL Sauce hollandaise (siehe oben)

KOCHUTENSILIEN

1 Sauteuse
1 Stielkasserolle
1 flache Henkelkasserolle
1 Bratpfanne

ZUBEREITEN

Für die Sauce die Tomate 10 Sekunden in kochendes Wasser tauchen. Herausheben, abschrecken und abziehen. Die Tomate halbieren, die Kerne ausdrücken und das Fruchtfleisch in kleine Stücke schneiden.
In der Sauteuse 20 g Butter erhitzen und darin die Tomatenstücke weichdünsten. Herausnehmen und bereithalten.
In der restlichen Butter die Schalotten glasig dünsten. Anschließend die blättrig geschnittenen Champignons zufügen.
Mit dem Champagner übergießen und auf 2/3 der Flüssigkeitsmenge einkochen lassen.
Danach die Sahne sowie die Tomatenstückchen einrühren.
Die Sauce hollandaise zufügen und alles mit dem Rührbesen gründlich vermischen.
Die Sauce abschmecken.
Unterdessen die Außenblätter des Lattichs entfernen. Den Lattich unzerpflückt waschen und trockentupfen.
Die Butter in der flachen Henkelkasserolle erhitzen und darin den Lattich von allen Seiten andünsten. Die Fischglace und etwas Wasser einrühren. Zugedeckt auf kleiner Flamme weichdünsten. Die Zuckererbsen und die zarten Puffbohnenkerne einige Sekunden in Salzwasser blanchieren.
In der Stielkasserolle in einem nußgroßen Stück Butter und wenig Wasser weichgaren.
Inzwischen die Lachsforellenfilets in der Bratpfanne in etwas Olivenöl von beiden Seiten anbraten.

ANRICHTEN

Den Lattich auf eine vorgewärmte Servierplatte legen und mit frisch gemahlenem Pfeffer bestreuen.
Darüber die Lachsforellenfilets plazieren und mit dem Champagner-Sabayon überziehen.
Mit den Erbsen und Puffbohnen garnieren und auftragen.

HINWEIS

Fischglace ist ein zu sirupartiger Konsistenz einreduzierter Fischfond.

WACHTELEIER IM AUBERGINENNEST

ZUTATEN FÜR 4 PERSONEN

8 Wachteleier
1 mittelgroße Aubergine
1 mittelgroße Zucchini
1 EL Mehl
2 EL Olivenöl
50 g Butter
1 kleine Tomate
1 geschälte Knoblauchzehe
1 Stiel Petersilie
1 Glas leichter Rotwein
2 EL Weißweinessig
4 Schalotten
1/2 Glas trockener Weißwein
1/2 Glas Rinderbrühe
Salz, frisch gemahlener Pfeffer

KOCHUTENSILIEN

1 Sauteuse
1 Bratpfanne
1 Stielkasserolle

ZUBEREITEN

Die Aubergine und die Zucchini waschen und trockentupfen. Mit einem Sparschäler Längsstreifen mit Zwischenräumen aus der Schale schneiden, so daß beide Gemüse zweifarbig gestreift sind.
Anschließend beide in 2 cm dicke Scheiben schneiden und mit Salz und frisch gemahlenem Pfeffer würzen.
Die Auberginenscheiben in etwas Mehl wenden und in der Bratpfanne in Olivenöl etwa 3 Minuten von beiden Seiten anbraten.
Anschließend auf Küchenpapier entfetten und auf 4 Teller verteilen.
In der Sauteuse 30 g Butter erhitzen.
Die Zucchinischeiben und die in 12 kleine Schnitze geschnittene, abgezogene und entkernte Tomate sowie die geschnittene Knoblauchzehe zufügen.
Mit Salz und frisch gemahlenem Pfeffer würzen und auf kleiner Flamme 8 Minuten zugedeckt dünsten.
Anschließend die Zucchinischeiben über die Auberginen verteilen und mit je 3 Tomatenschnitzen sowie etwas Knoblauch garnieren. Mit dem Dünstfond beträufeln und mit etwas gezupfter und blanchierter Petersilie bestreuen.
In der Stielkasserolle den leichten Rotwein zusammen mit 1 EL Weißweinessig und etwas Salz zum Kochen bringen.
Die Wachteleier nacheinander in eine kleine Schüssel aufschlagen und in die Weinmischung gleiten lassen. 1-2 Minuten pochieren.
Herausheben, abtropfen lassen und auf die Auberginen verteilen.
In der Sauteuse unterdessen die fein geschnittenen Schalotten in der restlichen Butter andünsten. Mit dem restlichen Essig und dem Weißwein ablöschen und einkochen lassen. Anschließend die Rinderbrühe zugießen und unter ständigem Rühren ein paar Minuten kochen lassen.
Die Sauce anschließend über die Wachteleier gießen. Mit etwas Pfeffer bestreuen.

HINWEIS

Dieses Gericht kann zum Aperitif oder als raffinierte Kleinigkeit nach dem Theaterbesuch serviert werden.

KALBSNIEREN IN DER SAUTEUSE

ZUTATEN FÜR 4 PERSONEN

2 ganze Kalbsnieren in ihrem Fettmantel
50 g Butter
10 Schalotten
2 EL Madeira
2 EL brauner Fond (siehe Seite 79)
8 cl Rinderbrühe
5 cl »Beurre monté«
Salz, frisch gemahlener Pfeffer

KOCHUTENSILIEN

1 Sauteuse
1 Spitzsieb

ZUBEREITEN

Den Fettmantel, der die ganzen Kalbsnieren umhüllt, bis auf eine dünne Schicht parieren und diese anschließend mit etwas Salz bestreuen – je heller die Kalbsnieren sind, desto beser sind sie.
Mit einem nußgroßen Stück Butter in die Sauteuse geben und 15 Minuten im Ofen braten, dabei häufig wenden.
Anschließend das Bratfett abgießen, die kleinen geschälten Schalotten zufügen und weichdünsten.
Danach die Schalotten mit einer Gabel zermusen. Das süßliche Schalottenmus verbindet sich mit dem Bratfond der Nieren, würzt, bindet und karamelisiert ihn leicht.
Wenn der austretende Saft der Nieren nicht mehr rosa, sondern klar ist, werden sie herausgenommen und warm gehalten.
Den Bratfond und das Schalottenpüree auf dem Ofen mit dem Madeira ablöschen, den braunen Fond einrühren und einkochen lassen. Mit der Rinderbrühe auffüllen und noch etwas einkochen lassen.
Schließlich durch das Spitzsieb passieren und den Saft, der aus den warm gehaltenen Nieren ausgelaufen ist, einrühren.
Die Nieren in ihrem Fettmantel in dicke Scheiben schneiden und mit frisch gemahlenem Pfeffer würzen.
Die Sauce mit der »Beurre monté« binden und über die aufgeschnittenen Nieren gießen.

HINWEIS

Eine »Beurre monté« wird auf folgende Art zubereitet: Etwas Wasser in die Sauteuse gießen, zum Kochen bringen und eine Prise Salz zufügen. Frische Butter stückchenweise mit dem Rührbesen einschlagen. Vom Feuer nehmen und weiterschlagen, bis eine samtige Creme entsteht.

5

Roger Vergé

Fischkessel mit perforiertem Einsatz

Der Fischkessel mit perforiertem Einsatz ist ein sehr altes Kochutensil, das schon von Scappi erwähnt wird. Seinen ihm zukommenden Rang hat er sich jedoch erst in der französischen Küchenbatterie aus der Mitte des neunzehnten Jahrhunderts erobern können, wo er je nach dem zu kochenden Gericht in zahlreichen Varianten auftaucht: rechteckig mit niedrigen gewölbten Seitenwänden, oval oder rautenförmig.

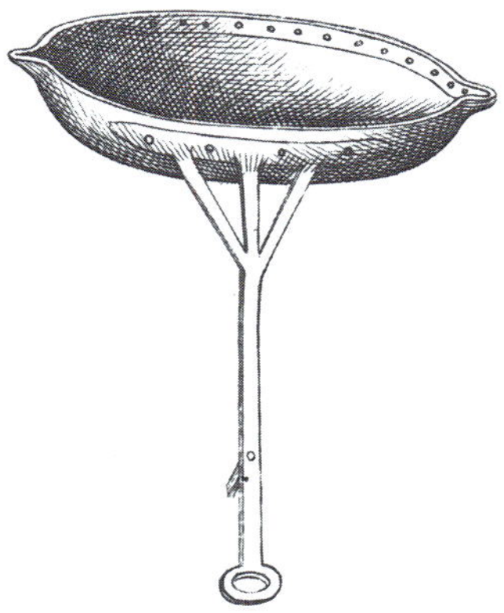

»Passo per cocer pesce« in Kupfer mit Randverstärkung und Stiel aus Eisen. (Kupferstich aus: B. Scappi, op. cit., Venedig 1570)

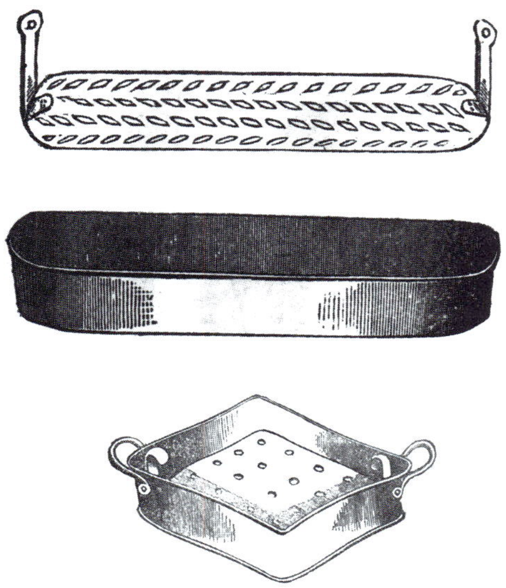

Schifförmiger Fischkessel und »Steinbuttiegel« aus verzinntem Kupfer. (Abbildung aus »Il re dei cuochi«, Mailand 1875)

Der Fischkessel mit perforiertem Einsatz ist ein Gefäß von langgezogener ovaler Form. Er ist von großen Ausmaßen und mit zwei Griffen, einem Deckel sowie einem herausnehmbaren perforierten Einsatz versehen, der im Kesselinneren in verschiedenen Höhen angebracht werden kann.

Der Fischkessel ist nicht nur ein Utensil, das in allen Küchen, die etwas auf sich halten, mit großem Nutzen eingesetzt werden kann, er ist auch bei vielen Gelegenheiten unersetzlich. Der Fischkessel mit perforiertem Einsatz hat sich als typisches Gefäß im Hinblick auf die Größe des Garguts – große Fische, Schaltiere, aber auch kleine Schinken oder gefüllte Schweinsfüße (Zamponi) – und nicht im Hinblick auf die Kochtechniken entwickelt. Man kann den Fischkessel aber auch ebensogut zum Kochen, Pochieren, Dämpfen und Braten verwenden.

Roger Vergé, dessen idyllisches Restaurant »in Moulin de Mougins« bei Cannes als der Schnittpunkt der provenzalischen und der mediterranen Küche gilt, wies darauf hin, daß auch in besonders gut ausgestatteten Küchen ein Kochgeschirr fehlt, in dem man Speisen von besonderer Größe kochen kann. Aus diesem Grunde beträgt die Länge des Fischkessels 60 Zentimeter.
Der Korpus besteht aus Kupfer mit hoher Dicke und ist im Inneren vernickelt. Die Henkel, der Deckel und der perforierte Einsatz sind aus Edelstahl.
Soviel wir wissen, hat dieser Fischkessel eine völlig neue Form: Er ist nicht eigentlich oval, sondern ellipsenförmig. Die Ellipse ist eine reine geometrische Figur. Dank dieser Form ist der Mittelteil des Kessels 20 Zentimeter breit, so daß es auch möglich ist, ihn für Fische unterschiedlichster Form und Größe zu verwenden – wie Wolfsbarsch, Lachs oder Goldbrassen bis zu einem Gewicht von 3,5 kg, Steinbutt mittlerer Größe (hier ersetzt unser Fischkessel das rautenförmige Gefäß, das in Frankreich Turbotière genannt wird) und Schaltiere größter Ausmaße.
Außerdem kann man das Gefäß wegen seiner Ausmaße auch zum Kochen der Zamponi benutzen – der in Italien so beliebten gefüllten Schweinsfüße – sowie zum Schmoren von ganzen Kalbshaxen oder zum Kochen von kleinen Schinken. Eine wesentliche Neuerung ist der verstellbare

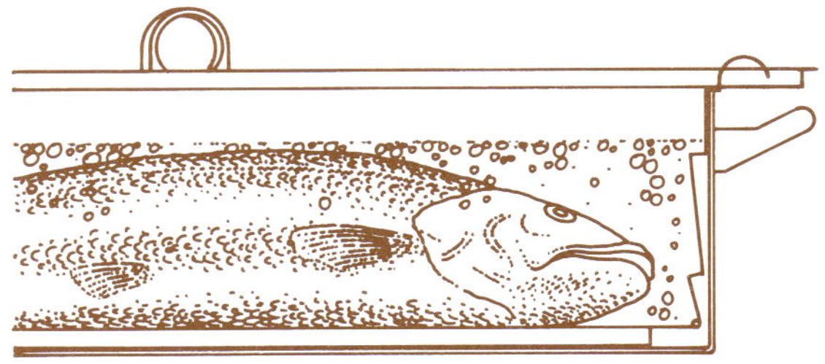

Zum Kochen oder Pochieren wird der Einsatz auf die niedrigste Stufe gestellt, einen Zentimeter über dem Boden.

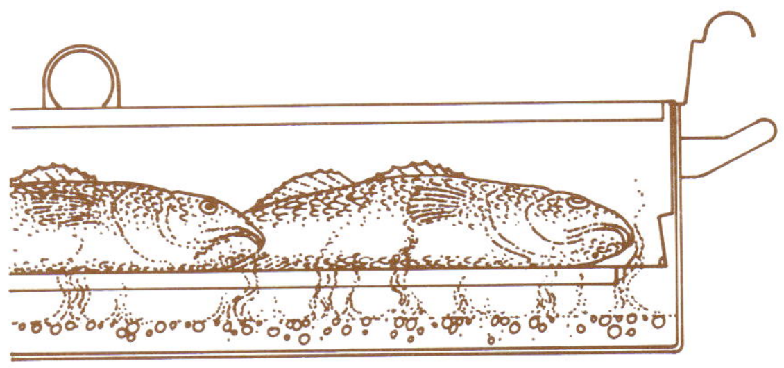

Zum Garen über Dampf wird der Einsatz auf mittlerer Höhe eingesetzt, vier Zentimeter über dem Boden. Das Wasser darf das Gargut nicht berühren.

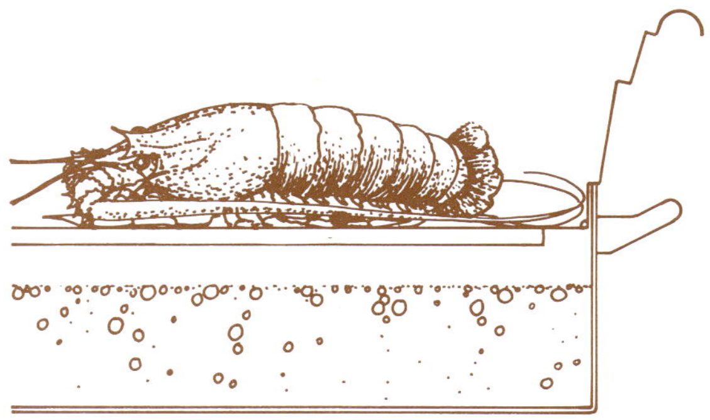

Zum Abtropfen wird der Einsatz auf die oberste Stufe gestellt.

Beispiele für die Vielseitigkeit des elliptischen Fischkessels.

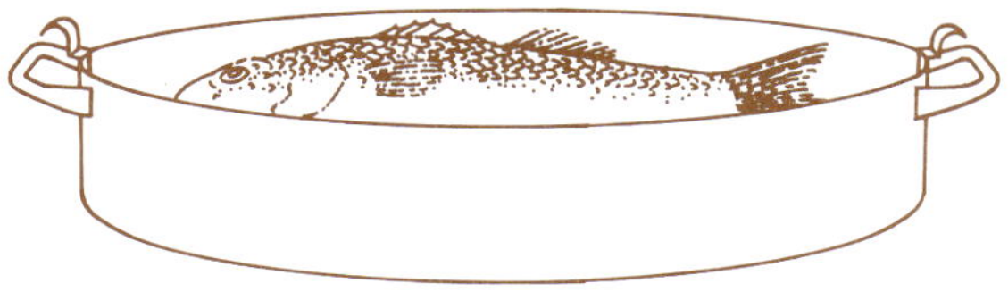

Wolfsbarsch von 3,5 Kilo

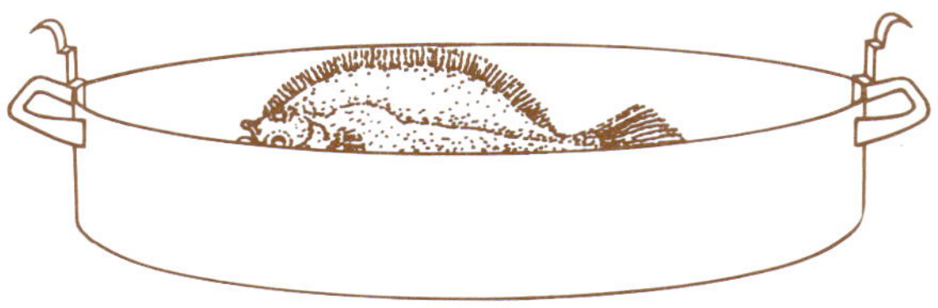

Steinbutt

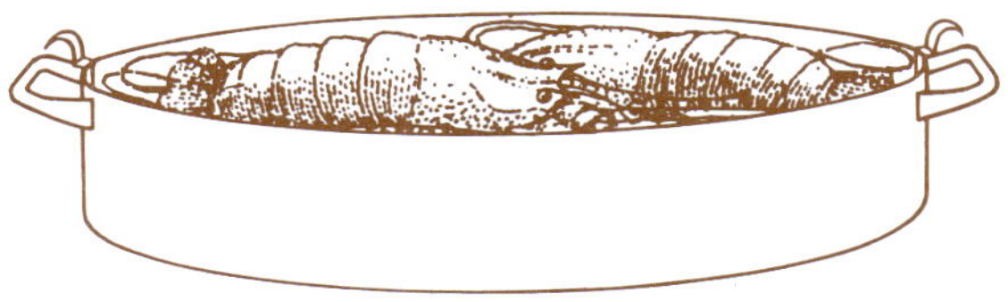

Zwei Hummer oder Langusten

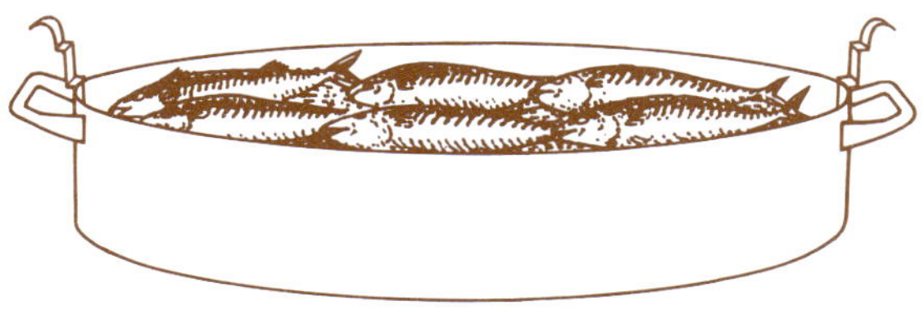

Viele kleine Fische

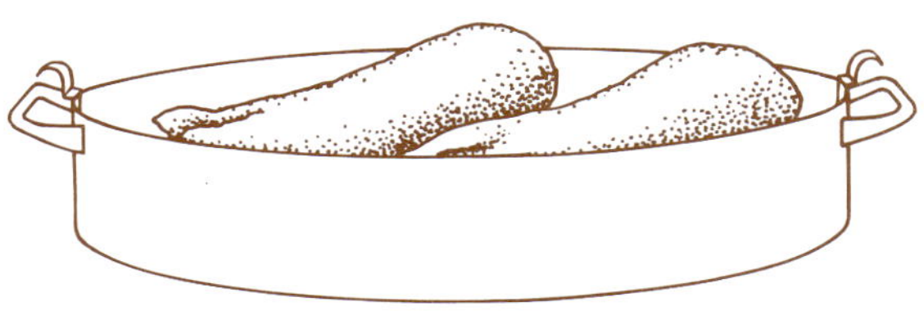

Zwei Zamponi

perforierte Einsatz, der auf drei verschiedenen Höhen eingelegt werden kann: einen Zentimeter über dem Boden zum Sieden, Pochieren oder Schmoren; vier Zentimeter darüber für das Garen über Dampf und am oberen Rand, um bereits gegarte Teile abtropfen zu lassen.

Mit den folgenden, bisher unveröffentlichten Rezepten liefert Roger Vergé Beispiele für die vielfältigen Anwendungsmöglichkeiten des Fischkessels. Unter diesen Rezepten ist das für Spargel mit getrüffeltem Eierhaschee – wobei der Spargel über Dampf auf dem perforierten Einsatz in mittlerer Position gegart wird – besonders originell. Die Fotos zeigen Roger Vergé bei der Zubereitung der Gerichte in der Küche seines Restaurants in Mougins.

Ein kurioses Kochutensil, das mit dem Typ des Fischkessels vergleichbar ist, ist der Schinkentopf, die sogenannte Prosciuttierra, die zum Kochen von ganzen Schinken verwendet wurde. Dieses Gefäß war im neunzehnten Jahrhundert sehr verbreitet und wurde aus Ton, Gußeisen und auch aus Stein hergestellt. Die Prosciuttierra existiert heute nicht mehr. Wie viele andere Kochgefäße, die in diesem Kapitel im Detail untersucht wurden, ist auch der Fischkessel in den verschiedensten Epochen aus den unterschiedlichsten Materialien hergestellt worden: Besonders verbreitet waren früher die Fischkessel aus Ton und aus Kupfer; neuerdings sind es die aus Aluminium und rostfreiem Stahl.

Fischkessel aus Terrakotta, 1911 (Musée de Bourgneuf-en-Retz)

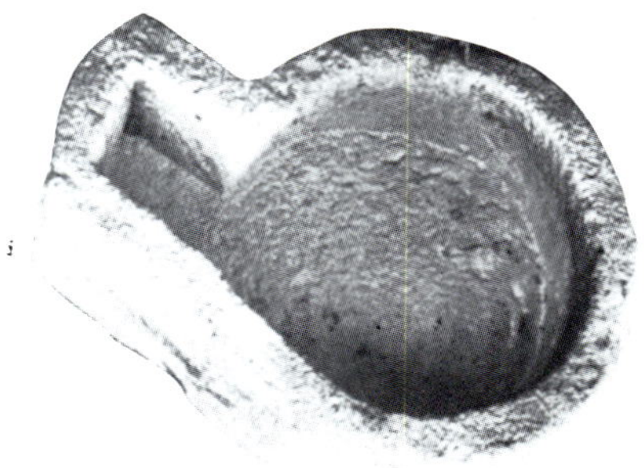

Prosciuttiera zum Kochen von Schinken, aus Stein, neunzehntes Jahrhundert. (Privatsammlung, La Tour-de-Birac)

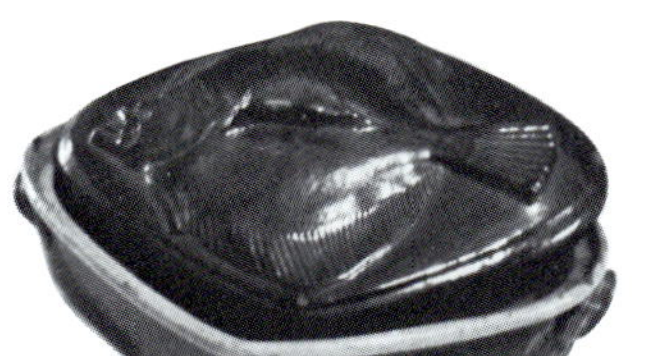

Turbotière oder Steinbuttkessel, neunzehntes Jahrhundert. (Musée Adrien Dubouché, Limoges)

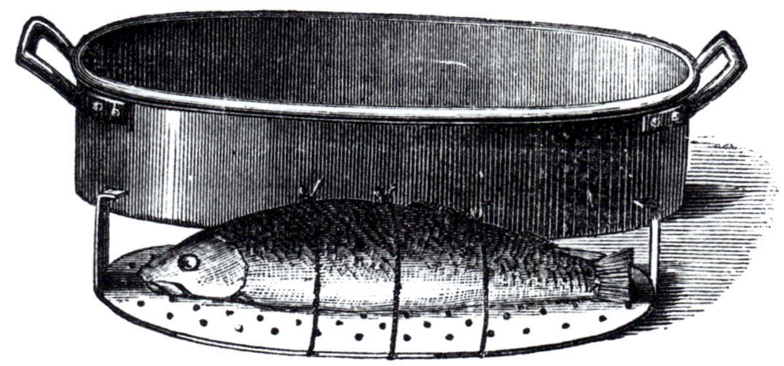

Fischkessel aus verzinntem Kupfer mit Einsatz. (Abbildung aus Urbain Dubois, »La cuisine d' aujourd'hui«, Paris 1888)

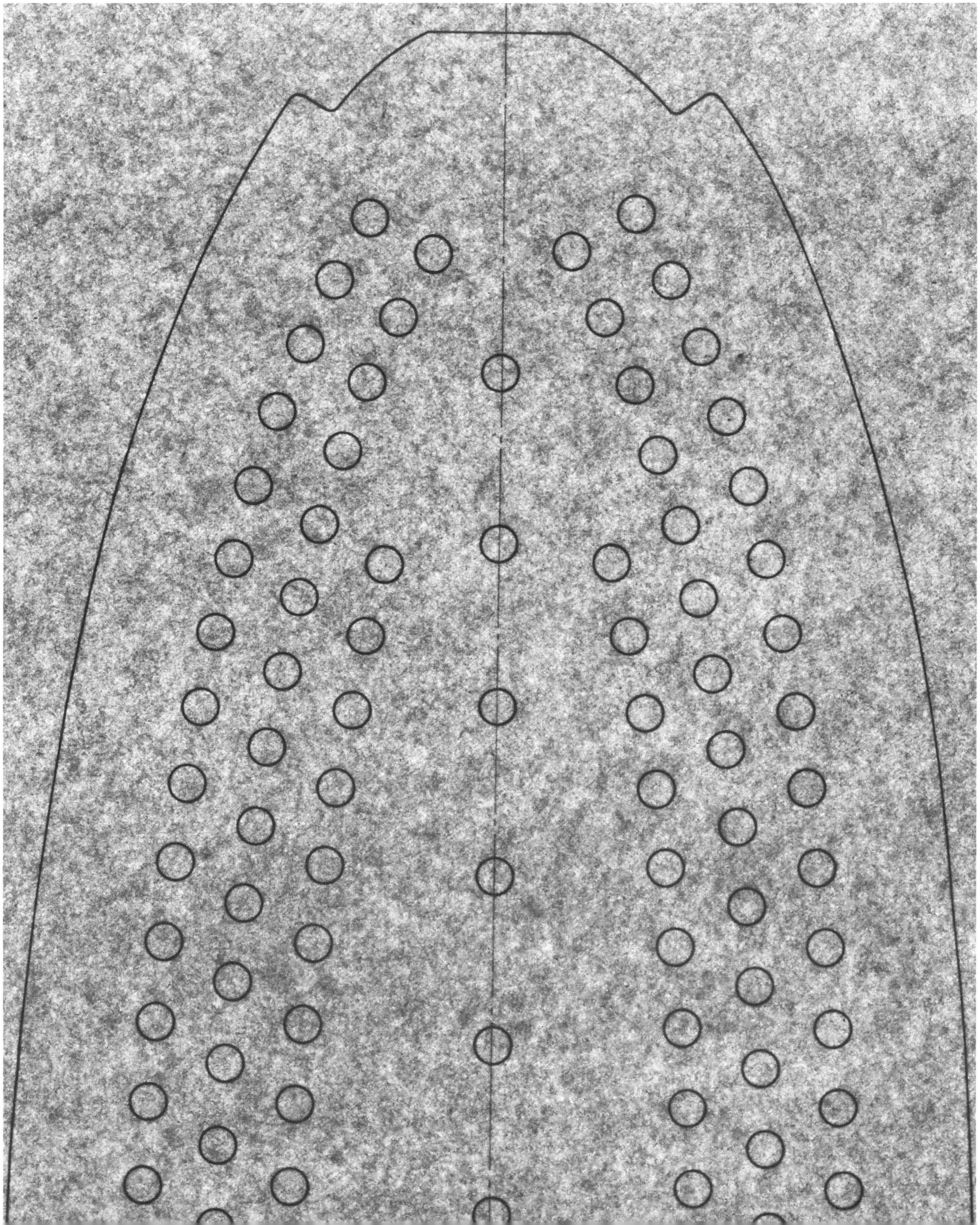

Aufriß des perforierten Einsatzes für den Fischkessel

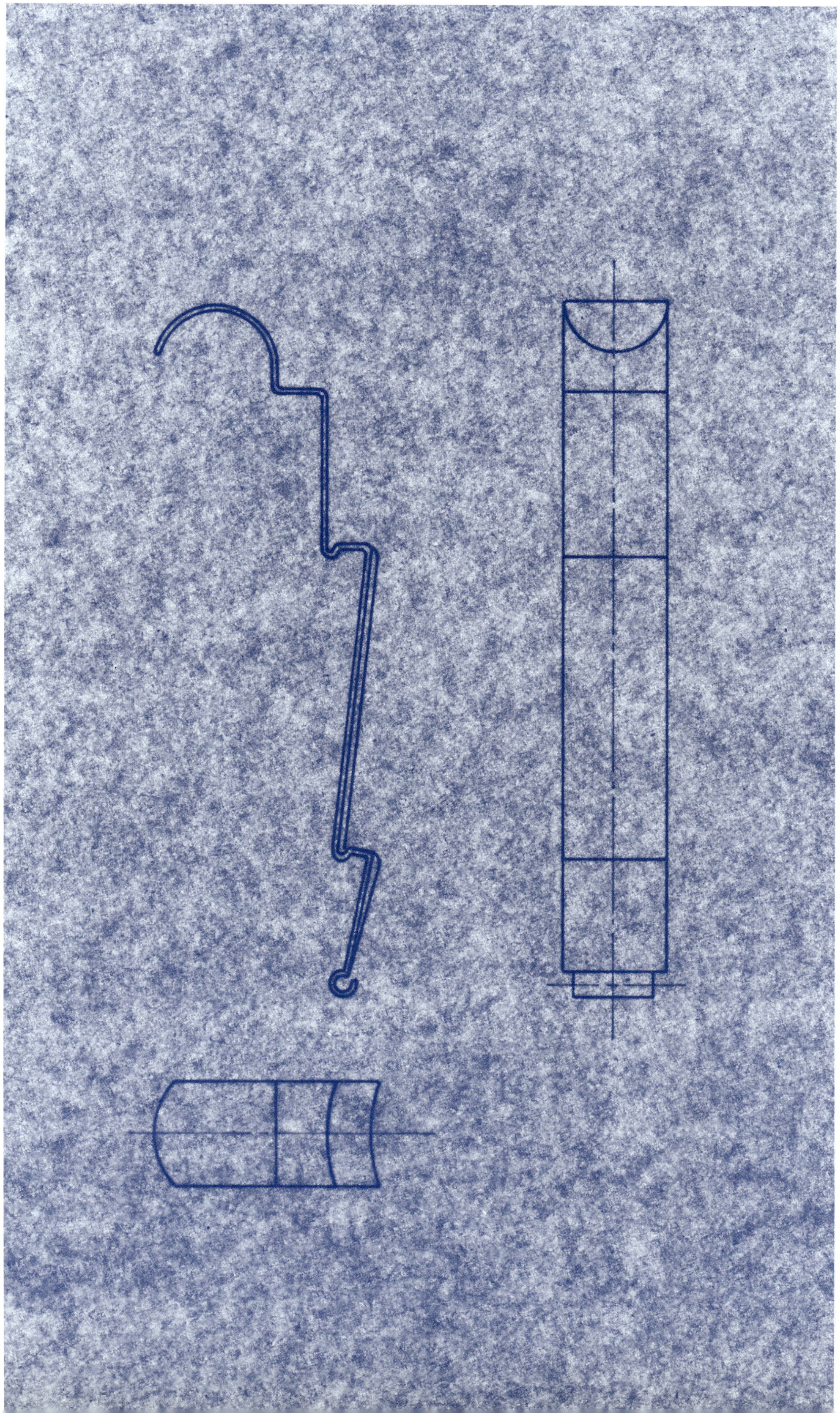

Aufsicht und Querschnitt des abnehmbaren Henkels für den perforierten Einsatz des Fischkessels

LANGUSTEN MIT PROVENZALISCHER SAUCE

VORBEREITUNGSZEIT FÜR DIE SAUCE: 10 MINUTEN

KOCHZEIT FÜR DIE LANGUSTEN: 25 MINUTEN

ZUTATEN FÜR 6 PERSONEN

2 Langusten von 1200 g
300 g reife Tomaten
2 EL fein geschnittene Petersilie
2 EL fein geschnittener Estragon
2 EL fein geschnittene Minze
1 TL Pastis
Saft von 1 Zitrone
8 EL Olivenöl extravergine
Salz, frisch gemahlener Pfeffer

KOCHUTENSILIEN

1 Fischkessel mit Einsatz
1 Schüssel

ZUBEREITEN

Für die Sauce werden die Tomaten etwa 12 Sekunden in kochendes Wasser gegeben. Herausnehmen, kalt abschrecken und die Haut abziehen. Die Tomaten halbieren, die Kerne ausdrücken und das Fruchtfleisch in kleine Würfel schneiden.
Die gewaschenen und trockengetupften Kräuter sehr fein schneiden.
Mit den fein gewürfelten Tomaten in einer Schüssel vermischen und mit dem Pastis beträufeln.
Mit Salz und frisch gemahlenem Pfeffer würzen und den Zitronensaft sowie das Olivenöl einrühren.
Den perforierten Einsatz in den Fischkessel geben und mit Wasser füllen. Zugedeckt zum Kochen bringen.
In das sprudelnd kochende Wasser die Langusten geben und zudecken. Nach etwa 2 Minuten die Hitze reduzieren und die Langusten noch weitere 25 Minuten kochen lassen. Die Langusten anschließend herausnehmen und leicht abkühlen lassen. Die Schwänze abdrehen und das Schwanzfleisch vorsichtig auslösen.

Den dunklen Darmstrang entfernen. Danach das Schwanzfleisch quer in Medaillons schneiden.

ANRICHTEN

Die Langusten können lauwarm, aber auch kalt serviert werden. Die provenzalische Sauce getrennt dazu reichen.

LOUP DE MER À LA SAUCE AGATHOISE

VORBEREITUNGSZEIT: 30 MINUTEN

KOCHZEIT: 30 MINUTEN

ZUTATEN FÜR 6 PERSONEN

Die angegebenen Mengen beziehen sich auf ein Hauptgericht; für ein Zwischengericht sollten 20 Prozent weniger genommen werden.

1 Loup de mer von 2500 g oder 6 Fische zu je 500 g (Doraden)
24 junge Karotten
36 Perlzwiebeln
1 Fenchelknolle
1 Staude Sellerie
200 g Kaiserschoten oder 2 Tassen feine Erbsen
10 cl trockener weißer Vermouth
10 cl trockener Weißwein
30 cl Wasser
1 Bouquet garni (Thymian, Lorbeerblatt, trockener Fenchel)

FÜR DIE SAUCE

5 Eigelb
15 cl Olivenöl extravergine
2 Knoblauchzehen
4 EL gezupfte Petersilie
Salz, frisch gemahlener Pfeffer

KOCHUTENSILIEN

1 Fischkessel mit Einsatz
1 Sauteuse
1 Stielkasserolle von 14 cm Durchmesser
1 Rührbesen

VORBEREITEN

Den Fisch ausnehmen. Unter fließendem Wasser abspülen, jedoch nicht wässern. Die Gemüse säubern. Die Fenchelknolle und den Staudensellerie in 1/2 cm dicke Scheiben schneiden. Die Kaiserschoten oder Erbsen gesondert bereithalten.
In der Sauteuse die 5 Eigelb mit 1 EL warmem Wasser verrühren.
Wie bei einer Mayonnaise das Olivenöl nach und nach einschlagen und den feingehackten Knoblauch zufügen. Bei Raumtemperatur zur Weiterverwendung bereithalten.

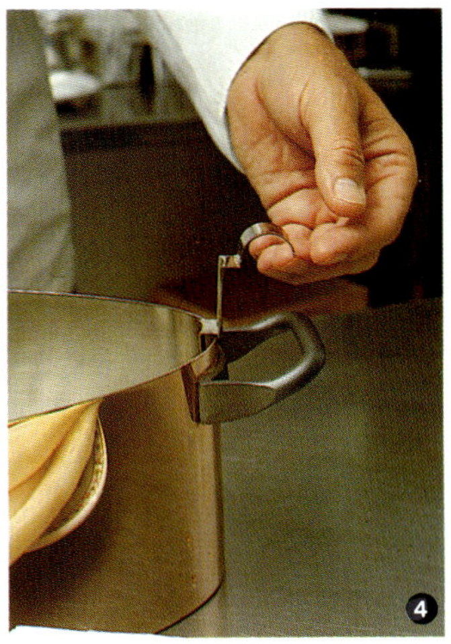

ZUBEREITEN

Auf den Boden des Fischkessels ❶ die Karotten, die Perlzwiebeln, die Sellerie- und Fenchelscheiben ❷ sowie das Bouquet garni legen. Den perforierten Einsatz in die mittlere Position bringen ❸, ❹ und den Loup de mer einlegen ❺, ❻. Den Fisch salzen. Den Vermouth, den Weißwein sowie das Wasser zugießen ❼. Den Deckel auflegen und den Fischkessel auf den Herd stellen. Nach dem ersten Aufkochen den Fisch noch weitere 12 Minuten auf mäßiger Flamme garen. Danach die Kaiserschoten oder die Erbsen einstreuen, wieder zudecken und nochmals zum Kochen bringen.
Anschließend sofort die Hitze abschalten und den Fisch bei geschlossenem Deckel weitere 10 Minuten ziehen lassen. Danach den Fisch herausheben und seine graue Haut vorsichtig abziehen. Den Fisch auf eine große vorgewärmte Fischplatte legen. Den Fischfond in die Stielkasserolle abseihen, nochmals aufkochen und im dünnen Strahl mit dem Rührbesen in die Eigelbmischung in der Sauteuse einschlagen. Unter ständigem Weiterschlagen vorsichtig erhitzen, bis die Sauce bindet – jedoch nicht mehr kochen lassen. Die Sauce mit Salz und frisch gemahlenem Pfeffer abschmecken.

ANRICHTEN

Die gegarten Gemüse in eine vorgewärmte Servierschüssel geben und mit der Sauce überziehen. Mit der Petersilie bestreuen und schleunigst servieren.

SPARGEL MIT GETRÜFFELTEM EIERHASCHEE

VORBEREITUNGSZEIT: 15 MINUTEN

ZUBEREITUNGSZEIT: 25 MINUTEN

ZUTATEN FÜR 6 PERSONEN

2,5 kg Spargel
5 Eier
30 g Trüffel
100 g Butter
Salz, frisch gemahlener Pfeffer

KOCHUTENSILIEN

1 Fischkessel mit Einsatz
1 Sauteuse
1 Stielkasserolle von 14 cm Durchmesser
1 Cassolette
1 Rührbesen

VORBEREITEN

Falls frische Trüffel verwendet werden, gibt man sie am Vortag zusammen mit den Eiern in ein Weckglas und verschließt sie hermetisch.
Die Spargelstangen sollen von gleicher Stärke und 20 cm Länge sein.
Man sollte sie höchstens 2 Stunden vor dem Kochen schälen und in ein feuchtes, gut ausgewrungenes Tuch einwickeln.

ZUBEREITEN

3 Liter Wasser in den Fischkessel gießen und den perforierten Einsatz in die mittlere Position hängen ❶. Die Spargelstangen schräg und mit den Spitzen in eine Richtung einlegen ❷ und mit Salz bestreuen.
Die Eier vorsichtig aus dem Weckglas nehmen und beiseite legen. Die Trüffel auf den Spargel in den Fischkessel geben, zudecken und auf lebhafter Flamme zum Kochen bringen ❸.
Nach dem Aufkochen noch 12 weitere Minuten kochen lassen. Danach die Eier vorsichtig einlegen ❹. Zugedeckt noch genau 8 Minuten weiterkochen.
Anschließend den Deckel abheben ❺, die Eier herausnehmen und kalt abschrecken ❻.
Aus den Schalen pellen, zusammen mit der Trüffel in die Sauteuse geben. Mit einer Gabel Eier und Trüffel zerdrücken ❼.

In der Stielkasserolle etwa 2 EL Wasser mit einer Prise Salz aufkochen und die Butter flockenweise mit dem Rührbesen einschwenken, bis eine Emulsion entsteht. Anschließend mit dem getrüffelten Eierhaschee vermengen und mit dem Rührbesen gut durcharbeiten. Mit Salz und frisch gemahlenem Pfeffer abschmecken und in die vorgewärmte Cassolette füllen.

ANRICHTEN

Den Spargel im perforierten Einsatz auf eine Servierplatte setzen oder auf eine Serviette legen und auftragen.
Das getrüffelte Eierhaschee getrennt dazu reichen.

HINWEIS

Falls Konserventrüffel verwendet werden, kann man diese selbstverständlich nicht zusammen mit den Eiern in ein Weckglas geben. Man verwendet dann den Trüffelfond statt Wasser für die Butteremulsion. Frische weiße Trüffel hingegen gibt man zu den Eiern ins Weckglas, kocht sie aber anschließend nicht mit dem Spargel, sondern reibt sie roh auf einer Reibe in das Eierhaschee.

GEDÜNSTETE POULARDENBRUST MIT PORREE AUF KRÄUTERSAUCE

VORBEREITUNGSZEIT: 40 MINUTEN

KOCHZEIT: 40 MINUTEN

ZUTATEN FÜR 6 PERSONEN

6 halbe Hühnerbrüste samt dem Flügel von je etwa 120 g
1/2 l Milch
6 Stangen Porree von 2 – 3 cm Dicke
2 mittelgroße Kartoffeln
30 cl Sahne
80 g Butter
1 l Geflügelbrühe
1 Bund Petersilie
2 EL fein geschnittene Petersilie
2 EL fein geschnittener Kerbel
2 EL fein geschnittener Schnittlauch
1 EL fein geschnittener Estragon
Salz, frisch gemahlener Pfeffer
6 Blatt Pergamentpapier (30 × 30 cm)

KOCHUTENSILIEN

1 Fischkessel mit Einsatz
1 Sauteuse
1 Rührbesen

VORBEREITEN

Vom gewaschenen Porree nur das Weiße verwenden und quer halbieren, so daß man 12 gleich große, etwa 10 cm lange Stücke erhält.
Die Haut der Hühnerbrusthälften abziehen und die Flügelknochen auslösen.
Damit das Fleisch heller und zarter wird, über Nacht in die mit einigen Eiswürfeln versetzte Milch legen und zugedeckt in den Kühlschrank stellen. Erst kurz vor dem Zubereiten herausnehmen und trockentupfen.
Das Bund Petersilie waschen und abtropfen lassen und die Blätter von den Stielen zupfen. Die beiden Kartoffeln schälen.
Die Hühnerbrüste von jeder Seite mit Salz und Pfeffer würzen, flachdrücken, mit der gezupften Petersilie belegen und zu länglichen Rollen wickeln. Je eine Rolle mit einem gebutterten Pergamentpapier fest umhüllen.

ZUBEREITEN

Den Porree auf den Boden des Fischkessels legen, die Geflügelbrühe anschütten und 20 g Butter zufügen. Den Porree salzen, falls die Brühe noch nicht genügend salzig ist. Den perforierten Einsatz auf die mittlere Stufe setzen und die eingewickelten Poulardenbrüstchen sowie die beiden Kartoffeln darauflegen. Zudecken und auf lebhafter Flamme etwa 20 Minuten garen. Danach mit einem spitzen Messer prüfen, ob die Kartoffeln weich sind. Wenn das der Fall ist, den Fischkessel vom Feuer ziehen, die Kartoffeln herausnehmen, aber die Poulardenbrüstchen noch weiterhin im geschlossenen Kessel ziehen lassen.
Die Kartoffeln mit der weichen Butter zu einem feinen Püree verarbeiten. Danach den Porree herausnehmen und auf eine vorgewärmte Servierplatte legen.
Die Poulardenbrüstchen auswickeln und über den Porree plazieren. Mit dem Pergamentpapier abdecken und warm halten. Inzwischen den Dünstfond in die Sauteuse geben und auf 2-3 EL einkochen lassen. Die Sahne einrühren und etwa 2-3 Minuten kochen lassen. Anschließend das Kartoffelpüree löffelweise mit dem Rührbesen einschlagen, so daß eine cremige, nicht zu dickflüssige Sauce entsteht. Diese mit Salz und Pfeffer abschmecken und die feingeschnittenen Kräuter einrühren.

CRÈME BRULÉE MIT APRIKOSENLIKÖR

VORBEREITUNGSZEIT: 10 MINUTEN

KOCHZEIT: 35 MINUTEN

ZUTATEN FÜR 6 PERSONEN

250 cl Milch
250 cl Sahne
10 Eigelb
250 g Zucker
5 cl Apricot Brandy
150 g brauner Rohrzucker

KOCHUTENSILIEN

1 Fischkessel mit Einsatz
1 Stielkasserolle von 14 cm Durchmesser
1 Spitzsieb
6 Souffléförmchen von 8 cm Durchmesser
6 Bögen Klarsichtfolie (20 × 20 cm)
6 kleine Gummiringe

VORBEREITEN

Die Milch mit der Sahne und 250 g Zucker aufkochen. Inzwischen in einer Schüssel die 10 Eigelb mit dem Aprikosenlikör schaumig rühren.
Die kochende Milch-Sahne-Mischung in dünnem Strahl zum Eigelb gießen und mit dem Rührbesen kräftig einarbeiten.
Anschließend die Creme durch das Spitzsieb in die Souffléförmchen füllen.
Mit der Klarsichtfolie und den Gummiringen fest verschließen.

ZUBEREITEN

In den Fischkessel 2 1/2 l Wasser gießen und den Einsatz in die mittlere Position bringen. Die Souffléförmchen mit reichlich Abstand voneinander einsetzen. Zugedeckt über mäßiger Hitze etwa 30 Minuten garen. Anschließend herausnehmen und abkühlen lassen.
Unmittelbar vor dem Servieren den Grill auf höchster Stufe vorheizen.
Die Souffléförmchen auf ein Blech stellen und die Oberfläche der Creme dick mit dem braunen Rohrzucker bestreuen. Unter dem Grill karamelisieren lassen.

ANRICHTEN

Die Souffléförmchen auf kleine mit Papierspitzendeckchen ausgelegte Teller stellen und servieren.

HINWEIS

Roger Vergé möchte darauf hinweisen, daß er dieses Rezept seinem Freund Sirio Maccioni verdankt, der in New York das Restaurant »Le Cirque« besitzt.

LANGUSTEN IN BASILIKUMBUTTER

ZUTATEN FÜR 4 PERSONEN

4 Langusten von je 450 g
4 EL Olivenöl
200 g Butter
30 Basilikumblätter
Salz, frisch gemahlener Pfeffer

KOCHUTENSILIEN

1 Fischkessel mit Einsatz
1 flache Henkelkasserolle
1 Stielkasserolle

ZUBEREITEN

Die Langusten in den mit sprudelnd kochendem Wasser gefüllten Fischkessel geben, zudecken und 5 Minuten kochen lassen. Danach herausnehmen und halbieren. Dazu ein schweres Messer mit der Spitze am Kopfteil ansetzen und kräftig herunterdrücken.
Die Butter in der Stielkasserolle schmelzen, mit den grob zerschnittenen Basilikumblättern vermischen und warm halten.
Die Langustenhälften mit Salz und Pfeffer bestreuen und mit Olivenöl beträufeln.
Mit der Panzerseite nach oben unter den vorgeheizten Grill schieben und 5 Minuten grillen. (Grillt man die Langusten über einem offenen, von unten beheizten Grill, so legt man sie zuerst mit dem Außenpanzer nach unten auf den Rost und dreht sie erst danach auf die Innenseite.)
Nach 5 Minuten die Langusten unter dem Grill wenden und die aufgeschnittene Seite während der 5 Minuten mehrmals mit der flüssigen Basilikumbutter beträufeln.
Anschließend auf vorgewärmten Tellern servieren.

HINWEIS

Hat man die Langusten schon am Vortag gekauft, so klappt man den Schwanz unter den Körper, wickelt sie in feuchtes Zeitungspapier und legt sie ins Gemüsefach des Kühlschranks. Den Kühlschrank nicht zu kalt stellen, denn durch zu kalte Temperaturen werden die Langusten abgetötet.

LANGUSTEN IN PAPRIKARAHM

ZUTATEN FÜR 4 PERSONEN

4 Langusten von je 450 g
40 g Butter
2 EL fein geschnittene Schalotten
1 TL edelsüßes Paprikapulver
2 TL Tomatenmark
12 cl Cognac
12 cl trockener Weißwein
2 kleine Zweige Estragon
30 cl Sahne
2 EL fein geschnittener Kerbel
Salz, frisch gemahlener Pfeffer

KOCHUTENSILIEN

1 Fischkessel mit Einsatz
2 flache Henkelkasserollen
1 Spitzsieb
1 Stielkasserolle

ZUBEREITEN

Die Langusten in den mit sprudelnd kochendem Wasser gefüllten Fischkessel legen und zugedeckt 5 Minuten kochen.
Anschließend herausnehmen, auf ein Schneidbrett legen, ein schweres Messer mit der Spitze am Kopf-Brust-Stück ansetzen, kräftig herunterdrücken und die Langusten in zwei Hälften spalten.
Den dunklen Darmstrang entfernen.
In der flachen Henkelkasserolle 20 g Butter zerlassen und die fein geschnittenen Schalotten zufügen. Wenn die Butter zu bräunen beginnt, das Paprikapulver einstreuen und mit einem Holzlöffel in die Butter rühren. Danach das Tomatenpüree zufügen.
Die Langusten mit der Schnittfläche nach unten einlegen und einige Minuten über mäßiger Hitze garen. Danach mit dem Cognac flambieren und mit dem Weißwein ablöschen.
Die Estragonzweige zufügen.
Die Langusten wenden und zugedeckt etwa 20 Minuten bei mäßiger Hitze garen. Dabei aufpassen, daß stets genügend Flüssigkeit vorhanden ist, eventuell 1-2 EL Wasser zufügen.
Nach beendeter Garzeit die Langusten herausheben. Das Fleisch aus den Schalen lösen und auf vorgewärmten Tellern warm halten.
Die flache Kasserolle zurück auf den Herd stellen und den Garfond leicht einreduzieren. Die Sahne einrühren und 5 Minuten kochen lassen. Die Sauce nun mit Salz und Pfeffer abschmecken und durch das Spitzsieb passieren. Zuletzt den fein geschnittenen Kerbel einrühren.
Die Langusten mit der Sauce überziehen und Reis getrennt dazu reichen.

HINWEIS

Wenn man die Langusten am Vortag gekauft hat, sollte man sie – wie oben beschrieben – im Gemüsefach des Kühlschranks aufbewahren.
Statt 4 kleine können auch 2 große Langusten von je 900 g verwendet werden, die jedoch nicht so zart wie die kleineren sind. Sie müssen überdies 30 statt 20 Minuten gegrillt werden.

GOLDBRASSEN MIT LORBEERBLÄTTERN, APFELSINEN- UND ZITRONENSPALTEN

ZUTATEN FÜR 5 PERSONEN

2 Goldbrassen von je 800 g
10 frische Lorbeerblätter
20 cl Olivenöl
6 Orangen
4 Zitronen
Salz, frisch gemahlener Pfeffer

KOCHUTENSILIEN

1 Fischkessel mit Einsatz
1 Stielkasserolle

VORBEREITEN

Die Goldbrassen vom Fischhändler ausnehmen und schuppen lassen.
Die Fische innen und außen mit Salz und frisch gemahlenem Pfeffer einreiben.
Mit einem kleinen spitzen Messer auf jeder Seite des Fisches 12 kleine Einschnitte waagerecht in die Haut machen, ohne das Fleisch dabei zu verletzen. 6 Lorbeerblätter in je 8 kleine Dreiecke schneiden und diese in die Einschnitte unter die Haut schieben.
Danach den Fisch vom Kopf zum Schwanz hin leicht mit den Fingern kneten, damit er vom Lorbeeraroma durchzogen wird.
Zum Schluß je 2 Lorbeerblätter in die Bauchhöhlen legen und die Fische mit etwas Olivenöl sorgfältig beträufeln.

ZUBEREITEN

In den Fischkessel 3 l kochendes Wasser gießen. Den perforierten Einsatz in die mittlere Stellung setzen und die vorbereiteten Goldbrassen darauflegen.
Zugedeckt über Dampf etwa 20 Minuten garen. Die Garzeit variiert leicht – je nach Größe der Fische.
Zur Sicherheit eine Garprobe machen: Mit der Messerspitze hinter dem Kopf an der Mittelgräte vorsichtig in das Fleisch stechen.
Löst es sich leicht ab, ist der Fisch gar.
Während der Fisch gart, werden die Orangen und die Zitronen geschält. Die bittere weiße Unterhaut sorgfältig entfernen und die Filets zwischen den Trennhäuten auslösen. Über einem Teller arbeiten, um den austretenden Saft aufzufangen.
Die Orangen- und Zitronenfilets mit ihrem Saft in die Stielkasserolle geben, das Olivenöl zufügen und mit Salz und Pfeffer würzen. Vorsichtig erwärmen, die Früchte sollen nicht zu heiß werden.

ANRICHTEN

Die Goldbrassen mit der lauwarmen Sauce überziehen und mit den Orangen- und Zitronenspalten garnieren. Bei diesem Gericht »du soleil« wird die Schärfe der Zitronen durch das Olivenöl gemildert und durch die Orangen harmonisch abgerundet. Diese Sauce eignet sich auch für gegrillten oder gebratenen Fisch.

HINWEIS

Der Goldbrassen (Dorade royale) ist einer der edelsten Fische des Mittelmeeres.
Er hat eine stahlgraue Farbe und einen leichten goldfarbenen Stirnhöcker.
Andere weniger teure Brassenarten – wie die Rot-, Zahn- oder Streifenbrassen – können auf dieselbe Art zubereitet werden.

IM DAMPF GEGARTES RINDERFILET MIT ROTWEINBIRNEN

ZUTATEN FÜR 8 PERSONEN

2 kg Rinderfilet am Stück
2 kleine Karotten
1 Zwiebel
1 Stiel Staudensellerie
1/2 Fenchelknolle
einige Pfefferkörner
Speisesalz, grobes Meersalz

FÜR DIE GARNITUR

24 Perlzwiebeln
24 kleine Karotten
24 kleine weiße Rübchen
16 kleine Kartoffeln

FÜR DIE BIRNEN

8 Williams-Birnen
25 cl roter Portwein
50 cl kräftiger Rotwein
Schale von 1/2 Zitrone
8 frische Lorbeerblätter
2 EL Honig
2 EL schwarze Pfefferkörner im Mullsäckchen

KOCHUTENSILIEN

1 Fischkessel mit Einsatz
1 flache Henkelkasserolle

ZUBEREITEN

Die Birnen müssen mindestens 2 Stunden im voraus zubereitet werden, damit sie abkühlen können.
In der flachen Henkelkasserolle den Port- und den Rotwein zusammengießen.
Die Zitronenschale, die Lorbeerblätter und das Mullsäckchen mit den schwarzen Pfefferkörnern zufügen. Zum Kochen bringen und den Honig einrühren. Die Hitze herunterschalten und den Deckel auflegen.
Inzwischen die Birnen schälen, aber den Stiel nicht entfernen. In die heiße Weinmischung geben und bei mäßiger Hitze etwa 10 Minuten garen.
Zugedeckt abkühlen lassen. Anschließend das Mullsäckchen mit den Pfefferkörnern entfernen und den Saft gut ausdrücken.
Die Birnen auf 4 Dessertteller verteilen, mit den Lorbeerblättern garnieren und mit dem Saft überziehen. Für die Weiterverwendung bereithalten.
Das Filet sauber parieren und das dünne Ende umschlagen, eventuell mit Küchenzwirn binden, so daß der Filetstrang in seiner ganzen Breite etwa die gleiche Dicke aufweist. Das ermöglicht ein gleichmäßiges Garen.
Auf den Boden des Fischkessels die beiden Karotten, die halbierte Zwiebel, den Selleriestiel, die halbe Fenchelknolle sowie die grob zerstoßenen Pfefferkörner streuen. Darüber 2 1/2 Liter Wasser gießen, den perforierten Locheinsatz in mittlerer Höhe einsetzen, den Deckel auflegen und zum Kochen bringen.
Nach dem Aufkochen das mit Salz bestreute Filet einlegen und zugedeckt über mittlerer Hitze etwa 10 Minuten garen. Anschließend die Perlzwiebeln, die olivenförmig zurechtgeschnittenen Karotten, die Rübchen und die kleinen geschälten Kartoffeln einlegen. Wieder zudecken und weitere 15–20 Minuten über Dampf garen.
Anschließend die Hitze abschalten, den Fischkessel halb aufdecken und den Inhalt des Kessels etwa 10 Minuten ruhen lassen.

ANRICHTEN

Das Filet und die Gemüse vor dem Servieren nochmals erhitzen. Danach das Filet in gleichmäßige Scheiben schneiden und jede Scheibe mit ein wenig grobem Meersalz bestreuen. Mit den Gemüsen umlegen und die Rotweinbirnen getrennt dazu reichen.

6

Angelo Paracucchi

Flambierpfanne

Flambierrechaud

Offenbar jahrtausendealt ist das Prinzip, das den Kochvorgängen zugrunde liegt, die am Rechaud ausgeführt werden: Ein Kochgefäß über einer Flamme und ein weiteres Utensil, das als Ständer fungiert und zwischen Kochgefäß und Flamme aufgestellt ist. Der Flambierrechaud und die Flambierpfanne sind jedoch Utensilien neueren Ursprungs, deren Entwicklung zu der uns heute bekannten Form auf die Zeit der Entstehung der Grandhotels am Ende des neunzehnten Jahrhunderts zurückgeht. Man kann annehmen, daß diese Geräte direkte Weiterentwicklungen des Rechauds oder Spiritusbrenners sind, einem Utensil, das im siebzehnten Jahrhundert und in der gesamten neoklassischen Periode sehr beliebt war. Es ermöglichte nämlich, die Wärmequelle – glühende Holzkohlen, Kerzen oder einen Spiritusbrenner – direkt auf die Tafel zu tragen und darüber die Behälter mit den Speisen warm zu halten. Es machte aber auch möglich, den Kaffee am Tisch zuzubereiten. Lazare Duvaux, der Hofjuwelier Ludwigs XV., bezeugt in seinem Rechnungsbuch, das im vergangenen Jahrhundert von der »Société des bibliophiles français« veröffentlicht wurde, die Vorliebe des Königs für dieses Getränk: »Am 16. April 1755 eine Kaffeekanne aus Gold für vier Tassen mit ziselierten Ornamenten. Ein Rechaud mit drei Brennern. Sechs Mokkalöffel neuesten Modells. Ein Rechaud aus hochglanzpoliertem Eisen. Preis: 4476 Livre.«

Die Flambierpfanne ist ein Gefäß aus Metall, das gewöhnlich eine runde flache Form und einen gewölbten Rand hat und mit einem langen Stiel aus Holz versehen ist. Der Rechaud ist ein hohes zylindrisches Gerät, das aus einem Spiritusbehälter, einem Dochtbrenner und einer Abdeckung besteht, auf die die Pfanne oder ein anderes Gefäß gestellt wird. Er dient dazu, Kochvorgänge bei Tisch auszuführen.

Aufgrund seiner besonderen Eigenschaften ist dieses Ensemble für einige Kochvorgänge durch Sautieren besonders geeignet – für warme Fruchtdesserts, süße oder pikante Crêpes, Fleischmedaillons und Fischfilets –, obwohl es wegen der großen und exakt regulierbaren Heizleistung des Brenners auch für viele andere Kochtechniken verwendet werden kann – etwa zum Kochen, Pochieren, Dämpfen, Dünsten, Schmoren und Glacieren, selbst zum Kochen in geschlossener Kasserolle.

Auch wenn dieses Gerät dem Geist des Fin de siècle entstammt und eng mit der klassischen internationalen Küchentradition der Grandhotels verknüpft ist, so bietet es dennoch ganz aktuelle Möglichkeiten für die Zubereitung interessanter und moderner Gerichte. Angelo Paracucchi, einer der ganz großen Meister der mediterranen Küche, gehört zu den wenigen Vertretern der zeitgenössischen Haute Cuisine, der dieses Gerät mit Virtuosität und außergewöhnlicher Innovationskraft verwendet.

Das klassische Anwendungsbeispiel für den Flambierrechaud: flambierte Crêpes.

Holzkohlenrechaud, achtzehntes Jahrhundert. (Italienischer Entwurf, Cooper-Hewitt Museum, New York)

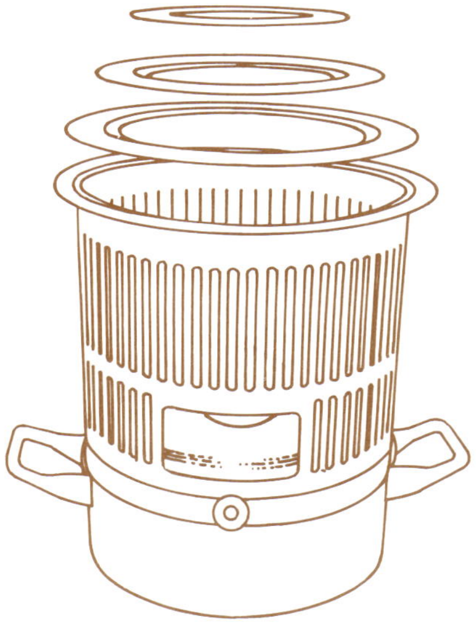

Dank der konzentrischen Ringe können auf dem Flambierrechaud neben der Pfanne auch andere Kochgeräte verwendet werden.

Ausschnitt aus einem Stich des siebzehnten Jahrhunderts von Abraham Bosse: Der Holzkohlenrechaud auf dem Tisch. (Bibliothèque nationale, Paris)

Französischer Holzkohlenrechaud, achtzehntes Jahrhundert. (The Metropolitan Museum, New York)

Den ersten Hinweis auf die tätsächliche und eigentliche Verwendung des Rechauds zum Kochen geht auf Vincent de La Chapelle zurück. Er führt in seinem »Cuisinier moderne« (Den Haag 1742) das Rezept für »Rebhühner auf Bürgerinart mit Champagner« an, die zum Teil am Tisch zubereitet werden: »Man gebe fein geschnittene Schalotten, Petersilie und weiße Brotkrumen in kleine Schüsseln, und wenn die Rebhühner serviert werden, soll jeder, der sie mit einer Sauce verfeinern möchte, ein Glas Champagnerwein in eine kleine Schüssel geben und Schalottenwürfel, Salz, Pfeffer und ein nußgroßes Stück Butter hinzufügen. Die Schale stelle man dann auf den Rechaud (der mit Spiritus beheizt wurde), und wenn der Inhalt kocht, füge man die Rebhuhnstücke dazu.« Gegen Ende des vergangenen Jahrhunderts wurde ein weiterer, zwar kleiner, aber bedeutsamer Schritt getan, diesen Typ Rechaud zu verändern. Man gestaltete die Geräte formal und funktional um, so daß man die Möglichkeit hatte, gewisse Kocharten direkt am Tisch des Gastes auszuführen wie etwa das Flambieren, das stets sehr effektvoll und beeindruckend und so typisch für die »Belle Époque« ist.

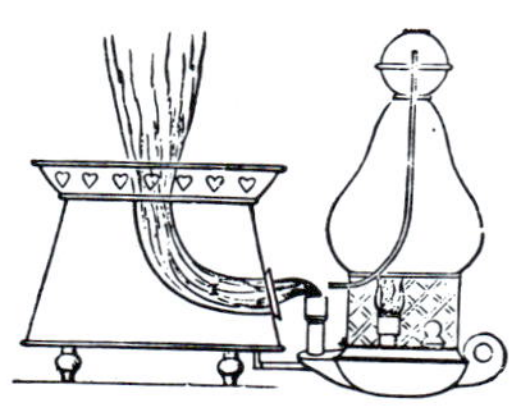

Paracucchi demonstriert auf den folgenden Seiten, daß der Flambierrechaud und die Flambierpfanne nicht allein dem Commis und dem Maître d'hôtel vorbehalten bleiben sollen. Einige seiner effektvollsten Beispiele für die kreative Handhabung dieses Ensembles sind – wie aus den folgenden Rezepten ersichtlich wird – Nudelgerichte, die mit raffinierten Saucen über der Flamme vollendet werden. Vielleicht sollte auch noch der Hinweis gestattet sein, daß im Gegensatz zu den anderen Kochutensilien, die in diesem Buch erläutert werden, der Flambierrechaud mit der zugehörigen Pfanne nicht nur das pure kulinarische Interesse und den Gaumen befriedigt, sondern zugleich auch dem intellektuellen Vergnügen des Tischgastes dient, da er die Zubereitung mit eigenen Augen verfolgen kann.

Das wichtigste Merkmal des hier vorgestellten Rechauds, der traditionsgemäß mit Spiritus beheizt wird, besteht darin, daß er als perfektes Utensil für den professionellen Gebrauch konzipiert wurde. Man kann mit ihm sofort eine sehr scharfe Hitze erzeugen und anschließend die Flammenstärke, die leicht regulierbar ist, den jeweiligen Erfordernissen der Kochphase anpassen. Das große Fassungsvermögen des Spiritusbehälters von 1,7 Litern gewährleistet eine lange Brenndauer. Die obere Abdeckung des Rechauds, die aus schweren konzentrischen Metallringen besteht, macht es möglich, den Rechaud nicht nur mit seiner zugehörigen Pfanne, sondern auch mit anderen Gefäßen zu verwenden.

Der »Magic Stove« von Alexis Soyer, dem großen englischen Koch aus dem neunzehnten Jahrhundert: die letzte Vorstufe zum modernen Rechaud. (Aus »The Cooks' Catalogue«, op. cit.)

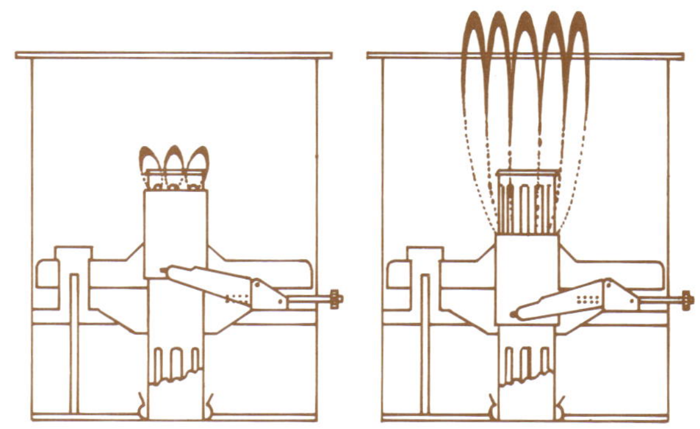

Die Regulierbarkeit der Flamme ist das wichtigste Merkmal des Flambierrechauds: Je nach Bedarf kann sie größer oder kleiner gestellt werden.

Querschnitt durch den Spiritusbehälter mit dem Brennelement in der Mitte und dem seitlichen Einfüllstutzen.

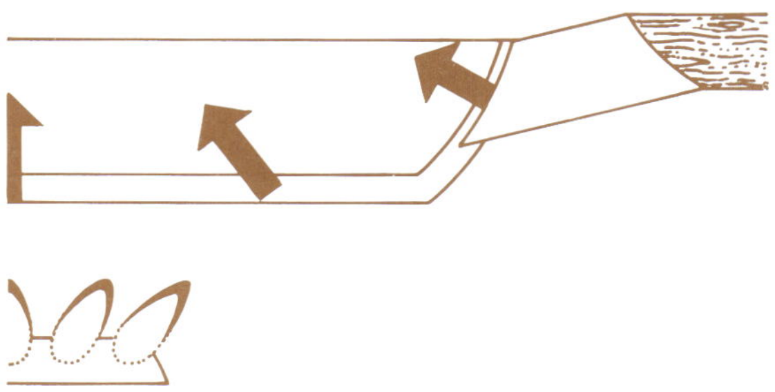

Die meisten in der Flambierpfanne zubereiteten Gerichte erfordern eine schnelle und gut kontrollierbare Wärmeeinwirkung. Deswegen ist auch hier dickwandiges Kupfer das geeignetste Material.

Der Rechaud ist ganz aus Edelstahl und hat dadurch eine besonders hohe Widerstandsfähigkeit, die im Hinblick auf seinen Gebrauch als professionelles Gerät bedeutsam ist.

Die Flambierpfanne ist hingegen aus sehr dickem Kupfer hergestellt und innen mit einer Edelstahlschicht ausgekleidet, die durch eine dünne Aluminiumschicht mit dem Kupfer verbunden ist. Dieses dreischichtige Verbundmaterial ist, wie bereits mehrfach erwähnt, besonders geeignet für die sogenannten schnellen Kochtechniken.
Der Stiel ist aus Holz gefertigt, damit er sich nicht erwärmt. Der Stielansatz wird im Wachsausschmelzverfahren aus rostfreiem Stahl hergestellt. Besondere Aufmerksamkeit wurde, wie aus der Zeichnung ersichtlich wird, dem Holzteil gewidmet. Der Griff soll angenehm in der Hand liegen und eine sichere und leichte Handhabung ermöglichen, denn bekanntlich wird die Pfanne beim Sautieren fast ständig mit der Hand bewegt, um den Kochvorgang zu steuern.

An den folgenden, bisher unveröffentlichten Rezeptbeispielen demonstriert Angelo Paracucchi die Anwendungsmöglichkeiten des Rechauds und der Flambierpfanne. Die begleitenden Fotos zeigen den Autor bei der Ausführung seiner Rezepte in der Küche seiner »Locanda dell'Angelo« in Ameglia, La Spezia.

Kleiner Spiritusrechaud, Paris 1788. (Privatsammlung, Paris)

Die Verwendung des »chafing dish«, eines englischen Vorläufers des Rechaud, zu Beginn dieses Jahrhunderts. (Liebig-Reklame, 1903)

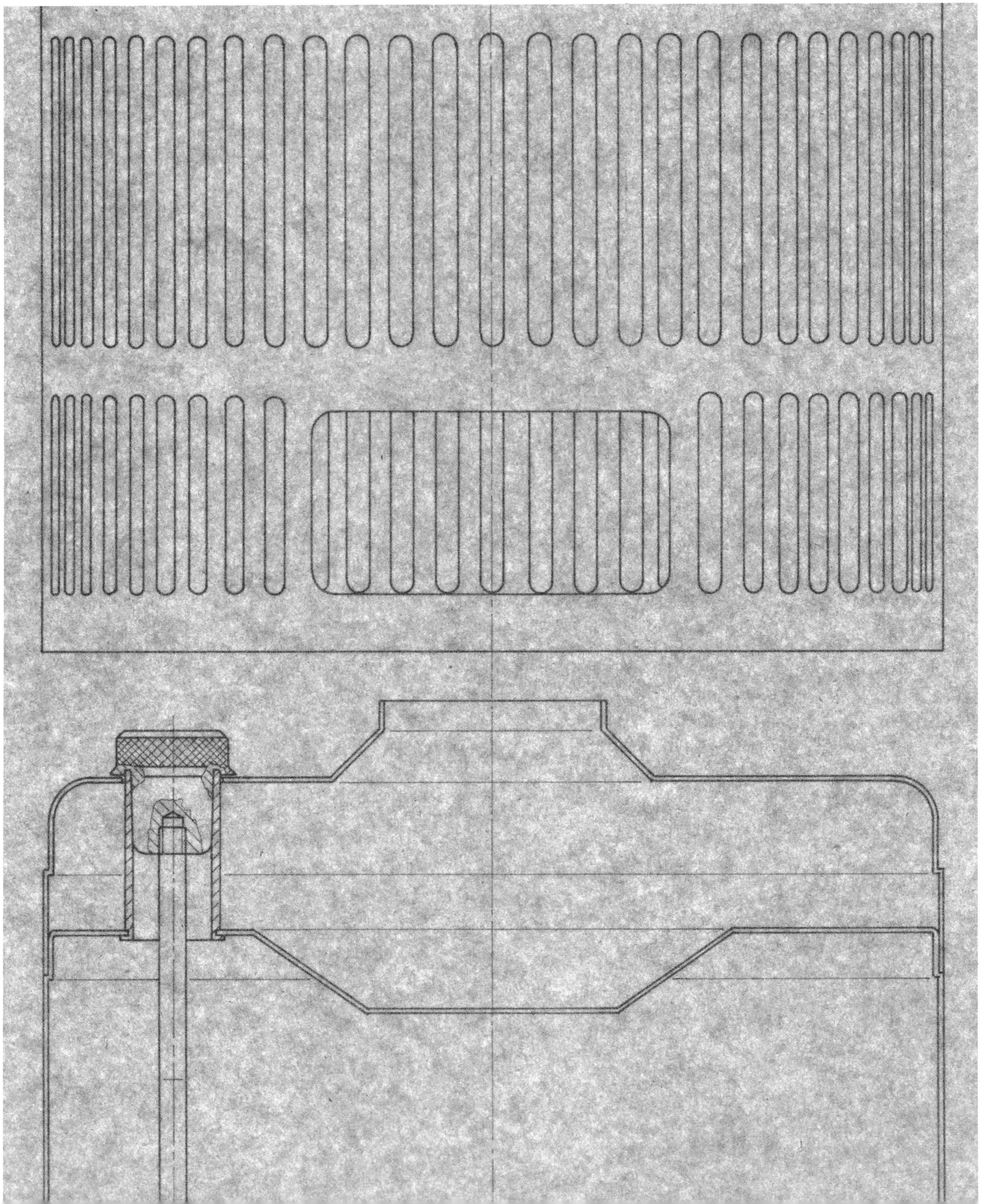

Ansicht und Querschnitt des Rechaud-Korpus mit Detailansicht des Einfüllstutzens mit Meßstab

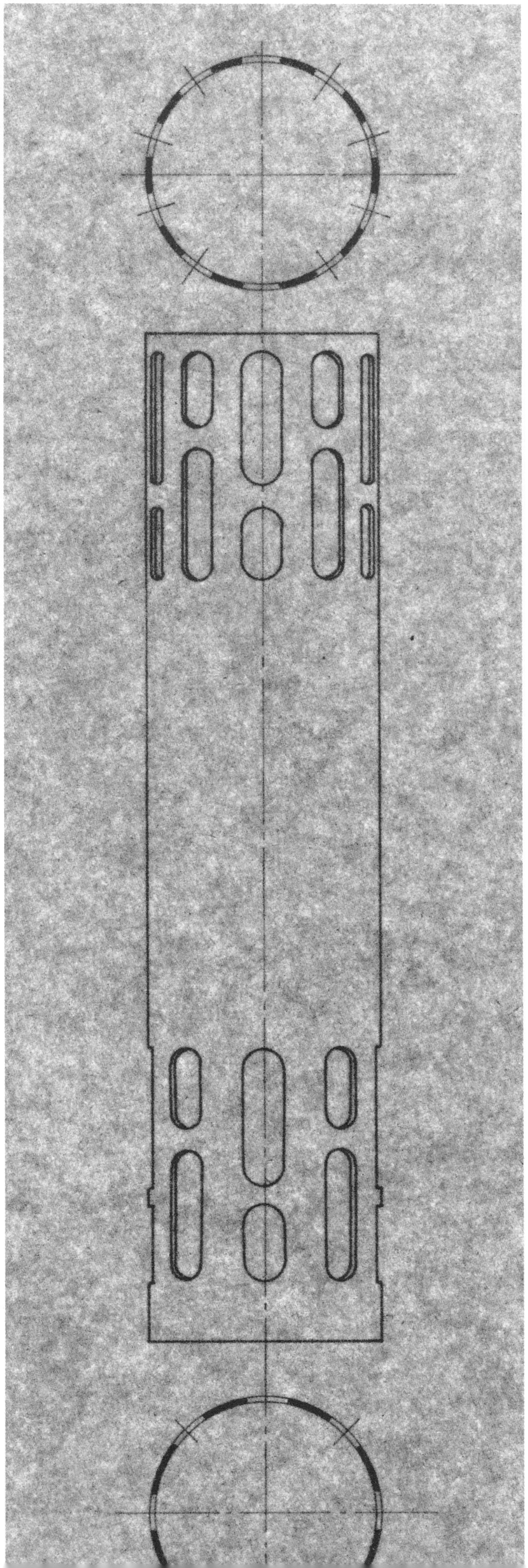

Ansicht und Querschnitt des Brennzylinders des Rechaud

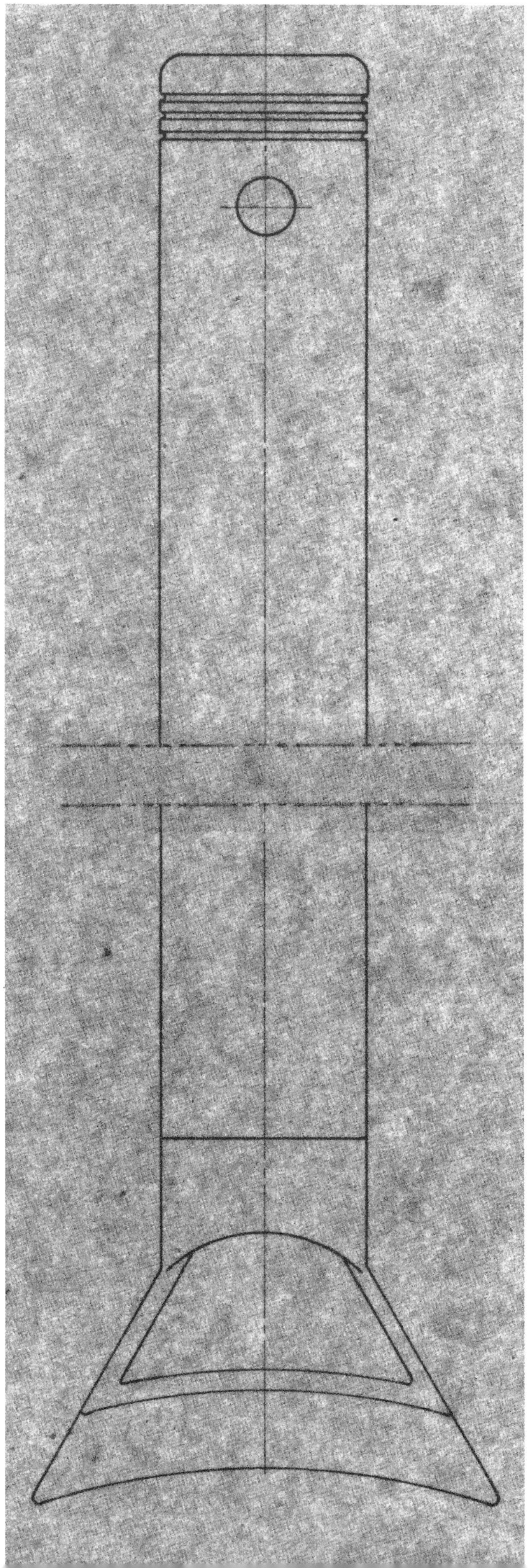

Aufriß und Querschnitt des Stiels der Flambierpfanne

FARFALLE MIT SCAMPI UND GRÜNEN SPARGELSPITZEN (IN DER KÜCHE VORBEREITET)

VORBEREITUNGSZEIT: 15 MINUTEN

KOCHZEIT: 25 MINUTEN

ZUTATEN FÜR 4 PERSONEN

250 g Farfalle (Schmetterlingsnudeln)
16 Stangen grüner Spargel
5 EL Olivenöl extravergine
12 ausgelöste Scampischwänze
5 cl Weißwein
5 cl Fischfond
40 g Butter
60 g magerer Speck
10 g gewürfelte Tomaten
4 Petersilienstiele
2 Basilikumblätter
1 Knoblauchzehe
Salz, Pfeffer

KOCHUTENSILIEN

1 Flambierpfanne
1 flache Henkelkasserolle von 24 cm Durchmesser
1 Topf von 20 cm Durchmesser
1 Abtropfschüssel

VORBEREITEN

Den Spargel schälen, waschen und zusammenbinden. Die Enden auf gleiche Länge kürzen.

ZUBEREITEN

Den Spargel im Kochtopf etwa 20 Minuten in gesalzenem Wasser kochen. Herausheben, unter fließendem Wasser kalt abspülen und die Spargelspitzen in gewünschter Länge abschneiden.
In der flachen Henkelkasserolle die ausgelösten Scampischwänze in etwas Olivenöl schnell ansautieren. Mit etwa der Hälfte des halbtrockenen Weißweins begießen und die Flüssigkeit stark einkochen lassen. Den Fischfond zugießen und auf lebhafter Flamme nur 1 Minute kochen. Anschließend warm halten.

1

2

In die Flambierpfanne 20 g Butter ❶ und das restliche Olivenöl geben ❷. Erhitzen, den gewürfelten mageren Speck zufügen ❸ und anbräunen. Mit dem restlichen Weißwein ablöschen ❹ und diesen einkochen lassen. Nun die Spargelspitzen ❺, die Scampischwänze ❻, die Tomatenwürfel ❼ sowie die Petersilienstiele, Basilikumblätter und die Knoblauchzehe zufügen.
Etwa 2 Minuten kochen lassen. Im Topf die Schmetterlingsnudeln (Farfalle) in kochendem Salzwasser al dente garen. Danach abgießen.
Die Knoblauchzehen, die Petersilienstiele und die Basilikumblätter aus der Flambierpfanne entfernen und die Schmetterlingsnudeln ❽ sowie etwas vom Kochwasser zufügen. Kurz durchschwenken ❾, damit sich die Nudeln mit den übrigen Zutaten gut vermischen. Mit noch etwas Butter verfeinern ❿ und auf vorgewärmten Tellern servieren ⓫.

HINWEIS

In diesem Falle wird die Flambierpfanne ohne Rechaud verwendet. Sie dient lediglich zum schnellen Vermischen der Zutaten, die sämtlich in der Küche und nicht am Tisch gegart werden.

PENNETTE MIT PORREE AUS DER FLAMBIERPFANNE

VORBEREITUNGSZEIT: 15 MINUTEN

KOCHZEIT: 25 MINUTEN

ZUTATEN FÜR 4 PERSONEN

300 g Pennette
2 Stangen Porree
1 Schalotte
4 EL Olivenöl extravergine
60 g Butter
60 g gewürztes Schweinemett
5 cl trockener Weißwein
10 cl Rinderbrühe
60 g geriebener Parmesankäse
Salz, Pfeffer

KOCHUTENSILIEN

1 Flambierpfanne
1 Flambierrechaud
1 Topf von 20 cm Durchmesser
1 Spitzsieb

VORBEREITEN

Die Porreestangen putzen und die grünen Blattspitzen wegschneiden. Die Stangen längs halbieren und gründlich unter fließendem Wasser waschen. In dünne Längsstreifen von etwa 4 cm Länge schneiden. Danach in kochendem Salzwasser etwa 1 Minute blanchieren. Die Schalotte schälen und in dünne Ringe schneiden.

ZUBEREITEN

Die Flambierpfanne auf den Rechaud setzen und die Flamme groß stellen. Etwa 1 EL Olivenöl ❶ und 20 g Butter ❷ in die Pfanne geben. Die in dünne Ringe geschnittene Schalotte zufügen ❸ und anschwitzen ❹. Das feine, gut gewürzte Mett zufügen ❺ und einige Minuten braten. Mit dem Weißwein übergießen ❻ und die Flüssigkeit einkochen lassen.
Nun die Porreestreifen zufügen und mit der Rinderbrühe übergießen ❼. Mit Salz und Pfeffer würzen ❽. Noch weitere 2 Minuten kochen lassen, anschließend warm halten. Inzwischen die Pennette – eine Maccheroniart, die gespitzten Federkielen ähnelt –

in kochendem Salzwasser al dente garen und abgießen.
Die Pennette in die Pfanne zu den übrigen Zutaten geben ❾ und das restliche Öl sowie einige Eßlöffel von der Kochflüssigkeit der Nudeln zugießen. Alles gut durchschwenken ❿, ⓫. Sobald die Sauce etwas eingekocht ist, die Flamme löschen und die Nudeln mit der restlichen Butter überglänzen ⓬. Mit dem geriebenen Parmesan bestreuen ⓭ und auf vorgewärmten Tellern servieren ⓮.

RINDERFILET MIT SCHWARZEN TRÜFFELN

KOCHZEIT: 20 MINUTEN

ZUTATEN FÜR 4 PERSONEN

4 Scheiben Rinderfilet von je 150 g
2 EL Olivenöl extravergine
50 g Butter
5 cl kräftige Rinderbrühe
5 cl Brandy
2 EL Fleischglace
25 g gehobelte schwarze Trüffeln
5 cl Sahne
Salz, frisch gemahlener schwarzer Pfeffer

KOCHUTENSILIEN

1 Flambierrechaud
1 Flambierpfanne oder eine flache Henkelkasserolle von 24 cm Durchmesser

ZUBEREITEN

Die Funktion des Flambierrechauds überprüfen ❶. In der flachen Henkelkasserolle das Olivenöl erhitzen und etwas Butter zufügen ❷. Die Filetscheiben in das heiße Fett legen ❸ und von beiden Seiten sehr schnell anbraten.
Erst danach mit Salz und frisch gemahlenem Pfeffer würzen ❹. Die Filets herausnehmen und warm halten ❺.

Alles Bratfett abgießen und die Pfanne wieder auf den Rechaud setzen.
Etwas Butter und die Brühe hineingeben und zudecken. Nach 1 Minute den Brandy zugießen, flambieren und zur Hälfte abbrennen lassen.
In den Fond nun 2 EL Fleischglace oder den Fleischsaft, der sich unter den Filets inzwischen gebildet hat, einrühren ❻ sowie die gehobelten Trüffeln ❼ und die Sahne zufügen. Einige Minuten vorsichtig verrühren – dann ist die Sauce fertig.

ANRICHTEN

Die Filets auf 4 vorgewärmte Teller plazieren und mit der Trüffelsauce überziehen.

HINWEIS

Damit die Filetscheiben schön saftig bleiben, müssen sie schnell und über großer Hitze gebraten werden. Es bildet sich eine Kruste, die verhindert, daß zu viel Saft ausläuft. Durch das anschließende Ruhenlassen verteilt sich der Saft im Fleisch. Filetscheiben sollen immer erst nach dem Braten gesalzen werden.

GEFÜLLTE KANINCHENKEULE

ZUBEREITUNGSZEIT: 90 MINUTEN

ZUTATEN FÜR 4 PERSONEN

4 Keulen von jungen Kaninchen
100 g entstielter Spinat
70 g Kalbsbries und Rindermark
50 g Kaninchenfleisch
1 Zweig frischer Majoran
1/2 Knoblauchzehe
4 EL Olivenöl extravergine
50 g Butter
10 g Pinienkerne
40 g frische Erbsen
30 g frisch geriebener Parmesan
50 g rohes Kalbsbrät
1 Ei
1 Eigelb
1 Glas Rinderbrühe
Salz, Pfeffer

KOCHUTENSILIEN

1 Henkelkasserolle von 20 cm Durchmesser
1 flache Henkelkasserolle von 24 cm Durchmesser

ZUBEREITEN

Die Kaninchenkeulen entbeinen.
In der Henkelkasserolle erst den Spinat in Salzwasser blanchieren. Anschließend das gewässerte Kalbsbries sowie das Rindermark in frischem Wasser ebenfalls blanchieren.
Das Kaninchenfleisch, das Bries und das Rindermark in kleine Würfel schneiden.
Den blanchierten und gründlich ausgepreßten Spinat, den frischen Majoran und die halbe Knoblauchzehe fein hacken.
In der Kasserolle 2 EL Olivenöl und 25 g Butter erhitzen. Das gewürfelte Kaninchenfleisch zufügen und unter Rühren anbraten. Mit Salz und Pfeffer würzen.
Danach den gehackten Majoran, den Knoblauch, die Bries- und Markwürfel, die Pinienkerne sowie die feinen Erbsen einrühren und einige Minuten sautieren.
Abseits vom Herd den gehackten Spinat, den geriebenen Parmesan und das rohe Kalbsbrät (vom Metzger) zufügen. Das ganze Ei und das Eigelb hinzugeben und alles zu einer geschmeidigen Masse verarbeiten. Mit Salz und Pfeffer abschmecken.

Die entbeinten Kaninchenkeulen salzen und mit der Masse füllen. Die Öffnung mit Küchenzwirn vernähen, damit die Füllung nicht herausfällt.
In der flachen Henkelkasserolle das restliche Öl und 10 g Butter erhitzen. Die gefüllten Kaninchenkeulen vorsichtig hineinlegen und schnell von allen Seiten anbräunen.
Weitere 15 Minuten im Ofen braten, danach den Bratenfond entfetten und die Brühe angießen. Für 5 weitere Minuten zurück in den Ofen geben.
Anschließend die Kaninchenkeulen herausheben und warm halten, während man die restliche Butter in den Bratfond einschwenkt.

ANRICHTEN

Die Kaninchenkeulen aufschneiden, mit dem Bratensaft übergießen und auftragen.

GUAZZETTO VON GARNELEN

ZUBEREITUNGSZEIT: 15 MINUTEN

ZUTATEN FÜR 4 PERSONEN

16 rohe Garnelenschwänze (Tiger prawns)
25 cl Fischfond
2 Artischocken (längliche italienische)
etwas Zitronensaft
30 g Olivenöl extravergine
1 Knoblauchzehe
5 cl Weißwein
2 cl Brandy
5 cl Rinderbrühe
40 g gewürfelte Tomaten
40 g Butter
1 TL Öl mit Knoblaucharoma
einige Tropfen Tabasco
1 El Petersilie
Salz, frisch gemahlener Pfeffer

KOCHUTENSILIEN

1 Flambierpfanne
1 Stielkasserolle von 14 cm Durchmesser

ZUBEREITEN

In der Stielkasserolle den Fischfond zum Kochen bringen und darin die ausgelösten Garnelenschwänze 1 Minute pochieren.
Die Artischocken putzen. In je 8 kleine Schnitze schneiden und sofort mit etwas Zitronensaft beträufeln. Etwa 5 Minuten in kochendem Salzwasser blanchieren.
In der Flambierpfanne den fein zerschnittenen Knoblauch in Olivenöl andünsten. Mit dem Weißwein sowie dem Brandy ablöschen. Anschließend die Rinderbrühe zugießen und auf 1/3 einkochen lassen. Danach die Tomatenwürfel, Petersilie sowie den restlichen Fischfond einrühren. Mit Salz und frisch gemahlenem Pfeffer abschmecken. Noch etwa 3 Minuten kochen lassen und anschließend abseits vom Feuer die Butter einschwenken, 1 TL mit Knoblauch aromatisiertes Olivenöl einrühren und die Sauce mit einigen Tropfen Tabasco sowie der feingeschnittenen Petersilie vollenden. Auf 4 vorgewärmte Teller die Artischockenschnitze und die Garnelen gefällig verteilen und mit der sehr heißen Sauce übergießen.

Gefüllte Kalmare

VORBEREITUNGSZEIT: 60 MINUTEN

KOCHZEIT: 35 MINUTEN

ZUTATEN FÜR 4 PERSONEN

1 kg kleine Kalmare
2 Knoblauchzehen
10 g Petersilie
100 g Frühstücksspeck
1 kleine Karotte
1 Stange Staudensellerie
1/2 Zwiebel
6 EL Olivenöl extravergine
50 g Butter
4 Blätter Basilikum
1/2 Glas Sherry
200 g Seezungenfilet
200 g blanchierter Mangold
1 Ei
30 g flüssige Butter
1/2 Glas Weißwein
200 g pürierte Tomaten
Salz, Pfeffer

KOCHUTENSILIEN

1 Flambierpfanne
1 flache Henkelkasserolle von 24 cm Durchmesser

ZUBEREITEN

Die Kalmare häuten. An den Tentakeln den Kopf aus dem Körperbeutel ziehen und abschneiden. Danach die Tentakeln oberhalb der Augen so abschneiden, daß sie noch ringförmig zusammenhängen. Den Körperinhalt samt dem transparenten Fischbein entfernen. Die Tentakeln und die Körperbeutel gründlich abspülen und trockentupfen.
Die Knoblauchzehen schälen, klein schneiden und die Petersilie fein schneiden. Den Frühstücksspeck würfeln, ebenso die kleine Karotte, die Selleriestange und die halbe Zwiebel.
In der flachen Henkelkasserolle 4 EL Olivenöl und die Hälfte der Butter erhitzen. Den Knoblauch, die Petersilie und die Gemüsewürfel zufügen und andünsten. Anschließend den gewürfelten Frühstücksspeck einrühren und die Basilikumblätter zufügen. Mit Salz und frisch gemahlenem Pfeffer würzen. Etwa 5 Minuten sautieren, danach mit einem halben Glas Sherry ablöschen.

Das Seezungenfilet, den blanchierten Mangold und die kleingewürfelten Tentakeln einrühren und weitere 5 Minuten sautieren. Danach alles im Universalzerkleinerer nicht zu fein hacken. Die Masse anschließend mit einem verschlagenen Ei und 30 g flüssiger Butter gründlich vermischen und abschmecken. Die Kalmare mit dieser Farce füllen und die Öffnungen mit Holzspießchen zustecken.

ZUBEREITEN

Das restliche Olivenöl mit der restlichen Butter in die Flambierpfanne geben und erhitzen. Darin die gefüllten Kalmare von allen Seiten anbräunen. Anschließend mit dem Weißwein ablöschen und über mäßiger Flamme weitere 5 Minuten garen. Die pürierten Tomaten zufügen und nochmals 5 Minuten dünsten. Abschmecken und auf vorgewärmten Tellern in der Sauce servieren.

Birnen und frische Himbeeren in Karamelsauce

ZUBEREITUNGSZEIT: 15 MINUTEN

ZUTATEN FÜR 4 PERSONEN

2 reife Birnen
etwas Zitronensaft
20 g Zucker
5 cl Birnengeist
10 cl pürierte Himbeeren
400 g frische Himbeeren

KOCHUTENSILIEN

1 Flambierpfanne
1 Flambierrechaud

ZUBEREITEN

Die Birnen schälen, halbieren, die Kerngehäuse entfernen und die Birnenhälften in dünne Scheiben schneiden. Sofort in mit Zitronensaft versetztes Wasser legen, damit sie sich nicht verfärben.
Den Zucker in die Mitte der Flambierpfanne schütten ❶ und stark erhitzen ❷.
Sobald der Zucker anfängt zu schmelzen, das Himbeerpüree zugießen ❸, ❹.
Die Pfanne mit kreisenden Bewegungen schwenken, damit sich alles gut vermischt und gleichmäßig karamelisiert ❺, ❻, ❼.
Die Pfanne nochmals schwenken ❽ und die Konsistenz der Karamelsauce prüfen ❾.
Anschließend den Birnengeist zugießen, flambieren und die Birnenscheiben einlegen ❿. Etwa 2 Minuten dünsten.
Danach die gedünsteten Birnenscheiben auf eine ovale Servierplatte plazieren und die frischen Himbeeren darüberlegen.
Mit der Karamelsauce überziehen ⓫ und servieren.

Zuppa in der Pfanne

Zutaten für 4 Personen

4 mittelgroße Zucchini
400 g geschälte Kartoffeln
1 Zwiebel
2 Stangen Staudensellerie
1 Knoblauchzehe
1 Bund Petersilie
6 EL Olivenöl
2 gewürfelte Tomaten
8 Scheiben Vollkorntoast
40 g frisch geriebener Parmesan
Salz

Kochutensilien

1 Flambierpfanne

Zubereiten

Die Zucchini waschen und das Stielende sowie den Blütenansatz entfernen.
Die Zucchini ebenso wie die geschälten Kartoffeln, die Zwiebel und die zwei Selleriestangen in dünne Scheiben schneiden.
Den Knoblauch und die Petersilie fein schneiden und kurz im Olivenöl in der Flambierpfanne ansautieren.
Anschließend die Gemüsescheiben zufügen und 10 Minuten dünsten.
Schließlich die gewürfelten Tomaten einrühren, salzen und etwa 20 Minuten weiterdünsten.
Die Toastscheiben im Toaster toasten und in 4 tiefe Teller legen. Das Gemüse darüber verteilen, mit geriebenem Parmesan bestreuen und sehr heiß servieren.

Spaghetti mit Mozarella, Tomaten und Peperoncino

Zutaten für 4 Personen

320 g Spaghetti
8 EL Tomatensauce
4 pürierte Fleischtomaten
160 g Mozarella
1/2 TL rote Peperoncino
50 g Butter
60 g geriebener Parmesan
Salz

Kochutensilien

1 Flambierpfanne
1 Topf
1 Abtropfsieb

Zubereiten

In der Flambierpfanne die Tomatensauce mit den pürierten Fleischtomaten, dem feingehackten roten Peperoncino und dem kleingewürfelten Mozarella verrühren.
Auf kleiner Flamme, ohne zu rühren, kochen lassen, bis der Käse geschmolzen ist. Danach leicht salzen.
Inzwischen die Spaghetti in reichlich Salzwasser al dente kochen. Herausheben und abtropfen lassen. Etwas Kochwasser zum eventuellen Verdünnen der Sauce zurückbehalten.
Die heißen Spaghetti in die Flambierpfanne geben und mit der Butter überglänzen.
Mit der Sauce vermischen und mit Parmesan bestreut servieren.

Hinweis

Nach dem Einstreuen der Mozarellawürfel darf die Sauce nicht gerührt werden, damit der Käse keine Fäden zieht.

Tortelli in Basilikumsauce

Zutaten für 4 Personen

Nudelteig aus 2 Eiern und 300 g Mehl
6 EL Olivenöl extravergine
1 Knoblauchzehe
15 Basilikumblätter
4 EL pürierte Tomaten
60 g Butter
80 g geriebener Parmesan
Salz, Pfeffer

Für die Füllung:
3 EL Olivenöl
1 kleine Zwiebel
1 Stange Staudensellerie
1 Karotte
50 g mageres Schweinefleisch
50 g mageres Rindfleisch
50 g Hühnerbrust
5 cl trockener Marsala
1/2 Glas Rinderbrühe
100 g Ricotta
50 g blanchierter Spinat
2 Eier
30 g Parmesan
30 g Butter
Salz, Muskatnuß, frisch gemahlener Pfeffer

Kochutensilien

1 Flambierpfanne
1 Kasserolle
1 Topf
1 Spitzsieb

Zubereiten

Für die Füllung das klein gewürfelte Schweine-, Rind- und Hühnerfleisch zusammen mit dem fein gewürfelten Würzgemüse (Zwiebel, Sellerie, Karotte) in der Kasserolle im Olivenöl anbraten.
Salzen, pfeffern und zugedeckt über kleiner Flamme etwa 10 Minuten schmoren.
Anschließend mit dem Marsala ablöschen, diesen einkochen lassen und weitere 10 Minuten garen. Gegebenenfalls 1/2 Glas Brühe zufügen.
Den Ricotta-Käse mit dem gedünsteten und fein gehackten Spinat vermischen und noch etwa 5 Minuten auf dem Feuer halten.
Anschließend die Fleisch- und die Ricottamasse zusammen durch den Fleischwolf treiben. In einer Schüssel mit den beiden Eiern, dem geriebenen Parmesan und der zuvor geschmolzenen Butter zu einer homogenen Farce verarbeiten. Mit geriebenem Muskat, Salz und Pfeffer abschmecken.
Für die Tortelli aus dem Nudelteig 2 dünne gleich große Teigplatten ausrollen. Auf die eine Teigplatte die Farce in teelöffelgroßen Häufchen in gleichmäßigen Abständen verteilen. Die andere Teigplatte darüberdecken und mit dem Teigrädchen kleine Quadrate ausrädeln.
Die Tortelli in reichlich kochendem Salzwasser etwa 3 Minuten im Topf garen.
Inzwischen in der Flambierpfanne die fein gehackte Knoblauchzehe und das in feine Streifen geschnittene Basilikum in Olivenöl einige Sekunden andünsten. Dann das Tomatenpüree und eine Prise Salz einrühren.
Die abgetropften Tortelli sowie einige Löffel Kochflüssigkeit in die Sauce geben.
Nochmals vorsichtig salzen, die Butter sowie den geriebenen Parmesan zufügen.

Hinweis

Beim Auflegen der zweiten Teigplatte muß man darauf achten, daß sich darunter keine Lufttaschen bilden. Sonst gehen die Tortelli während des Kochens auf.

Tagliatelle in Weinrautensauce

400 g Tagliatelle
1 kleine Handvoll Weinrautenblätter
50 g geriebener Parmesan
10 cl Milch oder 5 cl Sahne
40 g Butter
Salz

Kochutensilien

1 Flambierpfanne
1 Flambierrechaud
1 Topf

ZUBEREITEN

Die Weinraute mit einem scharfen Messer fein zerschneiden – nicht hacken oder quetschen.
Anschließend in einer Schüssel mit dem geriebenen Parmesan, der Milch oder der Sahne und einer Prise Salz verrühren.
Im Kochtopf die Tagliatelle in reichlich Salzwasser al dente kochen. Herausnehmen und abtropfen lassen.
Die Tagliatelle in die Flambierpfanne geben und in der Butter wenden. Die Weinrautenmischung darübergießen und die Nudeln darin heißschwenken. Auf vorgewärmten Tellern servieren.

Crêpes

ZUTATEN FÜR 8 PERSONEN

250 g Mehl
100 g Zucker
3 Eigelb
30 cl Milch
1 Prise Salz
20 g flüssige Butter
Butter zum Ausbuttern der Pfanne

KOCHUTENSILIEN

1 Eier- und Crêpespfanne
1 Schüssel

ZUBEREITEN

Die Milch aufkochen und abkühlen lassen. Das Mehl in eine Schüssel sieben, den Zucker und eine Prise Salz zufügen. Die Eigelb nacheinander einarbeiten. Anschließend die Milch nach und nach einrühren. Den Teig an einem warmen Ort stehenlassen, bis er anfängt, leicht zu fermentieren.
In der Eier- und Crêpespfanne ein kleines Stück Butter erhitzen und mit einem Löffel etwas Teig einfüllen. Die Pfanne hin und her bewegen, damit er sich gleichmäßig verteilt – die Crêpes sollen so dünn wie möglich werden. Wenn die Unterseite gebräunt ist, wenden. Aus der Pfanne nehmen und auf Küchenpapier entfetten. Den Vorgang so lange wiederholen, bis der Teig aufgebraucht ist. Nur dann weitere Butter zufügen, wenn der Teig am Boden der Pfanne anzuhängen droht.

Flambierte Orangen

ZUTATEN FÜR 4 PERSONEN

Halbgefrorenes für 4 Personen (siehe unten)
3 Orangen
40 g Zucker
1 kleines Glas Cointreau
1 kleines Glas Aurum

KOCHUTENSILIEN

1 Flambierrechaud
1 Flambierpfanne

ZUBEREITEN

Die Orangen so schälen, daß keine weiße Haut am Fruchtfleisch verbleibt. Danach mit einem scharfen Messer die Orangenfilets zwischen den Trennhäuten herausschneiden.
In der Flambierpfanne den Zucker über großer Flamme schmelzen. Wenn er anfängt, Blasen zu werfen, mit dem Cointreau flambieren. Danach die Orangenfilets zufügen und mit Aurum flambieren.
Gleichzeitig Würfel vom Halbgefrorenen in 4 Eisschalen verteilen. Etwa die Hälfte der Orangenfilets darübergeben. Die andere Hälfte karamelisieren lassen und erst danach über das Gefrorene geben. Sofort servieren.

HINWEIS

Aurum ist ein Kräuter- und Orangenlikör, der mit Safran goldgelb gefärbt ist.

Flambierte Erdbeeren

ZUTATEN FÜR 4 PERSONEN

Halbgefrorenes für 4 Personen (siehe unten)
200 g Walderdbeeren
40 g Zucker
1 kleines Glas Cointreau
1 kleines Glas Aurum

KOCHUTENSILIEN

1 Flambierrechaud
1 Flambierpfanne

ZUBEREITEN

Die Walderdbeeren von den Stielen zupfen, schnell waschen und abtropfen lassen.
Die Flambierpfanne mit dem Zucker über die große Flamme setzen. Wenn der geschmolzene Zucker Blasen wirft, mit dem Cointreau flambieren. Die gut abgetropften Erdbeeren zufügen, durchschwenken und mit dem Aurum flambieren.
Gleichzeitig Würfel vom Halbgefrorenen in 4 Eisschalen füllen. Darüber die Hälfte der Erdbeeren verteilen. Die restlichen Erdbeeren karamelisieren lassen, bevor man sie über das Gefrorene gibt.

Halbgefrorenes

ZUTATEN FÜR 8 PERSONEN

8 Eigelb
320 g Zucker
1/2 Glas Milch
1 l Sahne

KOCHUTENSILIEN

1 Stielkasserolle
1 Schüssel

ZUBEREITEN

Den Zucker in der kochenden Milch auflösen. Die Eigelb schaumig rühren und die heiße Milch in dünnem Strahl unter ständigem Rühren einarbeiten. Die Eimasse im Kühlschrank auskühlen lassen.
Anschließend die Sahne steif schlagen und unter die Eimasse heben. In einen Metallbehälter füllen – Metall leitet die Kälte besonders gut – und sofort im Tiefkühlgerät gefrieren lassen, damit sich die Eimasse nicht absetzt.

HINWEIS

Angelo Paracucchi rät, die Eimasse bereits am Vortag fertigzustellen.

Verzeichnis der Rezepte

AALRAGOUT IN ROTWEINSAUCE
(Raymond Thuilier und Jean-André Charial) Seite 157

APFELFLAN
(Pierre und Michel Troisgros) Seite 141

APFELKÜCHLEIN »GOLDEN CAKE«
(Pierre und Michel Troisgros) Seite 133

ARTISCHOCKEN IN DER KASSEROLLE
(Gualtiero Marchesi) Seite 101

AUBERGINEN, ÜBERBACKENE
(Pierre und Michel Troisgros) Seite 141

BEURRE FONDUE
(Pierre und Michel Troisgros) Seite 132

BIRNEN UND FRISCHE HIMBEEREN IN KARAMELSAUCE
(Angelo Paracucchi) Seite 223

BRAUNER FOND
(Gualtiero Marchesi) Seite 79

CHAMPAGNER-SABAYON FÜR FISCHGERICHTE
(Alain Chapel) Seite 172

CLAFOUTIS VON HIMBEEREN
(Alain Chapel) Seite 178

COQ AU VIN
(Raymond Thuilier und Jean-André Charial) Seite 158

CRÈME BRULÉE MIT APRIKOSENLIKÖR
(Roger Vergé) Seite 198

CRÈME PÂTISSIÈRE
(Pierre und Michel Troisgros) Seite 133

CRÊPES
(Angelo Paracucchi) Seite 225

CRÊPES, DOPPELTE MIT ANANAS
(Pierre und Michel Troisgros) Seite 116

DEMI-GLACE
(Pierre und Michel Troisgros) Seite 132

EIER FINO DE OFFET
(Pierre und Michel Troisgros) Seite 121

ENTENBRUST MIT SÜSS-SAUREN PERLZWIEBELN UND ORANGENSCHALE
(Gualtiero Marchesi) Seite 101

ERDBEEREN, FLAMBIERTE
(Angelo Paracucchi) Seite 225

FARFALLE MIT SCAMPI UND GRÜNEN SPARGELSPITZEN
(Angelo Paracucchi) Seite 212

FISCHSUPPE MIT KREBSSCHWÄNZEN UND WEISSEN BOHNEN
(Gualtiero Marchesi) Seite 79

FLUSSBARSCHFILET AUF RISOTTO
(Gualtiero Marchesi) Seite 91

FROSCHSCHENKEL IN KRÄUTERSAUCE
(Pierre und Michel Troisgros) Seite 132

FROSCHSCHENKEL MIT GRÜNER SAUCE
(Gualtiero Marchesi) Seite 91

FROSCHSCHENKEL-FRIKASSEE MIT ZUCCHINI
(Pierre und Michel Troisgros) Seite 136

GEFLÜGELLEBER-TERRINE
(Gualtiero Marchesi) Seite 100

GELEEWÜRFEL VON ERDBEEREN
(Gualtiero Marchesi) Seite 91

GEMÜSESTREIFEN IN LEICHTER KRÄUTERSAUCE MIT ROHEM SCHINKEN
(Gualtiero Marchesi) Seite 77

GEMÜSESUPPE MIT HARTGEKOCHTEN EIERN
(Pierre und Michel Troisgros) Seite 132

GOLDBRASSEN MIT LORBEERBLÄTTERN, APFELSINEN- UND ZITRONENSPALTEN
(Roger Vergé) Seite 200

»GRILLONS« VON KALBSBRIES, WIE SIE JEAN TROISGROS LIEBTE
(Pierre und Michel Troisgros) Seite 120

GUAZZETTO VON GARNELEN
(Angelo Paracucchi) Seite 220

HALBGEFRORENES
(Angelo Paracucchi) Seite 225

HÜHNERFRIKASSEE MIT GEDÜNSTETEM RÖMERSALAT
(Gualtiero Marchesi) Seite 90

HUMMER AUF MACCHERONI
(Gualtiero Marchesi) Seite 86

KALBSHACHSE IN WEISSER SAUCE
(Pierre und Michel Troisgros) Seite 128

KALBSKOPF MIT FEINEN WÜRSTCHEN
(Pierre und Michel Troisgros) Seite 130

KALBSNIEREN IN DER SAUTEUSE
(Alain Chapel) Seite 181

KALBSSCHNITZEL NACH MAILÄNDER ART
(Gualtiero Marchesi) Seite 99

KALMARE, GEFÜLLTE
(Angelo Paracuccchi) Seite 221

KANINCHENFILETS, GESCHMORTE, MIT GRÜNEN OLIVEN
(Raymond Thuilier und Jean-André Charial) Seite 154

KANINCHENKEULE, GEFÜLLTE
(Angelo Paracucchi) Seite 218

KANINCHENPFEFFER
(Raymond Thuilier und Jean-André Charial) Seite 158

KANINCHENRÜCKEN AUF OLIVENSAUCE MIT STAUDENSELLERIE
(Gualtiero Marchesi) Seite 100

KARTOFFELGRATIN GASTROPHANES
(Pierre und Michel Troisgros) Seite 141

KIRSCHSOUFFLÉ IM PFÄNNCHEN
(Pierre und Michel Troisgros) Seite 118

KOCHSUD FÜR FISCH UND KRUSTENTIERE
(Gualtiero Marchesi) Seite 90

KREBSFLEISCH, GRATINIERTES
(Pierre und Michel Troisgros) Seite 140

KREBSSCHWÄNZE IN DER CASSOLETTE
(Pierre und Michel Troisgros) Seite 140

KRÄUTERRISOTTO MIT LANGUSTINEN
(Gualtiero Marchesi) Seite 89

LACHSFORELLE AUF LATTICH MIT CHAMPAGNER-SABAYON
(Alain Chapel) Seite 180

LACHSSCHNITZEL IN SAUERAMPFERSAUCE
(Pierre und Michel Troisgros) Seite 112

LANGUSTEN IN BASILIKUMBUTTER
(Roger Vergé) Seite 200

LANGUSTEN IN PAPRIKARAHM
(Roger Vergé) Seite 200

LANGUSTEN MIT PROVENZALISCHER SAUCE
(Roger Vergé) Seite 190

LOUP DE MER À LA SAUCE AGATHOISE
(Roger Vergé) Seite 192

OMELETT MIT CHIFFONNADE VON BRUNNENKRESSE
(Pierre und Michel Troisgros) Seite 120

OMELETT MIT ZWIEBELN UND RINDERMARK
(Pierre und Michel Troisgros) Seite 110

ORANGEN, FLAMBIERTE
(Angelo Paracucchi) Seite 225

PASTETE, WARME, VON DER BARBARIE-ENTE
(Alain Chapel) Seite 176

PENNETTE MIT PORREE AUS DER FLAMBIERPFANNE
(Angelo Paracucchi) Seite 214

PFIRSICHE IN ROTWEINGELEE
(Pierre und Michel Troisgros) Seite 133

POULARDE MIT KNOBLAUCH SAUTIERT
(Alain Chapel) Seite 174

POULARDE MIT WEINESSIG SAUTIERT
(Alain Chapel) Seite 180

POULARDENBRUST, GEDÜNSTETE, MIT PORREE AUF KRÄUTERSAUCE
(Roger Vergé) Seite 196

POULARDENKEULE, GEFÜLLTE, AUF GETRÜFFELTEN NUDELN
(Gualtiero Marchesi) Seite 97

RATATOUILLE VON ZUCCHINI UND PAPRIKA MIT KREBSSCHWÄNZEN UND FORELLENFILET
(Gualtiero Marchesi) Seite 100

RINDERFILET MIT GEFLÜGELLEBER IN MADEIRASAUCE
(Gualtiero Marchesi) Seite 101

RINDERFILET MIT ROTWEINBIRNEN
(Roger Vergé) Seite 201

RINDERFILET MIT SCHWARZEN TRÜFFELN
(Angelo Paracucchi) Seite 217

RINDERSCHMORBRATEN IN ROTWEINSAUCE
(Raymond Thuilier und Jean-André Charial) Seite 150

RISOTTO MIT PARMESANKÄSE
(Gualtiero Marchesi) Seite 91

RISOTTO MIT STEINPILZEN
(Gualtiero Marchesi) Seite 90

SALAT VON SPAGHETTI UND VENUSMUSCHELN
(Gualtiero Marchesi) Seite 79

SALMIS VON DER WILDENTE
(Raymond Thuilier und Jean-André Charial) Seite 159

SAUCE AMUSANTE FÜR NUDELN UND SALATE
(Alain Chapel) Seite 171

SAUCE HOLLANDAISE
(Alain Chapel) Seite 180

SCHWEINEKOTELETT MIT ZITRUSFRÜCHTEN
(Pierre und Michel Troisgros) Seite 120

SEEHECHTFILET AUF KARTOFFEL- UND ZUCCHINISCHEIBEN
(Gualtiero Marchesi) Seite 96

SEETEUFEL IN DER OVALEN KASSEROLLE
(Raymond Thuilier und Jean-André Charial) Seite 152

SPAGHETTI MIT MOZARELLA, TOMATEN UND PEPERONCINO
(Angelo Paracucchi) Seite 224

SPARGEL MIT GETRÜFFELTEM EIERHASCHEE
(Roger Vergé) Seite 194

SPIEGELEIER PAOLI IM PFÄNNCHEN
(Pierre und Michel Troisgros) Seite 121

TAGLIATELLE IN WEINRAUTENSAUCE
(Angelo Paracucchi) Seite 224

TÄUBCHEN AUF ENDIVIENSALAT MIT PINIENKERNEN, SULTANINEN UND KAPERN
(Gualtiero Marchesi) Seite 76

TÄUBCHEN, GESCHMORTES, MIT PROVENZALISCHEM HONIG
(Raymond Thuilier und Jean-André Charial) Seite 154

THUNFISCH »À L'ÉTUVÉE«
(Raymond Thuilier und Jean-André Charial) Seite 158

TOMATENCOULIS
(Gualtiero Marchesi) Seite 90

TORTELLI IN BASILIKUMSAUCE
(Angelo Paracucchi) Seite 224

TOURNEDOS ROSSINI
(Pierre und Michel Troisgros) Seite 140

WACHTELEIER IM AUBERGINENNEST
(Alain Chapel) Seite 181

WACHTELN AUF GRÜNEN LINSEN IN DER CASSOLETTE
(Pierre und Michel Troisgros) Seite 138

ZUPPA IN DER PFANNE
(Angelo Paracucchi) Seite 224

Register

Abtropfschüssel 32, 33, 72
Albertazzi, Jacopo 52
Alessi, (Firma) 10
Alessi, Alberto 9, 47, 67
Alessi, Daniela 11
Alessi, Stefano 11
Ali-Bab 45, 46
Alliata, Danilo 11
Anello, Antonino 10
Apicius (Familie) 21, 23
Apicius, Caelius 48, 51, 52, 55, 104
Archestratos von Gela 20
Aristophanes 50

Ballo, Aldo 10
Barral, Paul 10
Bernard, Claude 34
Bianchi, Massimo 10
Bise, François 10, 106
Blanc Bologna, Giovanna 10
Bocuse, Paul 10
Borcht, Petrus van der 30
Bosse, Abraham 205
Boucher, François 85
Braisiere 92, 144, 148
Brillat-Savarin, Anthelme 55
Buchanan, George 18
Burnel, Alain 11
Buscinatella Ricci, Ivano 11

Caccabus 20, 70
Caesar, Julius 22
Caldaro mezzano 83
Caligula 23
Cangile 26
Carême, Antonin 34
Carozzi, Elisabetta 11
Casalino, Luigi 11
Casazza, Gaudenzio 11
Cassolette 103, 134-141
Caterina de' Medici 28
Cecchi, Giovanni Battista 33
Ceci, Carlo 21, 70, 82, 104, 162
Chafing dish 207
Chapel, Alain 10, 67, 160-181
Chapelle, Vincent de la 206
Charial, Jean-André 11, 67, 142-159
Chatton, Bernard 11
Chevet 34
Chierici, Gaetano 51
Chigi, Agostino 23
Chinois oder Spitzsieb 22, 23, 72
Chollet, Serge 11
Clotarius 24
Columella 36
Corinaldi, Mauro 11
Culpericus 24
Curnonsky, Maurice-Edmond Sailland 144, 165

Dal Farra, Antonio 10
Daubiere 145
Daverio, Carlo 10
Decamps, Alexandre-Gabriel 93
Delorme, André 11
Dubois, Urbain 73, 92, 185
Dunat 34
Duronzier, Hervé 10
Duval 51
Duvaux, Lazare 204

Eierpfanne (oviera) 104
Eierpfanne (padella ovata) 106
Eier- und Crêpespfanne 28, 29, 103-109, 116-119, 120, 121
Escoffier, Auguste 144

Faitout 85, 93
Felisi, Romano 11
Fenaroli 22
Ferrero, Carlo Scipione 11
Ferrero, Guido Ippolito 10, 13
Filippini, Francesco 11
Flambierpfanne 34, 35, 203-216, 220-224
Flambierrechaud 20, 21, 203-211, 214-217, 220-224
Foratoro (Nudelsieb) 70
Forno 144
Fortis, Ausilia 11
Fortunato, Venanzio 24
Frömer 39

Gerbault (Mademoiselle) 72
Gherardi, G. 35
Glaser, Milton 10, 74, 75, 84, 85, 108, 109, 124, 125, 146, 147, 168, 169, 186, 187, 210, 211
Gottschalk, Alfred 50
Goudot, Francine 11
Gouffé, Jules 34, 71, 85, 106, 124, 125
Gozzi, Alberto 10, 43, 47, 67
Guarnori, Marco 10
Guérard, Michel 10, 47

Hardy (Madame) 34
Heidsieck, Karsten 10
Henkelkasserolle 26, 27, 80-89, 90, 91, 218, 219
Henkelkasserolle (flache) 30, 31, 81, 92-99, 100, 101
Herodot 18

Jousse, Philippe 10

Karl der Große 24
Kasserolle (ovale) 38, 39, 143-159
Kessel 70, 83
Klein, Matthew 10
Krupp-Berndorf, Arthur (Firma) 83, 105, 162
Kundigmann, Ulrich 39

Lacharme, Maurice 10
Lamb, Charles 15
Larmessin, Nicholas de 45
Lebes 20
Leo X. (Papst) 23
Leonardo da Vinci 27
Lopez, Irene 11
Lopez, Patrice 11
Ludwig XV. 204
Lyoner Pfanne 14, 15, 103-115, 120, 121

Maccioni, Sirio 199
Mainardi, Albano 10
Mantegazza, Paolo 52
Marchesi, Gualtiero 10, 23, 67-101
Marie Antoinette 34
Mariette d. J. 73
Martin von Tours 51
Maurizio, Adam 50
Maximus 51
Mayer, Guido 11
Medagliani, Eugenio 10
Melior (Firma) 106
Menon 70
Meot 33
Merchie, Charles Eric 11
Montaigne, Michel de 33
Mutinelli, Luigi 33

Napoleon 34
Nappini, Giuseppe 11
Nudelsieb (foratoro) 70

Paella 105
Paganini, Angelo 22
Pagliarini, Lorenzo Maria 18
Paleari Henssler, Maria 10
Paracucchi, Angelo 11, 67, 202-225
Pellikan, K. 26
Platina, Bartolomeo 49
Poêle à crêpes 106
Point, Madeleine 10
Prina, Enrico 11
Prosciuttiera 185
Pulmentum 50
Puls 50

Radegunde 24
Ragazzini, Giorgio 10, 57
Ravinel, Christian 11
Rechaud 204, 205, 207
Robert 33
Rossini, Gioacchino 140
Rottoli, Giovanni 11
Rowlandson, Thomas 53
Roze 33
Rührbesen 40, 41

S.T.I.G.E. (Firma) 41
Sacchi, Giovanni 10
Sanders, David 11
Sangalli, Luigi 11
Sapper, Richard 10, 11, 63, 67, 83, 125
Sartori, Renato 11
Sauteuse 40, 41, 161-181
Sautoir 93
Scappi, Bartolomeo 26, 27, 70, 82, 83, 106, 124, 144, 184
Schalcken, Godfried 84
Schang-Dynastie 19
Senigaglia, Vittorio 11
Sforza, Ludovico, genannt Il Moro 27
Sigismund, Carlo 40
Sigobert 24
Sorbiatti, Guiseppe 22
Soyer, Alexis 206
Spindler, Hugo 164
Spitzsieb oder Chinois 22, 23, 72
Stielkasserolle 18, 19, 36, 37, 103, 122-131, 132, 133
Stielpfanne 92, 104, 105, 106, 107
Stufator ovato 144

Tarrano, Ivano 10
Thivard, Guy 10
Thuilier, Raymond 11, 67, 142-159
Topf 16, 17, 69-79
Torti, Andrea 11
Toupin 26
Trenet 107
Troisgros, Jean 106, 120

Troisgros, Marie-Pierre 11
Troisgros, Michel 11, 67, 102-141
Troisgros, Olympe 11
Troisgros, Pierre 11, 67, 102-141
Turbotiere 92, 185

Veranzio, Fausto 29
Vergé, Roger 11, 67, 182-201
Very 33
Vidal, Pierre 125
Vrints, G. Battista 30

Wishart, Peter 10
Wolkenstein, Oswald von 25
Wretelet, R. 31

Zani, Paolo 10, 57
Zappelli, Francesca 11
Zwicken, Konrad 39

BIBLIOGRAPHIE

ACTES *du Colloque de Nice: Manger et boire au moyen âge.*
Nizza 1984.

ALBERTAZZI, JACOPO. *Il padre di famiglia.*
Vercelli, Panialis 1790.

ALBO *dei produttori italiani in ogni ramo industriale, Anno III (1920).*
Florenz, Società per le Industrie Grafiche Spinelli 1920.

ALUNNO, FRANCESCO. *Ricchezze della lingua volgare.*
Venedig 1543.

ALUNNO, FRANCESCO. *La fabrica del mondo.*
Venedig 1548.

APICIUS, CAELIUS. *De re coquinaria libri decem. Deutsch: Das Apicius-Kochbuch aus der römischen Kaiserzeit. Übersetzt und bearbeitet von Richard Gollmer.*
Rostock 1928.

ARCHESTRATUS. *Frammenti di gastronomia. Raccolti e volgarizzati da Domenico Sciná.*
Palermo 1823.

ARON, JEAN-PAUL. *Le mangeur du XIXe siècle.*
Paris, Laffont 1973.

L'ART *de bien traiter; divisé en trois parties. Ouvrage nouveau, curieux, et fort galant... Mise en lumière par L. S. R.*
Paris, Du Puis 1674.

ATHENAIOS. *Dipnosophistarum libri XV. Herausgegeben von Georg Kaibel. Stuttgart 1965. Deutsch: Die gelehrte Tischgesellschaft. Übersetzt von Th. Kramer.*
Augsburg 1872.

AUDOT, LOUIS EUSTACHE. *La cuisinière de la campagne et de la ville ou nouvelle cuisine économique.*
Cambery, Puthod 1841.

BERGAMASCHI, GIOVANNA. *Kitchen, cooking and culture.*
Mailand, Prina 1984.

BLAKE, A. – CREWE, Q. *Great chefs of France.*
London, Marshall 1978.

BOCH, R. *Il nuovo Boch.*
Bologna, Zanichelli 1985.

BONANNI, LUCIANO – RICCI, GIANCARLO. *Cucina, cultura, società.*
Mailand, Shakespeare & Company 1982.

BOURDEAU, LOUIS. *Histoire de l'alimentation.*
Paris, F. Alcan 1894.

BOURGEAT, JACQUES. *Les plaisirs de la table en France dès Gaulois à nos jours.*
Paris 1963.

BRILLAT-SAVARIN, ANTHELME. *La physiologie du goût. Paris, Tessier 1834. Deutsch: Physiologie des Geschmacks. Übersetzt von Hans Eckart Rübesamen.*
München 1962.

BRISSEAU. *Dissertation sur les mauvaises et pernicieuses qualitez du cuivre employé pour la construction des ustensiles qui servent à l'usage de la cuisine et de la pharmacie, et des bonnes et salutaires qualitez du fer qu'on doit lui substituer pour le même usage.*
Tournay, Jovenau 1745.

BURCKHARDT, FRANÇOIS *(ed.) Essen und Ritual.*
Berlin, IDZ 1981.

BURNET. *Dictionnaire de cuisine et d'économie ménagère.*
Paris, à la librairie usuelle 1836.

CALLIGARIS, LUIGI. *Le compagnon de tous, ou dictionnaire polyglotte.*
Turin 1864.

CARENA, GIACINTO. *Nuovo vocabolario italiano domestico. Prima edizione Milanese.*
Mailand, Pagoni, s.d.

CARENA, GIACINTO. *Prontuario di vocaboli attenenti a parecchie arti, ed alcuni mestieri, a cose domestiche, e altre di use comune. Edizione seconda.*
Turin 1851-1860.

CARLETTI, FRANCESCO. *Ragionamenti... sopra le cose da lui vedute ne' suoi viaggi.*
Florenz 1701.

CECI, CARLO. *Piccoli bronzi del Real Museo Borbonico distinti per categorie in dieci tavole.*
Neapel, Stamp. Piscopo 1858.

CHAPEL, ALAIN *(et Albert, Jean-François), La cuisine c'est beaucoup plus que des recettes.*
Paris, Laffont 1980.

LA CHAPELLE, VINCENT. *Le cuisinier moderne qui aprend à donner toutes sortes de repas, en gras & en maigre...*
Den Haag, aux dépens de l'auteur 1735.

LES CLASSIQUES *de la table, à l'usage des praticiens et des gens du monde.*
Paris, au dépot, rue Thérèse 1843.

COLUMELLA. *De re rustica. Zwölf Bücher über die Landwirtschaft. Herausgegeben, bearbeitet und übersetzt von Will Richter.*
München, Artemis 1979-1983.

THE COOK'S CATALOGUE. *Edited by James Beard, Milton Glaser, Burton Wolf, Barbara Poses Kafka, Helen S. Witty and associates of the Good Cooking School.*
New York – Evanston – San Francisco – London, Harper Row 1975.

COURCHAMPS, MAURICE COUSIN COMTE DE. *Dictionnaire général de la cuisine française.*
Paris, Plon frères 1853.

CUISINE pratique de la bonne ménagère: Recettes pratiques de cuisine...
Paris, Albin Michel, s.d.

IL CUOCCO milanese et la cuciniera piemontese: Manuale di cucina.
Mailand, Pagnoni, s.d.

DUBOIS, URBAIN. *La cuisine d'aujourd'hui: école des jeunes cuisiniers.*
Paris, E. Dentu 1889.

DUBOIS, URBAIN – BERNARD, EMILE. *La cuisine classique, études pratiques, raisonnées et démonstratives de l'école francaise.*
Paris, chez les auteurs 1856.

DUCCHESCHI, VIRGILIO. *L'alimentazione umana nelle età preistoriche. (Memorie del Reale Istituto Veneto di Scienze, Lettere ed Arti 30, 1)*
Venedig 1936.

DUMAS, ALEXANDRE. *Grand dictionnaire de cuisine.*
Paris, Lemerre 1873 (Nachdruck 1978).

DUVAL, GASTON. *Musée rétrospectif du groupe Alimentation. A l'exposition universelle internationale de 1900, à Paris.*
Saint-Cloud, imprimérie Belin Frères.

FEARN, JACQUELINE. *Domestic bygones.*
Santa Cruz, California, Shire Press 1980.

FORNARI, PAOLO. *Illustrazione delle tavole murali a colori di nomenclatura domestica, arti e mestieri...*
Turin 1886.

LES FRANÇAIS *et la table. (Musée national des arts et traditions populaires.)*
Paris, Edition de la Réunion des musées nationaux 1985.

FRANKLIN, LINDA CAMPBELL. *America in the kitchen. From hearth to cookstove.*
Orlando, Florida, House of collectibles 1978.

GILLET, PHILIPPE. *Par mets et par vins.*
Paris, Payot 1985.

LA GOLA. *Mensile del cibo e delle tecniche di vita materiale.*
Mailand, Intrapresa 1983 ff.

GOLDSCHMIED, LEO. *Enciclopedia gastronomica.*
Mailand, Ceschina 1954.

GOODY, JACK. *Cooking, cuisine and class. A study in comparative sociology.*
Cambridge 1982.

GOTTSCHALK, ALFRED. *Histoire de l'alimentation et de la gastronomie depuis la préhistoire jusqu'à nos jours.*
Paris, Edition Hippocrate 1948.

GOUFFÉ, JULES. *Le livre de cuisine.*
Paris, Hachette 1881.

GRUBER, ALAIN. *Gebrauchssilber des 16. bis 19. Jahrhunderts.*
Fribourg, Office du livre; Würzburg, Arena-Verlag 1982.

GUÉRARD, MICHEL. *La cuisine gourmande.*
Paris, Laffont 1978.

JACQUE, ANDRÉ. *L'alimentation et la cuisine à Rome.*
Paris 1961.

JURLARO, ROSARIO. *Focolari antichi della provincia di Brindisi. Estratto da »Brindisi« rivista degli Enti Locali.*
1961.

KLOPFENSTEIN, JULES. *Traité du service de table dans l'hôtellerie et le café-restaurant.*
Lausanne, chez l'auteur 1928.

LE COINTE, JOURDAN. *Le cuisinier des cuisiniers. Dix-septième édition augmentée.*
Paris, Magnin 1863.

LECOQ, RAYMOND. *Les objets de la vie domestique. Utensils en fer de la cusisine et du foyer, des origines au XIXe siècle.*
Paris, Berger-Levrault 1979.

LÉVI-STRAUSS, CLAUDE. *Das Rohe und das Gekochte.*
Frankfurt, Suhrkamp 1971.

MAGNE, EMILE. *La vie quotidienne au temps de Louis XIII.*
Paris 1951.

MANTEGAZZA. *Enciclopedia popolare. Igiene della cucina.*
Mailand, Brigola 1866.

MARCHESI, GUALTIERO. *La mia nuova grande cucina italiana.*
Mailand, Rizzoli 1980.

MASSIALOT, FRANÇOIS. *Le cusinier roiale et bourgeois, qui apprend à ordonner toute sorte de repas.*
Paris, de Sercy 1691.

MAURIZIO, ADAM. *Die Geschichte unserer Pflanzennahrung von den Urzeiten bis zur Gegenwart.*
Berlin, Parey 1927.

MAZZUCCHELLI, MARIO. *24 milioni di Re.*
Mailand, Longanesi 1968.

MEDAGLIANI, EUGENIO – GOSETTI, FERNANDA. *Pastario, ovvero Atlante delle paste alimentari italiane.*
Crusinallo, Alessi 1985.

MEDIÉVALES: *Langue, textes, histoire: Révue sémestrielle. »Nourriture«*
Saint-Denis 1983.

MENON. *La cuisinière bourgeoise, suivie de l'office.*
Paris, Guillyn 1746.

MIGLIARI, MARIA LUISA – AZZOLA, ALIDA. *Storia della gastronomia.*
Novara, Edipem 1978.

MILLET-ROBINET. *Economie domestique.*
Paris, Dusacq 1854.

MONTAGNÉ, PROSPER. *Larousse gastronomique.*
Paris, Larousse 1938.

MONTAGNÉ, PROSPER – COURTINE, R. J. *Nouveau Larousse gastronomique.*
Paris, Larousse 1984.

NAGEL, K. – SCHLIPF, B. P. – FRANTZ, J. C. *L'art et la viande.*
Paris, Erti 1984.

NORWAK, MARY. *Kitchen antiques.*
London, Ward Lock 1975.

NUOVO ENCICLOPEDIA *popolare Italiana ovvero Dizionario generale delle scienze, lettere, arti, storia, geografia, ecc. ecc.*
Turin 1856.

OBJETS CIVILS DOMESTIQUES. *Vocabulaire. Principes d'analyse scientifique.*
Paris, Imprimerie Nationale 1984.

PAGANINI, ANGELO. *Vocabulario domestico genovese-italiano…*
Genua, Gaetano Schenone 1857.

PAGLIARINI, LORENZO MARIA. *Il fuoco ristretto.*
Rom, Ant. Ercole 1694.

PLATINA, BARTOLOMEO. *De honesta voluptate (1475). Deutsch: Von der eerlichen zimlichen, auch erlaubten Wolust des Leibs (1543). Herausgegeben und kommentiert von Ursula Fabian.*
München, Heimeran 1979.

RENGADE, G. *I bisogni della vita e gli elementi della prosperità.*
Mailand, Sonzogno 1889.

REVEL, JEAN-FRANÇOIS. *Un festin en paroles. Histoire littéraire de la sensibilité gastronomique de l'antiquité à nos jours.*
Paris, Pauvert 1979.

ROMANO, ETTORE. *Nel mondo degli hôtels!*
Genua, presso l'autore, s. d.

SANTANGELO, ETTORE. *Dizionario pratico degli alimenti.*
Mailand, Hoepli 1932.

SCAPPI, BARTOLOMEO. *Opera.*
Venedig, Michele Tramezino 1570.

SCHEUERMEIER, PAUL. *Il lavoro dei contadini.*
Mailand, Longanesi 1980.

SOUCHAY, LÉON. *Le bon cuisinier illustré.*
Paris, Audot 1885.

TANNAHILL, REAY. *Kulturgeschichte des Essens. Von der letzten Eiszeit bis heute.*
München, dtv 1979.

TARDIEU, SUZANNE. *Equipement et activités domestiques.*
Paris, Editions des Musées Nationaux 1972.

TEYSSOT, GEORGES. *Il progetto domestico.*
Mailand, Electa 1986.

THULIER, RAYMOND. *Les recettes de Baumanière.*
Paris, Stock 1980.

THULIER, RAYMOND – CHARIAL, JEAN-ANDRÉ. *Les recettes faciles de la grande cuisine.*
Paris, Plon 1984.

TIREL, GUILLAUME *(Taillevent). Le viandier.*
Luzarches 1967.

TROISGROS, JEAN ET PIERRE. *Cuisiniers à Roanne.*
Paris, Laffont 1978.

TROISGROS, PIERRE ET MICHEL. *Les petits plats des Troisgros.*
Paris, Laffont 1985.

VERGÉ, ROGER. *Ma cuisine de soleil.*
Paris, Laffont 1978.

La vie parisienne dirigée par Marcelin. 7me année.
Paris, Dufour 1869.

VIOLLET-LE DUC, EUGÈNE EMMANUEL. *Histoire d'habitation humaine depuis les temps préhistoriques jusqu'à nos jours.*
Paris 1875.

VOCABOLARIO *degli Accademici della Crusca.*
Florenz 1729-1738.

WHEATON, BARBARA K. *Savouring the past. The French kitchen and table from 1300 to 1789.*
Philadelphia 1983.

ZANIBONI, E. *Alberghi italiani e viaggiatori stranieri.*
Neapel, Detken & Rocholl 1921.

Biographien der Autoren

Alberto Alessi

Alberto Alessi wurde 1946 in Arona (Novara) geboren. Er ist Mitglied des Geschäftsvorstandes und verantwortlich für das Marketing in dem Familienunternehmen, das er zusammen mit seinem Vater Carlo, seinem Onkel Ettore, seinen Brüdern Michele und Alessio und seinem Vetter Stefano leitet. Die kleinen Gebrauchsgegenstände aus Metall für Küche und Tafel von Alessi wurden in die Designsammlungen vieler Museen in der ganzen Welt aufgenommen und sind unter anderem im Museum of Modern Art und im Metropolitan Museum of Art in New York, im Museu de Arte in Sao Paulo, im Staatlichen Museum für angewandte Kunst in München, im Philadelphia Museum of Art in Philadelphia, im Kunstgewerbemuseum der Stadt Zürich, im Boymans-van-Beuningen Museum in Rotterdam, im Israel-Museum in Jerusalem, im Bauhaus-Archiv in Berlin, im National Museum of Modern Art in Kyoto, im Minneapolis Institute of Art in Minneapolis, in der National Gallery of Victoria in Melbourne, in der Yale University Art Gallery in Yale und im Musée des Arts Décoratifs in Lyon ausgestellt.

Alain Chapel

Alain Chapel wurde 1937 in Lyon geboren. Von seinem Vater, dem Maître d'hotel des Café Vettard in Lyon und späteren Eigentümer des Bistrot »La Mère Charles« in Mionnay, dazu ermuntert, absolvierte er seine Lehrzeit bei Jean Vignard im Restaurant »Chez Juliette« und danach ein Jahr lang bei Fernand Point in Vienne. Nach drei Jahren Wehrdienst, die er als Koch bei einem Feinschmecker-General ableistete, kehrte er nach Mionnay zurück. Innerhalb weniger Jahre machte er sein Restaurant zu einem der besten in Frankreich – dank seines unablässigen Qualitätsstrebens auf allen Gebieten der Küche. Im Jahre 1973 erhält er drei Michelin-Sterne und vier Kochmützen im »Gault et Millau«. Er liebt klassische Musik und unternimmt gern lange Spaziergänge mit seinen Hunden.

Guido Ippolito Ferrero

Guido Ippolito Ferrero wurde 1946 in Mailand geboren. Nach ersten Erfahrungen im Bereich des Kommunikationswesens ging er nach Südamerika, wo er eine Gruppe von Nahrungsmittelfirmen leitete. Nach seiner Rückkehr nach Europa widmete er sich dem Hotel- und Gaststättenbereich, zunächst als Berater und dann mit einem eigenen Planungsbüro, wo er unter anderem eine umfassende Geschirrserie für eine große italienische Hotelkette entworfen hat. Sein besonderes Interesse gilt der Geschichte der Gastronomie. Auf diesem Gebiet ist er als Mitarbeiter von »La Gola« und ähnlichen Zeitschriften tätig.

Milton Glaser

Milton Glaser wurde 1929 in New York geboren. Ab 1952 hat er zwei Jahre bei Giorgio Morandi in Bologna Grafik und Design studiert. Als Designer war er für zahlreiche Zeitschriften und Zeitungen tätig, unter anderem für The Village Voice, L'Europeo, Jardin des Modes, New York, The Washington Post, L'Express, Life Magazine. Er hat viele Bücher illustriert, unter anderem »If Apples Had Teeth«, das er zusammen mit seiner Frau Shirley geschrieben hat, »Cats and Bats are Things with Wings«, »Fish in the Sky«. Er arbeitet mit seinem Planungsbüro an Projekten für »Corporate Identity«.
Als leidenschaftlicher Koch und Feinschmecker hat er an verschiedenen Kochbüchern mitgearbeitet und selbst zahlreiche Kochbücher geschrieben und illustriert. Er hat auch Restaurants entworfen, von denen das neueste das Restaurant »L'Aurora« in New York ist.
Die Werke des Illustrators und Graphik-Designers Milton Glaser wurden ausgestellt im Museum of Modern Art in New York, im Musée Royal des Beaux-Arts in Brüssel, auf der Biennale von Venedig, im Centre Pompidou in Paris, im Musée d'Art Moderne in Lüttich sowie im Massachusetts College of Art in Boston.

Alberto Gozzi

Alberto Gozzi wurde 1939 in Ghemme (Novara) geboren. Seine berufliche Karriere vollzog sich in Frankreich, Deutschland, England und in der Schweiz, wo er große Erfahrungen in allen Bereichen des Hotel- und Gaststättenwesens sammeln konnte. Als leidenschaftlicher Gastronom ist er sowohl in der Forschung wie in der Lehre an der Hotelfachschule »E. Maggia« und im Centro Studi turistico-alberghieri »Hospes« in Stresa tätig. Er arbeitet außerdem als Berater im Hotel- und Gaststättenbereich und ist Dozent für Fortbildungskurse, die vom Ministerium für öffentliche Bildung für Lehrer der Hotelfachschulen durchgeführt werden, »Tutor« des John White Course Training Center I.B.A., Ehrenmitglied der A.I.B.E.S., Gründungsmitglied und Präsident der ASS.I.D.A.R. Neben der Kochkunst, die er im privaten Bereich mit äußerster Perfektion ausübt, liebt er klassische Musik, Jogging und Radsport.

Matthew Klein

Matthew Klein, Architekt und Photograph, war an der Parson School of Design, an der New York School for Social Research und am Pratt Institut in der Lehre tätig. Seine Photos wurden auf den Titelseiten vieler Zeitschriften veröffentlicht, unter anderem von: Times, Fortune, U.S. News and World Report, Discover, New York, Stern, Graphis, Woman's Day. Als Feinschmecker und Eiskremspezialist hat er das bei Barrow 1985 erschienene Buch »The Joy of the Ice Cream« geschrieben und photographiert und als Photograph an sehr vielen anderen Kochbüchern mitgearbeitet. Bei den Fotoreportagen, die in diesem Buch veröffentlicht sind, assistierte ihm Alexander Harrison.

Gualtiero Marchesi

Gualtiero Marchesi stammt aus einer Mailänder Familie, in der es seit Generationen Restaurateure gibt. Mit fünfzehn ging er auf die Hotelfachschule nach Luzern, und gleich danach setzte er seine Ausbildung im »Kulm« in Sankt Moritz fort. Nach der Rückkehr nach Mailand arbeitete er einige Jahre im Restaurant seines Vaters. Dann offenbarte sich ihm die moderne Küche: Er vervollkomnete sich durch Studienaufenthalte bei einer Reihe der berühmtesten Köche Europas. Besonders wichtig für ihn war die Zeit bei den Troisgros in Roanne. Wieder zurück in Mailand, machte er »sein« Restaurant auf. Er ist als Erneuerer der italienischen Küche anerkannt, und er ist der erste italienische Koch, der drei Michelin-Sterne erhielt. Er spielt Klavier und dirigiert das Familienensemble, das aus seiner ebenfalls klavierspielenden Frau und seinen zwei Töchtern besteht, von denen eine Harfe und die andere Geige spielt.

Angelo Paracucchi

Angelo Paracucchi wurde 1929 in Cannara in der Nähe von Assisi geboren. Er begann seine Arbeit als Koch in Assisi, anschließend ging er nach London und nach München. 1961 wird ihm die Leitung des Hotel Duchi in Spoleto übertragen, wo er Luigi Carnacina kennenlernt. 1968 begann seine eigentliche Tätigkeit als Koch und Gastronom, als er das Agip Motel in Sarzana übernimmt.
1975 eröffnete er sein eigenes Restaurant »La Locanda dell'Angelo« bei Ameglia. Der Erfolg stellte sich sofort ein, und dank der unaufhörlichen Bemühungen seines Eigentümers breitete sich der Ruf des Restaurants sogar im Ausland aus. Im Jahre 1983 erging an ihn die Einladung, auch in Paris ein Restaurant zu eröffnen, das »Carpaccio«. Zur Zeit lebt und arbeitet er abwechselnd in Italien und Frankreich, und er wird häufig zu internationalen Zusammenkünften und Symposien überall in der Welt eingeladen.

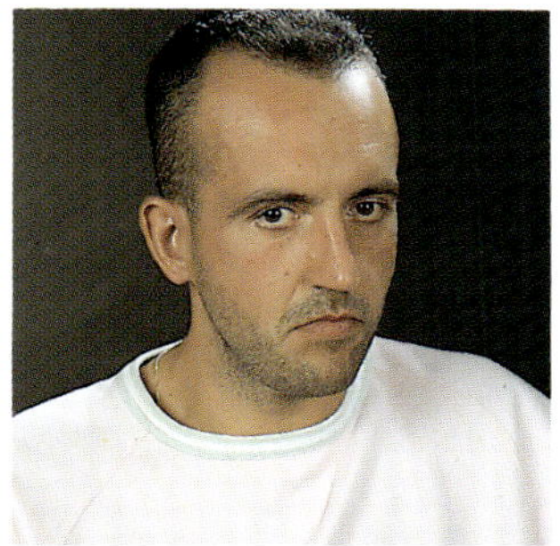

Giorgio Ragazzini, Paolo Zani

Giorgio Ragazzini wurde 1960 in Imola geboren, im selben Jahr wie Paolo Zani in Cesena. Beide haben im Jahre 1986 am »Istituto Superiore per le Industrie Artistiche« in Faenza den Doktorgrad erworben mit einer Dissertation über die Geschichte der Planung des Küchenraumes. Seit 1983 arbeiten sie zusammen auf dem Gebiet der Forschung, der Graphik und des Designs.

Richard Sapper

Richard Sapper wurde 1932 in München geboren. Nach dem Studium der Philosophie, der Anatomie, der Graphik, der Ingenieurwissenschaften und nach seiner Promotion in den Wirtschaftswissenschaften an der Universität München begann er im Jahre 1956 seine Tätigkeit im Designbüro bei Daimler-Benz. Im Jahre 1958 siedelte er nach Italien über, wo er zunächst im Designbüro von Gio Ponti, dann bei Rinascente arbeitete. Bis 1977 arbeitete er teilweise mit Marco Zanuso zusammen. Von 1970 bis 1976 war er Berater bei Fiat für den Entwurf von Versuchswagen und bei Pirelli für Reifen. Im Jahre 1970 hat er zusammen mit Marco Zanuso an der Ausstellung »Italy, the modern domestic landscape« im Museum of Modern Art in New York teilgenommen. Seit Beginn des Jahres 1980 ist er Berater bei der IBM Corporation und verantwortlich für das Produktdesign von IBM in der ganzen Welt. Seit 1986 unterrichtet er Industriedesign an der Akademie der Schönen Künste in Stuttgart und an der Hochschule für angewandte Kunst in Wien. Er hat Gegenstände für Alessi, Artemide, B & B, Bilumen, Brionvega, Heuer, Kartell, Knoll, Molteni, Siemens u. a. entworfen.

RAYMOND THUILIER, JEAN-ANDRÉ CHARIAL

Raymond Thuilier, der außergewöhnliche Doyen der französischen Küche und großartige Verfechter der Tradition Escoffiers, wurde in Savoyen geboren. Erst im Alter von fünfzig Jahren und nach einer erfolgreichen Karriere als Geschäftsmann hat er einen Kindheitstraum wahr gemacht und ist Koch geworden. Nebenher ist er Bürgermeister von Les-Beaux-de Provence, Literat und Maler. Er hat seit mehr als dreißig Jahren drei Sterne im Guide Michelin. Sein Restaurant »L'Oustau de Baumanière« ist eine der Hochburgen der französischen Gastronomie. Sein Neffe Jean-André Charial arbeitet mit ihm zusammen, nachdem er seine Ausbildung bei den bedeutendsten Köchen seines Landes erhalten hat.

PIERRE UND MICHEL TROISGROS

Pierre Troisgros wurde 1928 in Chalon-sur-Saône geboren, wo sein Vater Jean-Baptiste ein Café leitete. 1930 zog die Familie nach Roanne, wo sie das Hotel Des Platanes am Bahnhofsplatz übernahm, das das »Troisgros« werden sollte. Nach seiner Lehrzeit bei Lucas-Carton in Paris und bei Fernand Point in Vienne kehrte Pierre Troisgros nach Roanne zurück und erhielt den ersten Michelin-Stern 1955, den zweiten 1965 und drei Sterne 1968. Zusammen mit seinem Bruder Jean, der 1983 starb, ist er neben Paul Bocuse einer der Gründerväter der Nouvelle Cuisine. Seit einige Jahren und nach langen Ausbildungszeiten bei den berühmtesten Köchen Frankreichs arbeitet jetzt sein Sohn Michel mit ihm zusammen. Ihre Hobbies sind das Kino und der Sport: Tennis, Fußball und Basketball.

ROGER VERGÉ

Roger Vergé wurde 1930 in Commentry bei Allier geboren. Seine Lehrjahre verbrachte er bis 1950 in der Nachbarschaft, dann ging er nach Paris ins Tour d'Argent, danach ins Hotel Plaza-Athénée. Von 1953 bis 1960 arbeitete er wegen seiner Vorliebe für die Sonne in den besten Hotels von Nordafrika. Von 1961 bis 1969 war er Geschäftsführer und Chefkoch im Club di Cavalière, aus dem er in wenigen Jahren eines der besten Restaurants an der Côte d'Azur machte. 1969 eröffnete er zusammen mit seiner Frau Denise das Restaurant »Moulin de Mougins« in Mougins. 1972 wurde er zum »Meilleur Ouvrier de France« ernannt und bekam 1974 drei Sterne im Guide Michelin und vier rote Kochmützen im »Gault et Millau«. Bei Vergé, der mit großer Vorliebe die Früchte des heimatlichen Bodens und die Fische des nahen Mittelmeers verwendet, verbindet sich die Nouvelle Cuisine mit der französischen mediterranen Küche. Seine Hobbies sind Reisen, Fischen im Meer, die Natur und die Großwildjagd in Afrika.